Vaterunser
Beterinnen und Beter in der Gebetsschule Jesu

Vaterunser

Beterinnen und Beter
in der Gebetsschule Jesu

herausgegeben von
Bernhard Sill
und Reinhard Kürzinger

mit Bildern von
Karin Haslinger

Umschlag: Karin Haslinger, Vater unser im Himmel
Öl auf Leinwand, 2010

1. Auflage 2011

Copyright © 2011 by EOS Verlag Sankt Ottilien
mail@eos-verlag.de
www.eos-verlag.de

ISBN 978-3-8306-7444-3

Bibliografische Information der Deutschen Bibliothek
Die Deutsche Bibliothek verzeichnet diese Publikation in der Deutschen Nationalbibliografie;
detaillierte bibliografische Angaben sind im Internet unter http://dnb.ddb.de abrufbar.

Alle Rechte vorbehalten.
Kein Teil des Werkes darf in irgendeiner Form (durch Fotografie, Mikrofilm oder ein anderes Verfahren)
ohne schriftliche Genehmigung des Verlags reproduziert oder unter Verwendung elektronischer Systeme verarbeitet, vervielfältigt und verbreitet werden.

Umschlaggestaltung: Martina Heuer, Präsenz Medien, Gnadenthal
Innengestaltung: Christoph Kosmehl, Präsenz Medien, Gnadenthal
Papier: LuxoArt Samt, Schrift: Rotis Schriftenfamilie
Druck und Bindung: Pustet Verlag und Druck, Regensburg

Geleitwort

Wer sich, wie bei der vorliegenden Publikation, auf den Weg macht, um schriftliche Gebetszeugnisse zum Vaterunser seit dem ersten Jahrhundert der Kirche bis in unsere Gegenwart zu sichten und Textvarianten zu sammeln, sieht sich, bildlich gesprochen, einem weit verzweigten und in manchen Gebieten unüberschaubaren Fluss-System gegenübergestellt. Der Lauf von der biblischen Quelle bis in die Gebets- und Literaturlandschaft unserer Zeit war und ist vielfältigen Einflüssen ausgesetzt. Hinzu kommt, dass die Grundwasserscheiden zwischen den traditionellen Gebetsströmen und den jeweiligen Literaturströmungen, wie z. B. der „Neuen Subjektivität", wandern.

In all diesen Strömungen war und ist das Gebet, insbesondere das Gebet des Herrn, „Schule der Hoffnung", „ein wesentlicher Lernort der Hoffnung" und „Übung der Sehnsucht", wie es Papst Benedikt XVI. in seiner Enzyklika über die christliche Hoffnung „Spe salvi" darlegte. „Die wahre, die große und durch alle Brüche hindurch tragende Hoffnung des Menschen kann nur Gott sein – der Gott, der uns ‚bis ans Ende', ‚bis zur Vollendung' (vgl. Joh 13,1 und 19,30) geliebt hat und liebt. Wer von der Liebe berührt wird, fängt an zu ahnen, was dies eigentlich wäre: ‚Leben'. [...] Und das Leben in seiner Ganzheit ist Beziehung zu dem, der die Quelle des Lebens ist. Wenn wir mit dem in Beziehung sind, der nicht stirbt, der das Leben selber ist und die Liebe selber, dann sind wir im Leben. Dann ‚leben' wir." (Spe salvi, 27) Und: „Wer [diese] Hoffnung hat, lebt anders" (Spe salvi, 2), und wir können hinzufügen: Wer diese Hoffnung hat, schreibt auch anders.

In diesem Sinne danke ich den Autorinnen und Autoren sowie allen Mitwirkenden für dieses gelungene Werk. Ich wünsche dieser Vaterunser-Publikation viele interessierte Leserinnen und Leser, die dadurch nicht nur eine literarische Entdeckungsreise, sondern auch einen persönlichen „Lernort der Hoffnung" oder einen längst vertrauten bzw. einen neuen Zugang zum Vaterunser und zur „Gebetsschule Jesu" finden mögen.

18. Februar 2011

Gregor Maria Hanke OSB
Bischof von Eichstätt

Vorwort

Es gibt Dinge, mit denen sich die Menschen früherer Zeiten leichter taten als die der heutigen Zeit. Ganz gewiss zählt das Gebet zu diesen Dingen. »Beten will gekonnt sein!« – so schreibt der bekannte Schweizer Schriftsteller Max Frisch (1911-1991) in seinem 1954 erschienenen Roman »Stiller«. Doch wie kann die Kunst des Betens wieder besser »gekonnt« sein? Gibt es eine »Schule«, in die lernwillige »SchülerInnen« gehen könnten? Ja, es gibt eine solche Schule, und zwar ist es ist die Schule des »Vaterunser«, jenes Gebets der Gebete, das Jesus Christus uns gelehrt hat.

Dass die Worte des »Vaterunser« bewohnbare Worte sind, die es gestatten, sich dort mit seinem Beten zu beheimaten, ist eine Erfahrung, die Menschen in Geschichte und Gegenwart wieder und wieder haben machen dürfen. Und dass dem so war und so ist, das ist gut so. Wer die Worte des »Vaterunser« spricht, betritt einen Raum, den unzählige Menschen schon betreten haben. Der Raum dieses Gebets ist ein so unermesslich großer Raum, dass alle, die es beten wollen, sich da ebenso »unterbringen« lassen wie alles, was sie bewegt. Und es ist ein geheiligter Raum – geheiligt durch alle diejenigen, die das »Vaterunser« in welcher beglückenden oder bedrückenden Situation ihres Lebens jemals gebetet haben.

Beten heißt, große Bitten haben dürfen. Wenn es ein Gebet gibt, dass diese Wahrheit lehrt, dann ist es das »Vaterunser«. Der Geist dieses Gebets ist der Geist der Gebetsschule Jesu, und unzählig ist die Zahl derer, denen es zum Wegbereiter und Wegbegleiter ihres eigenen Betens geworden ist. Immer wieder – so ist zu beobachten – haben große und kleine BeterInnen sich das »Vaterunser« so zu Eigen gemacht, dass sie es buchstäblich »weiter-gebetet« haben.

Gebete, die auf diesem Wege entstanden sind, haben wir in den vergangenen Jahren gesucht und glücklicherweise – in überraschend großer Zahl – auch gefunden. Sie sind in diesem Band versammelt, der so etwas wie eine kleine Schatztruhe bildet, die geöffnet werden will, damit sichtbar wird, welche schätzenswerten Dinge sie tatsächlich enthält.

Gedacht und gemacht ist das Buch für alle diejenigen, die ihr eigenes »Vaterunser«-Beten bereichern lassen wollen. Denn der unerschöpfliche Reichtum dieses Gebets zeigt sich in den ganz unterschiedlichen »Variationen«, die es im Laufe der Zeit Mal um Mal erfahren hat. Und so wird gerade diese Tatsache viele Beterinnen und Beter vielleicht auch Mut fassen lassen, selbst einmal eine eigene »Variante« des »Vaterunser« betend zu versuchen.

Zu danken haben wir als Herausgeber des Bandes allen Beterinnen und Beter aus Geschichte und Gegenwart, deren Gebete Eingang gefunden haben in diesen Band, nicht zuletzt jenen Beterinnen und Betern aus unserer Zeit, die sich wahrlich nicht zweimal bitten ließen, uns ihr ganz persönliches »Vaterunser« zu überlassen.

Sodann sagen wir Dank für die Gewährung eines Druckkostenzuschusses

- der Diözese Eichstätt,
- der BAUER Stiftung (Schrobenhausen),
- Herrn Professor Dr. iur. Klaus Englert (Schrobenhausen),
- Sr. M. Basina Kloos FBMVA,
  der Generaloberin der Waldbreitbacher Franziskanerinnen,
- der LIGA Bank eG (Eichstätt),
- dem Bauzentrum Martin Meier (Eichstätt),
- der Winkler Bräu (Velburg-Lengenfeld),
- dem St. Gundekarwerk (Schwabach).

Und nicht zuletzt danken wir Frau Monika Kocher (Wolnzach) für die finanzielle Unterstützung unseres Buchprojekts. Widmen möchten wir das Buch posthum ihrer Tochter Maximiliana Kocher M.A., einer früheren Doktorandin der Katholischen Universität Eichstätt-Ingolstadt, die wenige Monate vor Abschluss ihrer Promotionsschrift im Oktober 2000 bei einem tragischen Verkehrsunfall ums Leben gekommen ist.

Allen Leserinnen und Lesern dieses Buches sei gewünscht, dass sie darin Gebete entdecken, die sie von Herzen liebgewinnen können. Immer ist es ja so: Gute Gebete kommen vom Herzen des Menschen und darum gehen sie auch zum Herzen des Menschen. Immer jedoch erreichen sie das Herz Gottes, das stets bereit ist, sich erreichen zu lassen.

10. Februar 2011   Bernhard Sill
                                                                       Reinhard Kürzinger

Inhaltsverzeichnis

5	Vorwort von Bischof Gregor Maria Hanke OSB
7	Vorwort der Herausgeber
15	Bernhard Sill: Das Vaterunser – Wegbereiter und Wegbegleiter des eigenen Betens
15	I. Ein »global prayer«
16	II. Ein betreffendes Gebet
19	III. Ein Kompendium des ganzen Evangeliums
25	IV. Schule des Betens und Schule des Lebens
27	V. Gebetete »Exegese«
32	Evangelien
33	Didache
34	Abraham a Sancta Clara
35	Helge Adolphsen
38	Albertus Magnus
39	Elisabeth Alferink
40	Rubem Alves
42	Rose Ausländer
43	Felicitas Betz
45	Otto Betz
47	Detlev Block
51	Enid Blyton
52	Leonardo Boff
53	Roland Breitenbach
60	Bruderhilfe-Pax-Familienfürsorge
62	Hansjürgen Bulkowski
63	Ernesto Cardenal
64	Pedro Casaldáliga
66	Johannes Chudzinski
68	Norbert Copray

70	Peter Cornelius
71	Peter Coryllis
73	Dante Alighieri
74	Albert Dexelmann
81	Karin Domke
83	Eugen Drewermann
90	Carina Falkenburger
93	Stefan Federbusch
100	Ulrich Fick / Otto Knoch
102	Wolfgang Fietkau
103	Charles de Foucauld
105	Franz von Assisi
111	Khalil Gibran
113	Rudolf Graber
115	Frank Greubel
116	Franz Grillparzer
119	Campesinos aus Guatemala
123	Rainer Haak
125	Hanne Haller
127	Johann Georg Hamann
132	Dag Hammarskjöld
133	Bernhard Häring
136	Ernest Hemingway
137	Klaus Hemmerle
138	Clyde Lee Herring
141	Christian Hies
145	Willi Hövel
146	Otto P. Hornstein
147	Max Huber
151	Kathrin Karban Völkl
160	Peter Paul Kaspar
163	Bruder Klaus (Nikolaus von Flüe)
167	Friedrich Gottlieb Klopstock

169	Andreas Knapp
170	Wolfhart Koeppen
176	Reinhard Körner
177	Vera Krause
180	Werner Krotz
181	Gerhard Lohfink
182	Norbert Lohfink
183	Giusepina Lombriser-Cavegn
184	Martin Luther
186	Klaus-Dieter Makarowski
188	Kurt Marti
191	Josef Mayer
195	Irmela Mies-Suermann
196	Hubert Misgeld
197	Antje Sabine Naegeli
198	Uwe Maria Natus
199	Gebete aus Nicaragua
202	Wolfgang Oberröder
210	Josef Osterwalder
212	Veronika Pabst
212	Heinz Pangels / Alfred Vogler
214	Nicanor Parra
215	Marialzira Perestrello
216	Cosy Pièro
217	Karl Rahner
218	Hagen Rether
220	Maria Riebl
226	Kurt Rommel
235	Anton Rotzetter
241	Johann Michael Sailer
246	Claudia Schäble
249	Hermann Schalück
253	Dieter Olaf Schmalstieg

254	Lucida Schmieder
257	Robert Schneider
258	Helmut Schriffl
259	Helga Schultes-Piccon
261	Heinz Schürmann
262	Antonin D. Sertillanges
263	Josef Seuffert
272	Dorothee Sölle / Fulbert Steffensky
274	Carl Sonnenschein
277	Friedrich von Spee
280	Fridolin Stier
289	Pierre Stutz
290	Maripetra Süß
295	Teresa von Ávila
303	Johannes Thiele
304	Georg Thurmair
305	Klemens Tilmann
307	Christine Treibel
311	Stefanie Trottmann
312	Ferdinand Urbanek
313	Karl Valentin
314	Silja Walter
319	Paul Weismantel
325	Peter Weiss
325	Weltbewegung Christlicher Arbeitnehmer/innen
327	Bernhard Welte
329	Zentralkomitee der Deutschen Katholiken
333	Jörg Zink
337	Über die AutorInnen
359	Quellenverzeichnis
373	Kleine Bibliographie zum Vaterunser

Vater unser im Himmel

Das Vaterunser

Wegbereiter und Wegbegleiter des eigenen Betens

von Bernhard Sill

> Das *Unser Vater*, ein schön Gebet,
> Es dient und hilft in allen Nöten;
> Wenn einer auch Vater Unser fleht,
> In Gottes Namen, lass ihn beten.
>
> *Johann Wolfgang von Goethe*

> »… es gibt Verbindungen von Wörtern,
> die man nicht vergißt; wer vergißt das Vaterunser?«
>
> *Hugo von Hofmannsthal*

I. Ein »global prayer«

»Habent sua fata libelli.« – »Bücher haben ihre Schicksale.« Gebete auch, und auf das Vaterunser als das »Gebet der Gebete« trifft das ganz gewiss zu. Es hatte und hat sein Schicksal, das untrennbar verknüpft war und ist mit jedem Menschen, der es betete und betet.

Recht hatte der evangelische Theologe Helmut Thielicke (1908-1986) zweifellos, als er das Vaterunser einmal als ein Gebet bezeichnete, das »die Welt umspannt«[1]. Verdient hätte das Vaterunser es daher eigentlich schon, einen Platz im Guinness-Buch der Rekorde zu haben. Denn rekordverdächig dürfte bereits die Zahl der Sprachen sein, in die es im Laufe der Jahrhunderte übersetzt wurde. Wer sich als Pilger in Jerusalem auf den Weg macht vom Kidron-Tal über den Ölberg zum Dorf Beth-

---

[1] Thielicke, Helmut: Das Gebet, das die Welt umspannt (Lizenzausgabe), Gießen 2000.

phage, wird ganz gewiss auch den »Paternoster-Kreuzgang« besuchen, der zu einem französischen Karmelitinnen-Kloster gehört und mit der ehemaligen Eleona-Kirche verbunden ist. Der Überlieferung nach soll Jesus seine Jünger dort das Vaterunser gelehrt haben. Keramikkacheln, die den Wortlaut des Vaterunser in 140 Sprachen abbilden, zieren die Wände der Stätte und sind polyglotte »Reiseführer« zu einem globalen Gebet.

Heute dürften es weit über tausend Sprachen sein, in denen das Vaterunser weltweit gebetet wird. Jedenfalls ist es so, dass überall dort auf dem Globus, wo Christen sich zur Feier der Eucharistie versammeln, sie das stets so tun, dass sie dabei auch das Vaterunser – »durch heilbringende Anordnung gemahnt und durch göttliche Belehrung angeleitet« [»praecetis salutaribus moniti et divina institutione formati«] – gemeinsam zu sprechen wagen. Gebetete Globalisierung – auch das gibt es, und es gibt sie im Zeichen des Vaterunser. Und alle, die dieses Gebet sprechen, sind wahrlich echte »global player«.

II. Ein betreffendes Gebet

Zur Kunst des Betens gehört es nicht unbedingt, viele Worte zu machen. Das Vaterunser ist ein eindrucksvoller Beleg dafür, dass Beten auch ohne viele Worte gutes Beten ist. Zutreffend ist auf jeden Fall, dass es sich beim Vaterunser um ein Gebet handelt, das nicht viele Worte macht, doch »solche, die es in sich haben«[2], wie Thomas Söding (* 1956), Professor für Neutestamentliche Exegese an der Ruhr-Universität Bochum, bemerkt. Denn was Jesus als Lehrer dieses Gebets in wenigen Worten zur Sprache bringt, sind die großen Dinge, die ihm wichtig sind: »das Vatersein Gottes, sein heiliger Name, sein kommendes Reich, sein fordernder und fördernder Wille, aber auch die Not der Menschen – ihre Sorge ums tägliche Brot, ihre Bedrückung durch eigene und fremde Schuld, ihre Angst vor dem Versagen, ihre Hoffnung auf Erlösung«[3]. Weil es sich so verhält, darum ist das Vaterunser ein kostbares Gebet, und klein ist die Schar der Zeuginnen und Zeugen aus Geschichte und Gegenwart nicht, die ihre große Wertschätzung dieses Gebets öffentlich bekundet haben.

---

2 Söding, Thomas: Kommt zu mir! Die Botschaft des Matthäusevangeliums, Freiburg im Breisgau 2009, 55.

3 Ebd.

Neben der großen Therese – der heiligen Teresa von Ávila (1515-1582) –, für die das Vaterunser größte Bedeutung hatte, wäre da unbedingt auch die kleine Therese – die heilige Therese von Lisieux (1873-1897) – als Zeugin aufzurufen. Was sie über sich und ihr Gebetsleben einschließlich der Rolle, die das Vaterunser darin spielt, zu sagen hat, ist dies:

> »Für mich ist das Gebet ein Aufschwung des Herzens, ein einfacher Blick, den man zum Himmel richtet, ein Ausruf der Dankbarkeit und Liebe sowohl inmitten des Leidens wie inmitten der Freude! Kurz, es ist etwas Erhabenes, Übernatürliches, das die Seele weitet und sie mit Gott verbindet. Wenn sich mein Geist zuweilen in so großer Trockenheit befindet, dass ich auch nicht einen einzigen guten Gedanken aus ihm herausholen kann, dann bete ich langsam ein Vaterunser und ein Ave-Maria. Diese Gebete allein entzücken mich, sie nähren in göttlicher Weise meine Seele und genügen ihr.«[4]

Therese von Lisieux ist ihrem eigenen schriftlichen Zeugnis nach offenkundig eine Frau gewesen, die die stärkende Kraft gerade auch des Vaterunser in ihrem Leben erfahren hat – und das nicht zuletzt während der schwachen Stunden ihres eigenen Gebetslebens. Für sie war es wichtig zu wissen, dass dann, wenn die Quelle der eigenen Worte versiegt und das Beten aus eigener Kraft versagt, die Worte des Vaterunser dann immer noch da sind, was ihr ein echter Trost war.

Wer daran denkt, einen ganz unverdächtigen Zeugen aufzurufen, der erst jüngst ganz öffentlich keinen Hehl daraus gemacht hat, dass ihm das Vaterunser zeitlebens ein kostbares Gebet geblieben ist, wird keine schlechte Wahl treffen, wenn er Helmut Schmidt (* 1918), den ehemaligen fünften Bundeskanzler der Bundesrepublik Deutschland, der nach seiner Amtszeit in den Jahren 1974 bis 1982 dann im Jahre 1983 Mitherausgeber der Wochenzeitung »Die Zeit« wurde und es bis zur Stunde ist, in den Zeugenstand bittet. In einem der Gespräche, das der ZEIT-Chefredakteur Giovanni di Lorenzo (* 1959) mit dem Zeit-Mitherausgeber Helmut Schmidt im Rahmen der Reihe »Verstehen Sie das, Herr Schmidt?« führte, kam die Rede zwischendurch einmal auch aufs Beten, und es ergab sich dieser Wortwechsel zwischen den beiden:

---

[4] Martin, Therese: Geschichte einer Seele. Die Heilige von Lisieux erzählt aus ihrem Leben, Trier 2009, 231.

> *Beten Sie?*
> Nein. Ich habe vielleicht äußerlich mitgebetet, aber innerlich nicht. Es gibt allerdings zwei Gebete, die mir zu Herzen gehen. Das eine ist das Vaterunser, von Kindheit an, und das andere ist ein Gebet, das der amerikanische Theologe Reinhold Niebuhr formuliert hat, das Gelassenheitsgebet. Sie kennen es, ich habe es Ihnen schon einmal erzählt ...
>
> *Allerdings!*
> »Gott, gib mir die Gelassenheit, Dinge hinzunehmen, die ich nicht ändern kann, / den Mut, Dinge zu ändern, die ich ändern kann, / und die Weisheit, das eine vom anderen zu unterscheiden.« Das würde ich aus vollem Herzen mitbeten.[5]

Da gibt der Altkanzler der Bundesrepublik Deutschland, der vielen BürgerInnen unseres Landes über Parteigrenzen hinweg als großer Staatsmann gilt, mutig und unumwunden zu, er bete »innerlich« eigentlich nicht, doch das Vaterunser sei eines der Gebete, von denen er sagen könne, dass sie ihm »zu Herzen gehen«. Damit gibt er ein imponierendes Zeugnis dafür, dass die Macht dieses Gebets die Macht eines großen Segens für jeden Menschen ist.

Und wer nach einem noch sprechenderen Zeugnis für die reiche Macht des Vaterunser, das das Herz des Menschen erreichen will, sucht, wird nicht enttäuscht sein, wenn er gelesen hat, was die 1947 in Leningrad, dem heutigen St. Petersburg, geborene und jetzt in Paris lebende Russin Tatjana Goritschewa in ihrem 1984 in Freiburg im Breisgau in deutscher Sprache erschienenen Buch »Von Gott zu reden ist gefährlich« schrieb, das die Geschichte ihrer Bekehrung zum christlichen Glauben erzählt. Eine der Textpassagen des Buches hat diesen Wortlaut:

> »Aber der Wind, das ist der Heilige Geist, ›weht, wo er will‹. Er spendet Leben und weckt die Toten auf. Was dann mit mir geschah? Ich wurde von neuem geboren. Ja, es war eine zweite, meine eigentliche Geburt. Aber alles der Reihe nach.

---

5 Fragen an den Altkanzler. Die Sünden des Katholiken Walter Mixa lösten Entsetzen aus. Margot Käßmann dagegen erscheint nach ihrem Rücktritt als Lichtgestalt. Das Land ist säkularisiert wie nie, doch über wenig wird so heftig gestritten wie über Religion. Verstehen Sie das, Herr Schmidt?, in: ZEIT MAGAZIN Nr. 24 – 10.6. 2010, 20-22, 22 (Zitat!).

Müde und lustlos verrichtete ich meine Yogaübungen mit den Mantren. Man muss wissen, dass ich bis zu diesem Augenblick noch nie ein Gebet gesprochen hatte und auch kein einziges Gebet kannte. Aber da wurde in einem Yogabuch ein christliches Gebet, und zwar das ›Vaterunser‹, als Übung vorgeschlagen. Ausgerechnet das Gebet, das unser Herr selbst betete! Ich begann, es als Mantra vor mich hinzusagen, ausdruckslos und automatisch. Ich sprach es so etwa sechsmal, und dann wurde ich plötzlich vollständig umgekrempelt. Ich begriff nicht etwa mit meinem lächerlichen Verstand, sondern mit meinem ganzen Wesen –, dass Er existiert. Er, der lebendige, persönliche Gott, der mich und alle Kreatur liebt, der die Welt geschaffen hat, der aus Liebe Mensch wurde, der gekreuzigte und auferstandene Gott! In jenem Augenblick be- und ergriff ich das ›Geheimnis‹ des Christentums, das neue, wahre Leben. Das war die wirkliche, die echte Rettung! In diesem Augenblick veränderte sich alles in mir. Der alte Mensch starb. Ich gab nicht nur meine früheren Wertvorstellungen und Ideale auf, sondern auch alte Gewohnheiten.«[6]

Was da geschrieben steht, ist unzweideutig eine »confessio«, ein Bekenntnis. Die Frau, die das geschrieben hat, hat sich damit dazu bekannt, dass ihr Leben durch die Begegnung mit dem Vaterunser förmlich eine Bekehrung erfahren hat, die sie selbst als eine »Geburt« erlebt hat. »Eine zweite, meine eigentliche Geburt« ist denn auch nicht ohne Grund das Kapitel ihres Buches überschrieben, das die unglaubliche und doch wahre Geschichte enthält, wie dank des Vaterunser als »Geburtshelfer« eine Frau, die jahrelang der gottlosen Ideologie einer kommunistischen Staatsdoktrin geistig verhaftet war, ein Leben als überzeugte und engagierte Christin dann beginnen konnte.

III. Ein Kompendium des ganzen Evangeliums

Gefragt nach seinem Verhältnis zu Gott und zur Kirche ließ der frühere Formel-1-Pilot und jetzt bei der Deutschen Tourenwagen-Masters (DTM) mitfahrende Ralf

---

6   Goritschewa, Tatjana: Von Gott zu reden ist gefährlich. Meine Erfahrungen im Osten und im Westen, Freiburg im Breisgau 1984, 26–27.

Schumacher (* 1975) in einem Interview die Leser des »stern« Nr. 10 – 28. Februar 2002 – auch dieses Detail aus seinem Leben wissen: »Das Vaterunser kriege ich immer noch nicht unfallfrei hin«. Eigentlich goldrichtig, was »der kleine Schumi« da sagt. Wie man beim Rennen verunglücken kann, so kann man auch beim Beten verunglücken, und beides ist wenig wünschenswert.

Diejenigen, die das Vaterunser »unfallfrei« beten können, dürfen auch die Gewissheit haben, beim Beten nicht zu verunglücken. Denn das Vaterunser ist ja nicht einfach ein Gebet unter Gebeten; es ist das »Gebet der Gebete«, und das aus dem Grund, weil es das Gebet ist, das Jesus selbst uns gelehrt hat. Gleichwohl ist es keine leichte Sache, das Vaterunser tatsächlich so zu beten, dass es uns wirklich glückt, worum der »Wandsbecker Bote« Matthias Claudius (1740–1815) gewusst hat. Denn in seinem Opusculum »Über das Gebet, an meinen Freund Andres« schrieb er einst:

> »Das ›Vater Unser‹ ist ein für allemal das beste Gebet, denn Du weißt, wer's gemacht hat. Aber kein Mensch auf Gottes Erdboden kann's so nachbeten wie der's gemeinet hat; wir krüppeln es nur von ferne, einer noch immer armseliger als der andere. Das schadet aber nicht, Andres, wenn wir's nur gut meinen; der liebe Gott muss so immer das Beste tun, und der weiß wie's sein soll.«[7]

Die Botschaft dieses Boten, die deren Empfänger gewiss erreicht haben wird, ist eindeutig die, dass alle, die das Vaterunser »nachbeten« – und mögen sie sich auch noch so bemühen –, es dennoch nicht so zu tun vermögen, dass sie dabei die Fülle dessen einholen, was der Lehrer dieses Gebets dem Menschen da alles zu beten gegeben hat. Der bündige Text des Vaterunser ist ja – und das hat bereits Tertullian (um 150 – um 230), einer der frühen christlichen Schriftsteller, erkannt und erklärt – »ein kurzer Inbegriff des ganzen Evangeliums«[8] [»breviarium totius evangelii«].

Wie einst der Dichter Matthias Claudius seinem Freund Andres in puncto Gebet einen guten Rat zu geben vermochte, so gewiss auch zu seiner Zeit der Reformator Martin Luther (1483–1546) seinem guten Freund Meister Peter. Der hatte ihn um eine Anleitung erbeten, »wie man beten soll«, und so verfasste er daraufhin im Jahre

---

7   Claudius, Matthias: Sämtliche Werke, Darmstadt ⁷1989, 163–166, 164.

8   Tertullian: Über das Gebet, in: Tertullians private und katechetische Schriften (Bibliothek der Kirchenväter 7), Kempten – München 1912, 247–273, 249.

1535 eigens eine kleine Schrift, die seinem Freund gerade auch anhand einer Erläuterung des Vaterunser einen gut handhabbaren Leitfaden für das Handwerk des Betens an die Hand zu geben suchte.

Was Meister Peter damals zu lesen bekam, sprach Wort für Wort eine klare Sprache, deren Klang auch heutige LeserInnen durchaus noch berührt. Und einiges Gewicht haben gewiss diese Zeilen des bibelkundigen Theologen Martin Luther, der es gewohnt war, kein Blatt vor den Mund zu nehmen:

> »Denn noch heutigentages sauge ich am Vaterunser wie ein Kind; ich trinke und esse davon wie ein alter Mensch, und kann es nicht satt werden. Es geht mir selbst über den Psalter, den ich doch sehr liebhabe. Es ist das allerbeste Gebet. Fürwahr, da zeigt sich, dass es der rechte Meister geformt und gelehrt hat, und es ist ein Jammer, dass dieses Gebet eines solchen Meistes so ohne jede Andacht in aller Welt zerplappert und zerklappert werden soll. Viele beten in einem Jahr vielleicht etliche tausend Vaterunser, und wenn sie tausend Jahre so beten würden, so hätten sie doch keinen Buchstaben oder Punkt davon geschmeckt noch gebetet. Kurz, das Vaterunser ist der größte Märtyrer auf Erden, ebenso wie der Name und das Wort Gottes. Denn jedermann plagt's und missbraucht's, wenige trösten's und machen's fröhlich durch rechten Gebrauch.«[9]

Die Worte, die da geschrieben stehen, wollen Mahnworte und Warnworte sein und damit Worte wider das gedankenlose »Zerbeten« des Vaterunser. Wenn »das allerbeste Gebet« droht, »der größte Märtyrer auf Erden« zu werden, dann stimmt etwas mit dem Beten der Christenmenschen nicht, und solange sich das nicht gebessert hat, besteht Grund genug, sich weiterhin die Warn- und Mahnrede des Reformators zu einer Reform des eigenen Betens, das dem Gehalt und der Gestalt des Vaterunser gerecht wird, gefallen zu lassen.

Unübersehbar ist das Vaterunser ein zweigeteiltes Gebet, dessen erster Teil die großen Anliegen Gottes zum Thema hat und dessen zweiter Teil die großen Anliegen des

---

9   Luther, Martin: Eine einfältige Weise zu beten – für einen guten Freund, in: Ders.: Wie man beten soll. In neuer Bearbeitung von Klaus Haag, Gießen und Moers 1983, 7-22, 22.

Menschen. Die großen Anliegen Gottes sind die Heiligung Seines Namens, das Kommen Seines Reiches, die Erfüllung Seines Willens. Wer die Gebetschule, die das Vaterunser ist, betritt und besucht, lernt nach und nach, sich die drei großen Anliegen Gottes zu eigen zu machen. Und er lernt auch, die Anliegen zur Sprache zu bringen, die die großen Anliegen des Menschen sind: die Bitte um die tägliche Nahrung, die Bitte um die Vergebung der Schuld, die Bitte, nicht in Versuchung geführt zu werden, und die Bitte um Erlösung von dem Bösen.

So ist das Vaterunser ein Gebet, das einen großen Raum eröffnet: einen Raum ebenso für die großen Anliegen Gottes wie für die großen Anliegen der Menschen. Beten heißt wissen, große Wünsche haben zu dürfen. Den Beterinnen und Betern des Vaterunser war und ist dieser Gedanke stets ein vertrauter Gedanke. Denn sie wünschen sich, dass sich die großen Anliegen Gottes und des Menschen erfüllen. Dieses Wünschen zu lernen – eben das ist der Stoff, den es in der Gebetsschule, die das Vaterunser selbst ist, Mal um Mal zu lernen gilt.

Cyprian von Carthago (um 200/210-258), der als Heiliger verehrte Bischof und Theologe, hat das Vaterunser einmal als das Gebet einer »kurzen Zusammenfassung der himmlischen Lehre« [»caelestis doctrinae compendium«][10] bezeichnet und damit etwas wirklich Wesentliches betont. Denn im Beten zum Vater im Himmel, wie Jesus es gelehrt hat, scheint auf, »welcher Himmel sich über der Erde spannt, welcher Name über allen Namen ist, welches Reich, welche Herrschaft kommt, welcher Wille regiert, wessen Brot auf unseren Tischen steht, wessen Sache unser Schuldigwerden ist, in welcher Gefahr, in welcher Versuchung wir stehen, und wer dem Bösen eine Grenze setzt«[11].

Es ist sicher nicht ganz leicht, auf eine griffige Formel zu bringen, was das eigentlich ist: Gebet. Der frühere Bischof der Diözese Aachen Dr. Klaus Hemmerle (1929–1994) hat es dennoch einmal versucht. »Kleiner Ruf, der in den großen Himmel dringt«[12] –

---

10   Cyprian von Carthago: Über das Gebet des Herrn, in: Des heiligen Caecilius Cyprianus Traktate. Des Diakons Pontius Leben des hl. Cyprianus (Bibliothek der Kirchenväter 34), Kempten – München 1918, 161–197, 172.

11   Finze-Michaelsen, Holger: Vater Unser – Unser Vater. Entdeckungen im Gebet Jesu (Biblisch-theologische Schwerpunkte (BThS); Band 24), Göttingen 2004, 15.

12   Hemmerle, Klaus: Auf dem Weg der Berufung bleiben. Weihnachtsbrief an die Ordensleute (1986), in: Ders.: Hirtenbriefe. Herausgegeben von Karlheinz Collas, Aachen 1994, 122–124, 123.

so lautet seine Formel für Gebet, und jedes Vaterunser, das die »Kinder der Erde«, wie Karl Rahner SJ (1904–1984) einmal die Menschen genannt hat, sprechen, ist ein Ruf – und vielleicht ja überhaupt kein kleiner –, der eine Brücke zum Himmel schlägt. Das Vaterunser ist ein Gebet, das sich Mal um Mal als ein echtes Brückengebet erweist, denn es baut jedem und jeder seiner Beterinnen und Beter die Brücke von der Erde zum Himmel, und wer es betet, ist wirklich ein »Pontifex«, ein echter Brückenbauer, dem der Brückenschlag, der die Erde und den Himmel verbindet, wichtig ist.

In seinem 1953 erschienenen Roman »Und sagte kein einziges Wort« erzählt der Kölner Schriftsteller Heinrich Böll (1917–1985), der im Jahre 1972 in Stockholm den Nobelpreis für Literatur entgegennehmen konnte, die Geschichte des Ehepaares Fred und Käte Bogner, die eine Geschichte menschlichen Elends in erbarmungswürdigen großstädtischen Lebensverhältnissen ist, was den Eheleuten und deren Kindern ein hartes Los beschert. In diesem Roman gibt es auch eine kleine Szene, die zeigt, wie Fred und Käte Bogner sich über den Sinn und Unsinn des Betens zu verständigen suchen. Es ist diese vielsagende Szene:

> »Du solltest beten«, sagte sie, »wirklich. Es ist das einzige, was nicht langweilig sein kann.«
> »Bete du für mich«, sagte ich, »früher konnte ich beten, ich kann es nicht mehr gut.«.
> »Es ist viel Training. Du musst hart sein. Immer wieder anfangen. Trinken ist nicht gut.«
> »Wenn ich betrunken bin, kann ich manchmal ganz gut beten.«
> »Es ist nicht gut, Fred. Beten ist etwas für Nüchterne. Es ist, wie wenn du vor einem Aufzug stehst und Angst hast aufzuspringen, du musst immer wieder ansetzen, und auf einmal bist du im Aufzug, und er trägt dich hoch. Manchmal merke ich es deutlich, Fred, wenn ich nachts wach liege und weine, wenn endlich alles still ist, dann spüre ich oft, dass ich durchdringe. Alles andere ist mir dann gleichgültig. Wohnung und Dreck, auch die Armut, sogar, dass du weg bist, macht mir dann nichts. Es ist ja nicht für lange Zeit, Fred, für dreißig, vierzig Jahre noch, und so lange müssen wir es aushalten. Und ich denke, wir sollten versuchen, es zusammen auszuhalten. Fred, du täuschst dich und träumst, Träumen ist gefährlich. Ich könnte verstehen, wenn du einer Frau wegen von uns gegangen wärst. Es wäre mir schrecklich,

> viel schrecklicher, als es jetzt ist, aber ich könnte es verstehen. Wegen dieses Mädchens, Fred, in der Bude, könnte ich es verstehen.«
> »Bitte, sagte ich, »rede nicht davon.«[13]

Der Bischof der Diözese Rottenburg-Stuttgart Dr. Gebhard Fürst (* 1948) hat in seinem Hirtenbrief zur österlichen Bußzeit 2010, den er unter den Titel »»Betet ohne Unterlass!« (1 Thess 5,17). Gottesbeziehung leben im Gebet« gestellt hat, Bezug genommen auf diese Szene des Romans »Und sagte kein einziges Wort« von Heinrich Böll und den Gläubigen seiner Diözese geschrieben:

> »Es gibt kaum einen schöneren Vergleich für die Verwandlung, die geschieht, wenn wir beten, eine Verwandlung in der Beziehung zwischen Mensch und Gott. Die Älteren unter Ihnen werden wissen, dass Böll hier die offenen Fahrstühle vor Augen hat, die früher bezeichnenderweise ›Pater noster‹ genannt wurden: ›Vater-unser-Aufzüge‹. Der Name spielt auf das wirklich emporhebende Gebet des ›Pater noster‹ an, des Vaterunsers, mit dem Jesus selbst seine Jünger gelehrt hat, mit Gott eine lebendige Beziehung zu leben.«

So oft er spürbar wird, so oft ist der »Pater noster«-Effekt der eigentlich wunderbare Effekt des Vaterunser-Betens. Beterinnen und Beter haben es wieder und wieder erlebt, dass dieses Gebet ein echter Gebetslift ist, der sie emporhebt, und dass es ein erhebendes Gefühl ist, sich so »liften« zu lassen.

Tatsächlich ist das Vaterunser ein Gebet, das unsere Herzen zu Gott zu erheben vermag. Wer das Vaterunser betet, lässt sich mitnehmen in eine Richtung, die die einzig richtige Richtung des Betens ist, und das ist bekanntlich die »Himmelsrichtung«. Das Beten des Vaterunser kann uns buchstäblich »mitnehmen«, und denen, die das Vaterunser beten, müsste dies eigentlich anzusehen sein. Sie müssten schon »mitgenommen« aussehen – »mitgenommen« durch die Kraft dieses Gebets, das uns dem Himmel nahe bringt. Und wem wäre diese himmlische Erfahrung nicht zu wünschen?!

---

13   Böll, Heinrich: Und sagte kein einziges Wort. Roman, Köln 1953, 160f.

IV. Schule des Betens und Schule des Lebens

Wer das Vaterunser betet, kann eigentlich nicht umhin zu spüren, wie lebensnah dieses Gebet doch ist. »Am Vaterunser das Leben lernen« – so hat denn auch Pater Josef Tasch OFM (1942–1998) nicht ohne Grund sein 1984 in Hamm erschienenes Buch betitelt[14], denn er war sich der das Leben prägenden Kraft dieses Gebetes sicher. Dieses Gebet kann gleichermaßen Leitfaden christlichen Betens wie Leitfaden christlichen Lebens sein. In die Schule dieses Gebets zu gehen, ist die beste Schule des Betens und Lebens überhaupt. Zu beten und zu leben wissen – beides will das Gebet des Herrn uns lehren, und so tun wir gut daran, »regelmäßig« die Schule dieses Gebets zu besuchen.

Mit seiner Sicht der Dinge, das Vaterunser sowohl als eine Schule, das Beten, wie als eine Schule, das Leben zu lernen, zu sehen, befindet sich Pater Josef Tasch OFM in guter Gesellschaft – beispielsweise der des heiligen Bischofs, Kirchenvaters und Kirchenlehrers Gregor von Nyssa (335/340–394), der in seinen fünf Homilien »Über das Gebet des Herrn« ganz bewusst den lebenspraktischen Sinn des Vaterunser nicht übersehen und übergehen wollte und es als eine »Anleitung zu einem gottseligen Leben«[15] verstand. Und zu dieser guten Gesellschaft gehören sicher auch der international anerkannte Moraltheologe Bernhard Häring CSsR (1912–1998) – er war von 1951 bis 1987 Lehrstuhlinhaber an der Theologischen Hochschule der Redemptoristen Accademia Alfonsiana in Rom –, dem es wichtig war, das »Lebensprogramm« des Vaterunser entfaltet zu sehen[16], und Hans-Rudolf Müller-Schwefe (1910–1986) – er wirkte ab Oktober 1955 als Ordinarius für Praktische Theologie an der neu eingerichteten evangelischen Fakultät der Universität Hamburg –, der das Vaterunser als »Schrittmacher des Lebens« gewürdigt sehen wollte[17], und zu guter Letzt Pater Anselm Grün OSB (* 1945) – der spirituelle Bestseller schreibende Mönch aus dem Kloster Münsterschwarzach –, dem entschieden daran liegt, das Vaterunser als eine »Hilfe zum richtigen Leben« verstehen zu lernen[18].

---

14 Tasch, Josef: Am Vaterunser das Leben lernen. Zum Wesentlichen des Menschseins, Hamm 1984.
15 Gregor von Nyssa: Das Gebet des Herrn, in: Des heiligen Bischofs Gregor von Nyssa Schriften / aus dem Griechischen übersetzt (Bibliothek der Kirchenväter. 1. Reihe; Band 56), Kempten – München 1927, 87–150, 140.
16 Häring, Bernhard: Vater unser. Lobpreis, Bittgebet und Lebensprogramm, Freiburg/Schweiz ²1997.
17 Müller-Schwefe, Hans-Rudolf: Schrittmacher des Lebens. Das Vaterunser, Hamburg 1969.
18 Grün, Anselm: Vaterunser. Eine Hilfe zum richtigen Leben, Münsterschwarzach 2009.

Es verhält sich wohl tatsächlich so, dass wir das Vaterunser gar nicht wirklich beten können, ohne ein Leben zu führen, das dazu passt. Eine gewisse Passgenauigkeit muss es da geben, und auf eben die zielte ein »treffender« Text ab, den das große italienische Verlagshaus Edizioni San Paolo vor einigen Jahren veröffentlichte und der an vielen italienischen Kirchentüren angeschlagen war. In deutscher Übersetzung lautet der Text:

> Sag nicht: Vater,
> wenn Du Dich nicht täglich als seine Tochter, sein Sohn benimmst.
> Sag nicht: Unser,
> wenn Du nur deinem Egoismus lebst.
> Sag nicht: Der Du bist im Himmel,
> wenn Du nur irdische Dinge im Kopf hast.
> Sag nicht: Dein Reich komme,
> wenn Dich nur der materielle Erfolg interessiert.
> Sag nicht: Dein Wille geschehe,
> wenn Du ihn ablehnst, wenn er schmerzhaft ist.
> Sag nicht: Gib uns unser täglich Brot,
> wenn dich die Hungernden nicht interessieren.
> Sag nicht: Und führe uns nicht in Versuchung,
> wenn Du fortfährst zu sündigen.
> Sag nicht: Erlöse uns von dem Bösen,
> wenn Du dem Bösen nicht widerstehst
> Sag nicht: Amen
> Wenn Du die Sätze des Vater Unsers nicht ernst nimmst.[19]

Die Logik des Textes besticht durch ihre eindeutige Klarheit und hebt auf die These ab: Nicht jedes Beten passt zu jedem Leben, und nicht jedes Leben passt zu jedem Beten. »Denn wenn Jesus uns belehrt, wie und um was wir beten sollen«, so hat der frühere renommierte Erfurter Exeget Heinz Schürmann (1913-1999) betont, »dann sagt er uns doch einschlußweise gleichzeitig damit, wie wir sein und leben müssen, um so beten zu können. So setzt Jesu Gebetsschule seine Lebensschule voraus ... .«[20]

---

19 Siehe: Kirche Intern 15 (2001) Heft 3, 34.
20 Schürmann, Heinz: Das Gebet des Herrn als Schlüssel zum Verstehen Jesu, Leipzig 7., erneut durchgesehene Auflage 1990, 15.

Der Geist des Vaterunser will den Geist des Lebens nicht weniger beseelen als den Geist des Betens. Und einzig da, wo das gewahrt ist, ist weder die Weise unseres Betens noch die unseres Lebens eine geist-lose Weise. Der Leitfaden, den das Vaterunser abgibt, ist wahrlich kein schlechter, und er eignet sich ebenso dafür, an ihm entlang ebenso gut das Handwerk des Betens wie das des Lebens nachhaltig zu erlernen.

V. Gebetete »Exegese«

»Ein Gedicht kann man nur auslegen durch ein Gedicht, ein Lied nur durch ein Lied, ein Gebet nur durch ein Gebet.« Geschrieben hat diesen Satz der Paderborner Theologe Eugen Drewermann (*1940) in seinem dreibändigen Kommentar zum Matthäusevangelium und damit in Erinnerung gerufen, dass es tatsächlich immer wieder einmal »große« und »kleine« Beter gab und gibt, die das Vaterunser auf mannigfache Weise weitergebetet haben. In den verschiedensten »Fassungen«, die im Laufe der Jahrhunderte bis in die Gegenwart entstanden sind, hat sich mithin etliche Male bewahrheitet, was der im Dialog zwischen Judentum und Christentum engagierte jüdische Religionswissenschaftler Schalom Ben-Chorin (*1913) in seinem Buch »Bruder Jesus. Der Nazarener in jüdischer Sicht« über das Vaterunser gesagt hat: »Es ist zeitlos, obwohl es ganz den Geist seiner Zeit atmet.«[21]

Es war der Philosoph Karl Jaspers (1883–1969), der Jesus neben Sokrates (um 470–399 v. Chr.), Buddha (um 560–480 v. Chr.) und Konfuzius (551–479 v. Chr.) zu den »maßgebenden Menschen« unserer Welt gezählt hat.[22] Für diejenigen, die sich als Christen zu diesem Jesus als dem Christus bekennen, ist er nicht ein maßgebender Mensch neben weiteren maßgebenden Menschen; für sie ist der Menschensohn der maßgebende Mensch überhaupt, der ihnen durch das Vaterunser eben auch Maßgebendes zur Sache des Betens mit auf den Weg gegeben hat.

Je nach ihrer eigenen Wortwahl haben Bibelwissenschaftler denn auch das Vaterunser als ein »Mustergebet«, als ein »Modellgebet« oder als ein »Kerngebet« bezeichnet und das in der Absicht getan, dieses Gebet zu deuten als einen »Leitfaden, dem

---

21 Ben-Chorin, Schalom: Bruder Jesus. Der Nazarener in jüdischer Sicht, München 1977, 97.
22 Jaspers, Karl: Die maßgebenden Menschen. Sokrates – Buddha – Konfuzius – Jesus (Serie Piper; Band 126), München – Zürich 1990.

entlang man beten darf«[23] und der als verlässliche Richtschnur des eigenen Betens dienen kann. Das Vaterunser in eben diesem Sinn als »Leitgebet« verstehen heißt, es als das »Grundgebet« annehmen, auf dem jedes Beten bauen kann. Wer gut beten will, tut gut daran, sich auf die »oratio dominica« als »Grundlage« zu beziehen, denn dort hat er eine Vorlage als Vorgabe, auf die er sich wirklich verlassen kann.

Jedem Beter und jeder Beterin ist mit dem Vaterunser ein »Grundwortschatz« des Betens an die Hand gegeben, der sich als durchaus erweiterbarer und tatsächlich auch erweiterter Wortschatz erwiesen hat und bis zur Stunde erweist. Etliche Beterinnen und Beter, die in Geschichte und Gegenwart als Schülerinnen und Schüler die Gebetschule Jesu besucht haben, sind jedenfalls auf die Idee gekommen, den »Urtext« des Vaterunser textlich zu erweitern. Sie haben sich nicht damit begnügt, den Text des Vaterunser wortwörtlich zu rezitieren; sie haben es vielmehr für wichtig und richtig gehalten, ihn so zu rezipieren, dass sie ihn buchstäblich weiterbeten. Den »Kontext« zum weitergebeten »Text« des Vaterunser hat dabei jeweils die Lebenswirklichkeit derer geliefert, die als die Subjekte dieser Rezeptionsgeschichte gelten dürfen.

Der Vorgang, der dabei Mal um Mal zu beobachten ist, wäre als ein Übersetzungsvorgang zu kennzeichnen. Diejenigen, die das Vaterunser weiterbeten, leisten eine Übersetzungsarbeit. Gebet trifft auf Leben, und Leben auf Gebet. Der offene Text des Vaterunser öffnet sich dem Leben, und das offene Leben öffnet sich dem Vaterunser; und so oft das geschieht, so oft kommen Leben und Gebet in Berührung miteinander. Das Leben hat dem Beten etwas zu sagen und das Beten etwas dem Leben, und das wirkt sich da wie dort fruchtbar aus.

In musikwissenschaftlicher Diktion ließe sich vielleicht mit einigem Recht sagen, das »Thema« des Vaterunser habe im Laufe der Zeit durch jene Beterinnen und Beter, die es weitergebetet haben, diese und jene »Variation« erfahren – und das durchaus mit dem Prädikat »hörenswert«. Jede einzelne »Variation« lässt das »Thema« hörbar anklingen und bringt es zugleich in einer eigenen Weise zu Gehör.

Texte aus Geschichte und Gegenwart, deren Gemeinsamkeit darin besteht, dass alle sich gewissermaßen als »Variationen« des Vaterunser verstehen, das in jedem von ih-

---

23 Das Evangelium nach Lukas. Übersetzt und erklärt von Josef Ernst (Regensburger Neues Testament; Band 3), Regensburg 6. überarbeitete Auflage 1993, 369.

nen auf- und durchtönt, lassen sich durchaus in keineswegs geringer Zahl entdecken. Rezeption als Variation und Variation als Rezeption – dieses Geschehen lässt sich anhand der unterschiedlichsten Text-Varianten verifizieren. Der Sammelband »Vaterunser. Beterinnen und Beter in der Gebetschule Jesu« möchte dementsprechend der Stimme einer gewissen Zahl von Zeuginnen und Zeugen Stimmrecht gewähren und deren Vaterunser-Varianten präsentieren. Einige dieser Text-Proben erscheinen als Kostproben einer aktuell sich vollziehenden Rezeption des Vaterunser im vorliegenden Sammelband zum ersten Mal und wurden zum Teil eigens dafür geschrieben.

Die Leserinnen und Leser, die den Sammelband durchblättern, werden dabei auf aufschlussreiche Textzeugnisse ganz unterschiedlicher Couleur stoßen: auf solche, die sie faszinieren werden, auf solche, die sie irritieren, und solche, die sie provozieren werden. Was auch kein Wunder ist! Denn unter den zwischen den beiden Buchdeckeln versammelten Texten sind solche und solche: solche, die die Gedanken des Vaterunser paraphrasieren und so betend kommentieren; solche, die die einzelnen Bitten des Vaterunser Bitte für Bitte durchdeklinieren oder durchkonjugieren; doch eben auch solche, die den Wortlaut des Vaterunser parodieren, karikieren, persiflieren und ironisieren. Solche »Gegentexte« gibt es auch, und es liegt nahe, sie »unerhört« zu finden – und das wegen ihrer bewusst verstörenden Intention gewiss nicht ohne gutes Recht. Vielleicht ist jedoch jener Umgang mit solchen »unerhörten« Texten gar nicht einmal so verkehrt, der sie als das nimmt, was sie ja tatsächlich auch sein wollen: »anstößig«. Gerade auch den Beterinnen und Betern, denen das Vaterunser »heilig« ist, wird durch die Lektüre eines jeden dieser sperrigen »Gegengebete« vielleicht ein entscheidender »Anstoß« gegeben, sich so noch klarer darüber zu werden, was es mit dem Gebet, das das Vaterunser darstellt, eigentlich auf sich hat.[24]

Der Band hätte sein Ziel erreicht, wenn es ihm über die dort versammelten Textzeugnisse gelänge, die Frage wachzurufen und wachzuhalten, die lautet: Was beten wir eigentlich, wenn wir beten: »Vater unser ...«?

---

24 Ein grenzgängiges »Gegengebet« zum Vaterunser verfasste der österreichische Schriftsteller Thomas Bernhard (1931-1989), in dem sämtliche Bitten verneint werden [Bernhard, Thomas: Frost (suhrkamp taschenbuch 47), Frankfurt am Main 1972, 208.] Leider konnte dieses »Gebet« nicht unter die übrigen Textproben eingereiht werden, da Bernhard testamentarisch festgelegt hat, dass keine Auszüge seines Werkes in Anthologien etc. abgedruckt werden sollen.

geheiligt werde dein Name

Unser Vater im Himmel,
dein Name werde geheiligt,
dein Reich komme,
dein Wille geschehe
wie im Himmel, so auf der Erde.
Gib uns heute das Brot, das wir brauchen.
Und erlass uns unsere Schulden,
wie auch wir sie unseren Schuldnern erlassen haben.
Und führe uns nicht in Versuchung,
sondern rette uns vor dem Bösen.

Matthäus-Evangelium 6,9 – 13

Vater,
dein Name werde geheiligt.
Dein Reich komme.
Gib uns täglich das Brot, das wir brauchen.
Und erlass uns unsere Sünden;
Denn auch wir erlassen jedem, was er uns schuldig ist.
Und führe uns nicht in Versuchung

Lukas-Evangelium 11,2-4

Unser Vater im Himmel,
geheiligt werde dein Name,
dein Reich komme,
dein Wille geschehe wie im Himmel auch auf Erden,
unser tägliches Brot gib uns heute,
und vergib uns unsere Schuld,
wie auch wir unsern Schuldnern vergeben,
und führe uns nicht in Versuchung,
sondern bewahre uns vor dem Bösen;
denn dein ist die Kraft und die Herrlichkeit in Ewigkeit.
Dreimal am Tag sollt ihr so beten. (VIII,2)

Didache (Zwölf-Apostel-Lehre), früheste Kirchenordnung, (um 100 n. Chr.)

Vater unser, der du bist in dem Himmel, der Markt rückt heran, ich muss meine Anstalten treffen; geheiliget werde dein Name, wo soll ich jetzt einkehren? Mein voriger Wirth ist gestorben; zukomme uns dein Reich, er war ein guter Kerl. Wir haben manche Flasche zusammen geleert; dein Wille geschehe, wie im Himmel, in der blauen Taube soll man gut essen, und trinken; also auch auf Erden, es kömmt auf eine Probe an; gieb uns heute unser tägliches Brod, wenn ich nur könnte die zwey Stücke Seidenzeug an den Mann bringen; und vergieb uns unsre Schuld, zu Messgewändern sind sie gut genug; wie wir vergeben unsern Schuldnern, aber für Frauenzimmer sind sie aus der Mode; führe uns nicht in Versuchung, für die Kirche ist alles gut; sondern erlöse uns von allem Uebel, der Pfaff macht heut lange; amen, sie warten gewiß mit dem Essen, und ich komme zu spät auf die Kegelbahn.

Abraham a Sancta Clara (1644-1709)

Vater unser im Himmel,

der du uns mal väterlich, mal mütterlich nahe bist
in den Höhen und Tiefen unseres Lebens,
im Lachen und im Weinen,
auf den leichten und auf den beschwerlichen Wegen.

Geheiligt werde dein Name –
den wir ehren,
wenn wir deiner Wahrheit über uns Recht geben,
wenn wir den Reichtum deiner Güte
mit allen Sinnen bestaunen,
wenn wir deinen Namen verteidigen gegen
Größenwahn, Allmachtsgebaren und Unmenschlichkeit.

Dein Reich komme –
es wachse in uns und durch uns Freude und Sanftmut,
es reife erfülltes Leben auf dem Feld
unseres Herzens und deiner Welt.

Dein Wille geschehe,
wie im Himmel so auf Erden –
auch dann,
wenn unsere Macht viele Menschen willenlos
und ohnmächtig macht,
wenn wir nicht wie Kinder empfangen,
was du uns schenkst,
wenn wir nicht das tun,
was uns stimmig macht mit dir und mit uns selbst.

Unser tägliches Brot gib uns heute –
das Brot für Leib und Seele uns und allen Menschen:
das Brot des Friedens, das Brot guter Worte,
das Brot der Liebe.

Und vergib uns unsere Schuld –
dass wir uns immer wieder entfremden:
von dir, von unseren Ursprüngen,
von der Freiheit der Befreiten,
von der Gnade deiner bedingungslosen Liebe.

Wie auch wir vergeben unsern Schuldigern –
und ohne zu rechnen die Hand zur Versöhnung reichen,
auf unseren falschen Stolz verzichten,
anderen so lange ins Gesicht schauen,
bis wir in ihnen die Schwester und den Bruder erkennen.

Und führe uns nicht in Versuchung –
uns an das Sterben unserer Hoffnung zu gewöhnen,
die Angst über unser Vertrauen siegen zu lassen
und die Verzweiflung über unseren Glauben.

Sondern erlöse uns von dem Bösen –
wenn es in uns zum Gegenspieler wird,
gegen dich und gegen alles,
was uns in den weiten Raum der Freiheit stellt.
Wenn es unser Ich klein macht
und wir uns fesseln lassen in Lebenslügen
und in den Zwängen,
das wahre Leben im falschen Leben zu suchen,
wenn wir versuchen,
uns selber Leben auf Kosten des Nächsten zu nehmen.

Denn dein ist das Reich –
in unseren kleinen Anfängen hier
und in dem vollkommenen Ganzen,
auf das wir zugehen.

Und die Kraft –
in unserer Schwäche und in unserer Stärke,
in unserer Starrheit und in unserer Beweglichkeit.

Und die Herrlichkeit –
die wir jetzt schon sehen, hören, schmecken,
riechen und tastend begreifen,
und die uns einst umfangen wird.

In Ewigkeit –
in der Gültigkeit deiner Zusage,
dass nichts uns trennen kann von dir,
weder unser Stückwerk noch unsere Angst,
weder unerfüllte Sehnsucht noch nicht gelebtes Leben,
weder dunkle Mächte noch die Hölle auf Erden.

Amen.
So soll es sein.
So soll es werden.

Helge Adolphsen (* 1940)

Ein Vaterunser um wahre Tugenden

Vater unser, der du bist im Himmel.
Erlöse uns vom Übel des Stolzes durch
wahre Gottesfurcht und Bescheidenheit.
Führe uns nicht in die Versuchung des Neides,
sondern gib uns die Gnade, durch Frömmigkeit
und Güte Verzeihung unserer Schuld zu finden,
wie auch wir vergeben unsern Schuldigern.
Lass uns niemanden durch Zorn verletzen;
denn alle sind ja deine Kinder.
Lass uns vielmehr unsere Sünden beweinen.
Unser tägliches Brot gib uns heute,
das uns stärkt gegen die geistige Trägheit
und uns hungern und dürsten lässt
nach den Werken der Gerechtigkeit.
Dein Wille geschehe,
dass wir nicht dem Geiz erliegen,
sondern – deinem Rate folgend –
das Unsrige gern mit andern teilen.
Zu uns komme dein Reich,
es befreie uns von aller Unmäßigkeit,
so dass wir mit wachem Geiste
und reinem Herzen Dich schauen.
Geheiligt werde dein Name in uns,
damit das Begehren des Leibes zur Ruhe komme
und wir im Geistigen
die echte Freude finden
Amen.

Albertus Magnus (um 1200-1280)

Das Vaterunser des Pilgers

Vaterunser auf unseren Wegen,
   Dein Geist erfülle uns,
Dein Wille geschehe in Glück und Leid.
Unsre tägliche Kraft gib uns heute
Und vergib uns unsere Herzlosigkeit,
wie auch wir denen vergeben, die herzlos sind mit uns.
Und führe uns nicht in Versuchung,
sondern auf den Weg Deiner Hoffnung.

Denn Dein ist der Aufbruch, der Weg
Und das Ziel in der Ewigkeit.
Amen.

Elisabeth Alferink (* 1936)

Vater unser

Vater unser	Vater …
	Mutter…
	mit den sanften Augen.
im Himmel.	Ich weiß, dass du unsichtbar
	in allen Dingen anwesend bist.
Geheiligt werde dein Name.	Dein Name möge mir guttun,
	sei die Freude meines Lebens.
Dein Reich komme.	Bring uns Dinge,
	an denen du Wohlgefallen hast:
	Gärten,
	Quellen,
	Kinder,
	Brot und Wein,
	Gesten voller Zärtlichkeit,
	Hände ohne Waffen,
	Körper in Umarmung …
Dein Wille geschehe	Ich weiß, dass du mir
im Himmel so auf Erden.	meinen tiefsten Wunsch erfüllen willst,
	auch wenn ich ihn vergessen habe …
	Aber du vergißt nie etwas.
	Verwirkliche also
	deinen Wunsch,
	damit ich lachen kann.
	Dein Wunsch möge in unserer Welt
	genauso Wirklichkeit werden,
	wie er in dir pulsiert.
Unser tägliches Brot	Lass uns zufrieden sein
gib uns heute.	mit den Freuden des heutigen Tages:
	Brot
	Wasser
	Schlaf…
	Angst halte von uns fern.

Und vergib uns unsere Schuld, wie auch wir vergeben unseren Schuldigern.

Dass wir die anderen
mit genauso sanften Augen anschauen
wie du uns.
Denn im Zorn können wir deine Güte
nicht empfangen.

Und führe uns nicht in Versuchung, sondern erlöse uns von dem Bösen. Amen.

Hilf uns, dass wir uns nicht
von schlechten Wünschen täuschen lassen,
und befreie uns von dem,
in dessen Augen der Tod steht. Amen.

Rubem Alves (* 1933)

Vater unser

Vater unser
nimm zurück deinen Namen
wir wagen nicht
Kinder zu sein

Wie
mit erstickter Stimme
Vater unser sagen

Zitronenstern
an die Stirn genagelt

Lachte irr der Mond
Trabant unserer Träume
lachte der tote Clown
der uns einen Salto versprach

Vater unser
wir geben dir zurück
deinen Namen
Spiel weiter den Vater
im kinderlosen
luftleeren Himmel

Rose Ausländer (1901–1988)

Unerschöpfliches Vaterunser

Vater Unser im Himmel
weil Du gebärender Schoß bist
sind wir geboren

weil Du das All
mit Deinem Atem bewegst
atmen auch wir

weil Dein Schall
im Weltall widerhallt
können wir Laut geben

weil Du Licht bist
eins mit der Dunkelheit
sind wir Dunkel das licht wird.

weil Dein Herz
alles durchpulst
schlägt unser Herz

in Deinem Rhythmus
Weil Du Quell bist aller Energie
werden wir Mitschöpfer in Deiner Kraft

weil Dein heiliger Name
alle Namen enthält
sind wir gerufen von Dir

II

Vater Unser im Himmel
Du All-Einer – gebärender Schoß
Du Atmender – hallender Schall

Licht – Herz – heiliger Name
in dem alle Namen sind
Komme –
Du Brautbett der Einheit

Du den es nach uns verlangt
mach uns zu Mitschöpfern
als Deine Hände und Füße
Deine Augen und Stimme
als Deine Intelligenz und Dein Herz

Gib uns das Brot das unsere Erde spendet und
gib Einsicht damit wir weitergeben
alles was wir heute zu geben haben

Führe uns in unseren Ursprungszustand
unbelastet und rein
Wir lassen los alle Vergehen
alle heimliche Schuld
alles Gestohlene – Versteckte – alle Kränkungen
wir lassen uns gegenseitig frei

Lass uns nicht verführt werden
vom äußeren Schein
sondern ins Verborgene schauen
Lass uns nicht verfallen in den Irrtum
der Selbstbezogenheit
sondern mit offenem Herzen
die wahre Wirklichkeit
erkennen

Felicitas Betz (* 1926)

Unser lieber Vater im Himmel.	Von dir kommen wir her, auf dich sind wir bezogen. Du lässt deine Sonne über uns alle scheinen, über die Gerechten und die Ungerechten.
dein Name ist ‚der Heilige'	Du bist der Heilige, du strahlst die Kraft der Heiligkeit aus. Wenn wir etwas von deiner Nähe verspüren, treten wir in eine Zone des Vollkommenen.
Dein Königtum komme	Wie ersehnen wir eine verwandelte Schöpfung! Deine Herrschaft der Milde und der verwandelnden Liebe soll sich durchsetzen. Dein großer Plan des Bundes von Himmel und Erde werde Wirklichkeit!
Dein Wille geschehe im Himmel und auf Erden	Was du mit deiner Schöpfung vorhast, es soll Gestalt gewinnen. Das Zerrissene soll zusammenfinden, das Verborgene soll in die Sichtbarkeit treten.
Das Brot, das wir Tag für Tag brauchen: gib es uns heute	Unser Leben ist vom Hunger bestimmt; alles in uns streckt sich voll Verlangen aus, damit du uns mit deiner Liebeskraft erfüllst.
Vergib uns unsere Schuld	Wie sehr leiden wir unter Schuld und Versagen, wie oft geraten wir in Irrwege, verfehlen wir unser Ziel und sind auf den Impuls der Vergebung angewiesen.
auch wir wollen vergeben unseren Schuldigern	Gib uns die Kraft, selber zu vergeben, damit der Schuldkreislauf aufgebrochen wird und das Heillose geheilt werden kann.

In der Versuchung lass uns nicht fallen	Lass uns nicht in den Abgrund fallen, halte uns in der Hoffnung, damit wir auch die Phasen der Dunkelheit überstehen.
sondern erlöse uns von allem Bösen	Überführe unsere chaotische Welt in deine Ordnung, damit das Gestalt gewinnt, was du mit ihr vorhast.

Otto Betz (* 1927)

Vaterunser-Lied

1. Du Geheimnis aus der Höhe.
allumfassend große Macht,
deine Ferne, deine Nähe
widerfährt uns Tag und Nacht.
Unsichtbarer Gott, wir können
dich im Namen Jesu Christ
unsren Herrn und Vater nennen,
der barmherzig zu uns ist.

2. Lass uns deinen Namen ehren
im Gebet und vor der Welt,
dass wir denken, tun und lehren,
was ihn bei uns heilig hält.
Deine Herrschaft aufzubauen,
komm in unsre späte Zeit.
Säe Liebe und Vertrauen
mitten zwischen Angst und Streit.

3. Zeige uns, Herr, deinen Willen,
dass er bei uns wächst und reift.
Gib uns Kraft, ihn zu erfüllen,
und Gehorsam, der begreift.
Schenk uns Vollmacht, ja zu sagen
da, wo es dein Wille will.
Mach uns frei zum Tun und Wagen
und zum Tragen stark und still.

4. Was wir brauchen, um zu leben,
gib uns mit dem täglich Brot,
dass wir davon weitergeben,
wo noch Hunger herrscht und Not.
Von der Schuld uns zu befreien,

sei uns gnädig, sei uns gut,
dass wir selber dem verzeihen,
der uns hasst und Unrecht tut.

5. Müssen wir Versuchung leiden
und durch Feuerproben gehn,
hilf uns richtig zu entscheiden
und die Prüfung zu bestehn.
Herr, erlöse uns vom Bösen
und beende Kreuz und Krieg.
Alles gottesferne Wesen
nimm hinein in deinen Sieg.

6. Einmal, so hast du versprochen,
kommt dein Reich in unsre Zeit.
Jetzt schon ist es angebrochen
voller Kraft und Herrlichkeit.
Über Bitten und Verstehen
bist du immer für uns da.
Amen heißt: Es soll geschehen.
Amen, unser Vater, ja!

Detlev Block (* 1934)

Vaterunser 69

Liebe in Person
Überall und nirgends.
    Überall da und am Werk,
    aber nirgends zu erkennen
    ohne die Augen Jesu.

Du hast einen Namen.
    Gib, dass wir ihn aussprechen
    und nicht verschweigen.

Mach auch durch uns sichtbar,
    wer du bist
    und wie du es mit der Welt meinst.

Überzeuge uns davon,
dass wir viel tun können
für deine Sache.
    Lass uns das Machbare
    verantwortlich tun
    Und da, wo uns die Hände gebunden sind,
    vertrauen.

Ermögliche allen Menschen
menschenwürdige Verhältnisse,
leiblich und geistig.
    Lass uns selbst dafür arbeiten,
    so wie Er es getan hat.

Mach täglich
einen neuen Anfang mit uns.
    Ganz gleich, was war.
    Wir wollen dasselbe
    mit unseren Mitmenschen versuchen.

Und hilf uns bei schweren Entscheidungen,
das Rechte zu tun,
> damit wir die Probe bestehen.
> Dein Herz schlägt ja
> auf der Seite des Sieges.

Nur mach uns frei von Selbstsicherheit
und Resignation
> und der irreführenden Macht,
> die in beiden wirkt.

Denn dir gehört alles.
Bei dir ist kein Ding unmöglich.
Du bist die Liebe für alle Zeit.
> Wirklich.

Detlev Block (1934)*

Was das Vaterunser bedeutet

Unser aller Vater,
der im Himmel lebt,
hilf uns, deinen Namen zu lieben und zu ehren.
Lass dein herrliches Reich der Liebe sich über alle Welt ausbreiten und hilf uns,
hier auf Erden zu tun, was dir wohlgefällt, so wie es im Himmel geschieht.
Gib uns alles, was wir heute brauchen.
Und vergib uns das Unrecht, das wir begehen, so wie wir denen vergeben,
die uns Unrecht tun.
Lass uns nirgends hingehen, wo wir sündigen könnten,
sondern schütze uns vor allem Schaden und aller Gefahr.
denn dein ist das Reich der Liebe und alle Kraft und Herrlichkeit in Ewigkeit. Amen.

Enid Blyton (1897-1968)

Vater,
- du bist nicht an erster Stelle unser Richter und Herr, sondern
— unser Vater,
  denn du hörst das Schreien deiner unterdrückten Kinder.
— Du bist im Himmel,
  wohin wir im Kampf unseren Blick richten.
— Geheiligt
  werde dein befreiendes Eingreifen gegen die, die in deinem Namen die Menschen unterdrücken.
— Es komme zu uns,
  angefangen mit den Verarmten, deine Gerechtigkeit.
— Es geschehe
  die Befreiung durch dich, angefangen auf der Erde bis hin zum Himmel.
— Das tägliche Brot,
  das wir gemeinsam bereiten, gib du es uns und lass es uns gemeinsam essen.
— Vergib uns
  unseren Egoismus – in dem Maße,
  in dem wir den kollektiven Egoismus bekämpfen.
— Und führe uns nicht in Versuchung,
  die Menschen auszubeuten, um Reichtum anzuhäufen.
— Sondern befreie uns
  von der Rache und vom Haß gegen den Bösen, der unterdrückt und erdrückt.
— Amen.

Leonardo Boff (* 1938)

Vater unser, Vater aller

Vater aller, die keinen Vater haben,
der starke Arm, der hält, was er verspricht.
Mutter aller, die kein Zuhause finden,
die zarte Hand, die tröstet, was sie berührt.

Dein Name, Gott,
wie helles Licht in meine Dunkelheit,
wie ein heiliger Klang in den vielen Stimmen.

Dein Reich komme jetzt und nicht irgendwann.
Deine Herrschaft breite sich aus über die Erde.
Beginne in mir und breite sich aus.

Dein Wille erfülle sich in meinem Leben.
Was durch mich hier auf der Erde geschieht,
lass auch im Himmel gültig sein.

Gib mir täglich, was ich nötig habe.
Lass mich erkennen: Heute ist mein Tag.
Dein Brot in meinen Händen.

Vergeben will ich und vergessen,
mit offnen Händen vor dir stehen,
achtsam sein in meinem Herzen.

Wachsam mache mich,
damit die Dinge mich nicht verführen.
Die Schätze deiner Welt lass mich gebrauchen,
aber nicht durch Missbrauch verderben.
Genießen lass mich deine Geschenke,
aber nicht der Sucht verfallen.

Denn dein ist das Reich und die Macht
und die Herrlichkeit. In Ewigkeit. Amen.

Roland Breitenbach (*1935)

Abba, Vater, Vater unser

Abba, Vater, Vater unser.
Durch dich wird alles gezeugt,
aus dir ist alles geboren.
Unser Vater.

Dein Name ist ein heiliger Raum.
Ein heiliger Platz für Ruhe und Geborgenheit.
Ein fruchtbarer Acker,
wie der Baum des Lebens im Paradies.

Dein Königtum umgibt uns ohne Grenzen,
von allen Seiten, vom Kopf bis zu den Füßen.
Es gibt uns einen sicheren Stand
und führt uns doch in die Weite.

Auf uns ist dein Verlangen gerichtet,
deine Liebe überflutet uns,
damit wir das Leben haben,
das Leben in Fülle.

Brot und Einsicht schenkst du, Tag für Tag.
Du zeigst dich uns mit jedem Atemzug.
Mit Wein erfreust du uns,
der Geschmack des Lebens ist in dir.

Zu unserem Ursprung bringst du uns zurück,
dorthin, wo uns gesagt ist:
Es ist alles gut, sehr gut sogar.
Wir sind erlöst. Es bleibt dabei.

Dem Bösen nimmst du seine Übermacht,
du lässt uns nicht in die Irre gehen,
machst uns frei von allem,
was uns wieder binden und fesseln möchte.

Deswegen, Vater unser,
singen wir das Lied von deiner Kraft,
von deiner Macht und Herrlichkeit
zu jeder Zeit, in Ewigkeit. Amen.

*Roland Breitenbach (*1935)*

Vaterunser – Litanei

I

Abwun
Vater
Abba
Papa

Einer und Alles
Schöpfer und Gebärer
Atem und Geist
Erde und All
Heiliges Leben

II

Name
Wort
Idee
Vision

Bewegung und Ruhe
Heilung und Heil
Same und Frucht
Klarheit und Einsicht
Heilige Liebe

III

Reich
Welt
Himmel
Erde

Kommen und gehen
Einheit und Vielfalt
Farbe und Licht
Freundschaft und Nähe
Heiliges Land

IV

Wille
Macht
Güte
Kraft

Erwartung und Fülle
Quelle und Strom
Harmonie und Musik
Kreislauf und Ziel
Heilige Sehnsucht

V

Brot
Liebe
Leid
Leben

Geben und nehmen
Nahrung und Wachstum
Unglück und Weisheit
Schaffen und Lassen
Heilige Einsicht

VI

Schuld
Lösung
Sinn
Rückkehr

Vergeben und vergessen
Gestern und Morgen
Hoffnung und Zuversicht
Kreislauf und Ziel
Heiliger Anfang

VII

Suche
Versuchung
Stillstand
Wachstum

Fallen und stehen
Wurzel und Trieb
Schmerz und Erlösung
Irrtum und Freiheit
Heilige Gegenwart

VIII

Gottes heiliges Reich
komme
Gottes heilige Harmonie
erfülle
Gottes heiliges Feuer
brenne
Gottes heiliges Leben
in Ewigkeit. Amen.

Roland Breitenbach (*1935)

Vater unser

Die Straße gehört allen. Du bist der Vater auch der Fußgänger und Radfahrer, der Alten und Kinder. Und Behinderte haben gleiche Rechte.

Geheiligt werde dein Name:

Durch Ruhe und Gelassenheit, Rücksicht und Freundlichkeit – auch dann, wenn es wirklich Ärger gibt, bei Pannen und in Staus, oder wenn Anfänger ihre Fehler machen.

Dein Reich komme:

Und es beginnt schon ein wenig, wenn Fairness und Aufmerksamkeit, Güte und Hilfsbereitschaft unser Verhalten bestimmen.

Dein Wille geschehe wie im Himmel so auf Erden:

Damit nicht das Recht des Stärkeren auf unseren Straßen herrscht und Menschen in Gefahr bringt, sondern Deine Menschenfreundlichkeit sich in unserem Umgang miteinander spiegelt.

Unser tägliches Brot gib uns heute:

Die meisten Verkehrsteilnehmer sind zum Brotverdienen unterwegs. bewahre uns davor, dass durch uns ein Mensch zu Schaden kommt. Gib uns auch, was wir brauchen: Verständnis und Freundlichkeit anderer Menschen.

Vergib uns unsere Schuld
wie auch wir vergeben unseren Schuldigern.

Hilf, dass durch Unachtsamkeit, Leichtsinn oder auch nur Müdigkeit keine bösen Folgen entstehen. Lass uns vorsichtig fahren und – so gut wir können – vermeiden, dass wir schuldig werden.

Und führe uns nicht in Versuchung:

Zu rasen, wenn es eilt, oder weil wir angeben wollen.
Zu überholen, weil wir keine Geduld aufbringen.
Die Vorfahrt zu erzwingen, weil wir meinen, im Recht zu sein.
Uns ans Steuer setzen mit Alkohol im Blut.

Sondern erlöse uns von dem Bösen:

Vom Rausch der Geschwindigkeit,
von Rücksichtslosigkeit und Sturheit.
Bewahre uns vor der Maßlosigkeit, damit wir
Deine Schöpfung nicht aufs Spiel setzen.

Bruderhilfe-Pax-Familienfürsorge

Gebet der BILDzeitungsleser

unsern täglichen
Mord
gib uns heute
und verschweig
uns unsere Schuld

Hansjürgen Bulkowski (1938)*

Dein Wille, der Liebe ist, geschehe auf dieser Erde

Vater unser
Vater aller Menschen, die wir
Brüder sind.
Hilf, dass dein wirklicher Name, der
Liebe heißt,
uns allen vertraut werde.
Hilf, dass unter uns das Reich der
Gerechtigkeit und Liebe erschaffen werde,
das einige den
vollendeten Sozialismus nennen.
Dein Wille, der Liebe ist,
der sich im Kosmos vollzieht,
geschehe auch auf der Erde.
Hilf, dass alle Menschen auf dieser Erde
gesättigt werden.
Wir bitten dich, vergiss unsere Lieblosigkeit,
damit wir uns unsere Lieblosigkeiten verzeihen.
Auf dass wir nicht in die Versuchung kommen,
zur Vergangenheit zurückzukehren,
zu Entwicklungsstufen, die wir schon
überwunden haben.
Und befreie uns vom Übel aller
Unterdrückung.
Amen.

Ernesto Cardenal (* 1925)

Vater unser der Armen. Vater unser der Märtyrer und Folteropfer. Geheiligt werde dein Name durch die, die im Kampf für das Leben sterben. Geheiligt werde dein Name, wenn die Gerechtigkeit das Maß der Dinge wird. Dein Reich ist ein Reich der Freiheit, der Brüderlichkeit und des Friedens. Bewahr uns vor der Gewalt, die das Leben verschlingt. Wir werden deinen Willen tun. Du bist Gott, der Befreier. Wir weisen ein Denken zurück, das durch Macht korrumpiert ist. Gib uns das Brot des Lebens, das Sicherheit schenkt, das Brot für alle, das Menschlichkeit bringt und die Waffen ächtet.

Verzeihe uns, wenn wir voll Angst schweigen angesichts des Todes. Lass nicht zu, dass die Korruption das Gesetz verdrängt. Schütze uns vor der Brutalität und den Todesschwadronen. Du bist unser revolutionärer Vater. Du bist auf der Seite der Armen. Du bist ein Gott der Unterdrückten. Amen.

Bischof Pedro Casaldáliga (1928)*

Dein Reich komme

Das Vaterunser

Vater unser im Himmel

Wir wenden uns an Gott, die Kraft der Liebe, die um uns und die in uns ist, die alles miteinander verbindet und alles umfasst.

Geheiligt werde dein Name.

Wir haben erfahren und spüren, dass deine Kraft, o Gott, deine Kraft der Liebe mehr ist als wir und unsere Welt. Wir verneigen uns vor dir und öffnen uns für dein Wirken.

Dein Reich komme.

Wir bitten dich am heutigen Tag, dass wir dich, unseren Gott, als Liebe in all ihren Facetten und Nuancen in uns, zwischen uns und in der Beziehung zu unseren Kindern weiterhin spüren und dass wir die empfangene Liebe weitergeben und mit anderen Menschen teilen können.

Dein Wille geschehe, wie im Himmel so auf Erden.

Wir akzeptieren, dass die Liebe verbunden ist mit den Ordnungen des Lebens, die wir manchmal mehr und manchmal weniger verstehen, vor allem in Momenten, wo die Liebe nicht mehr offensichtlich ist. Wir sind dankbar, dass diese Ordnungen unsere Liebe und unser gemeinsames Leben nie in Frage gestellt haben und dass sie unter deinem Segen zu einer Familie geführt haben, die das Kostbarste ist, das uns geschenkt wurde.

Unser tägliches Brot gib uns heute.

Wir bitten dich, die Kraft der Liebe, die du in einem Leben von Wohlstand und Gelingen über uns gebreitet hast, um die Weisheit, dieses göttliche Wirken an uns wirklich aufzunehmen wie tägliches Brot. Lass uns erkennen, was wir wirklich brauchen zum Leben, und schenke uns mit uns selbst Geduld und Ausdauer, immer

wieder danach zu fragen, wovon wir wirklich satt werden und was uns angemessen ist. Hilf uns durch deinen Heiligen Geist immer wieder unser Maß zu finden.
Und vergib uns unsere Schuld,

Lehre uns, gütig mit unseren Fehlern umzugehen und dabei so mit uns zu verfahren, wie du es uns durch deinen Sohn Jesus Christus immer wieder gezeigt hast und auch noch heute in unseren Mitchristen erleben lässt. Lehre uns dies, auch wenn wir innerlich spüren, wie abhängig wir immer wieder sind, und dass wir unseren Stolz aufgeben müssen, um Vergebung anzunehmen.

wie auch wir vergeben unseren Schuldigern.
Unterstütze uns dabei, die Abhängigkeit des anderen, seine Verletzlichkeit und seinen schmerzenden Schutz zu sehen und durch Verstehen ihm zu verzeihen. Nimm unseren Dank, dass du uns so oft die richtigen Worte gegeben hast, damit wir füreinander sensibel werden und auch an dem wachsen konnten, was in unserer Beziehung schmerzlich war. Wir spüren, dass du immer bei uns warst, und wir fühlen uns von dir gesegnet. Bitte gib uns diesen Segen auch für unsere Zukunft.

Und führe uns nicht in Versuchung,

Bewahre uns vor grandioser Selbstüberschätzung, in der die Liebe nebensächlich wird, das Leben frei verfügbar scheint und die Grenzen einfach jenseits dieser Welt angesiedelt sind. Herr, bewahre uns vor der Versuchung, im Alter nachlässig mit unserer Würde oder unserer Gesundheit umzugehen, und lass unseren Respekt voreinander sich in unseren Herzen weiterentfalten.

sondern erlöse uns von dem Bösen.

Johannes Chudzinski (* 1933)

Vater unser

Vater und Mutter unser,
gerechter und barmherziger Gott,
kraftvoll und zärtlich bist Du uns geworden
in der Gestalt Jesu,
in der Dynamik Deines Geistes.

Du wohnst im Himmel,
denn wir sind wir,
und Du bist Du,
keine ineinander verschmolzene Einheit.
Partner vielmehr in einem Bund
zwischen Dir und der Schöpfung.

Geheiligt werde Dein Name,
in dem Menschen geheilt werden,
die zerstörte Schöpfung neuen Frieden
finden kann mit den Menschen
und wir zum Segen werden füreinander.

Dein Reich komme
mehr zur Geltung,
entfalte seine Kraft zwischen den Menschen
und im ganzen Kosmos.

Dein Wille geschehe
wie im Himmel so auf Erden,
damit Himmel und Erde
verbunden werden, wie sich Frau und Mann
in Liebe verbinden können.

Unser tägliches Brot gib uns heute
und alles, was wir zum Leben brauchen.
Weil wir aber oft genug zum Leben haben,
gib uns unser tägliches Herz für die,
die unser Teilen brauchen.

Vergib uns unsere Schuld,
wie auch wir vergeben unsern Schuldigern,
denn das Maß,
nach dem wir gemessen werden,
ist das Maß, das wir anderen angelegt haben.

Und führe uns nicht in Versuchung
durch den Wohlstand,
in dem wir leben und der droht,
uns so satt, bequem und gierig zu machen,
dass wir uns nur noch selbst suchen.

Sondern erlöse uns von dem Bösen
und aus dem Kreislauf der Hartherzigkeit,
dass wir frei werden,
persönlich und gesellschaftlich barmherzig zu sein.

Denn Dein ist das Reich und die Kraft
und die Herrlichkeit
und die Fraulichkeit und die Zärtlichkeit,
die Gerechtigkeit und die Barmherzigkeit.

In Ewigkeit und jetzt und hier,
endgültig auf immer. Amen.

Norbert Copray (1952)*

O welch ein Heil, Gott, wo dein Odem ist!
Vater unser, der du im Himmel bist!

Die Lippe, die dich nennt, wird heil vom Grame,
Du Unnennbarer – *heilig sei dein Name!*

In deinem Reich sind alle Seelen gleich,
Da herrschet Friede – *zu uns komm dein Reich!*

Hier herrschet Streit, ach, und unsäglich Weh
In dieser Brust – *dein Wille, Herr, gescheh!*

Und willst du nicht, dass mich erlöst der Tod –
Gib deines Friedens täglich Himmelsbrot!

Wo ich gefehlt, sieh, wie ich büß' und bebe –
Vergib die Schuld, wie ich dem Feind vergebe!

Peter Cornelius (1824-1865)

Vater unser

der Du verbannt bist
in den Himmel –
beschmutzt ist Dein Name.

All Deine Güte
wurde mißbraucht.

Deinen Willen
hat man zertrampelt.

Deine Liebe
wurde geschmäht.

Im Himmel
bist Du gerühmt,
aber auf Erden
erdrosselt.

Unser Brot
wird verschimmeln,
weil unsere Schuld
uns erwürgt
und nur noch Schuldige
auf Erden sind.

Denn schuldig
wurden wir alle.

Wir sind der Versuchung
nicht nur erlegen,
wir haben sie
offen und schamlos gezüchtet.

Und das Übel ward
ohne Grenzen.

Ob Dir Erlösung
noch gelingt –
Vater,
ich will darum beten!

So vollziehe sich
das Geschehen!

Amen.

Peter Coryllis (1909-1997)

O Vater unser, der Du bist im Himmel,
umschlossen nicht, durch freie Liebe nah
den ersten Werken Deiner Schöpfung droben,
geheiligt sei Dein Nam und Deine Kraft
von jeglichem Geschöpf, wie sich's gebührt,
dass alle Deinem Lebenshauche danken.
Dein Reich komme zu uns mit seinem Frieden,
wir können nicht durch eigne Kraft zu ihm
mit all unsrem Verstand, wenn's uns nicht wird.
Dein Will geschehe bei den Engeln, die
Hosianna singend Dir den ihren opfern,
so wie auf Erden soll die Menschheit tun.
Gib heut uns unser täglich Himmelsbrot;
wenn es uns fehlt in dieser rauhen Wüste,
gehn wir zurück, je mehr wir vorwärts streben.
Wie wir verzeihen unsern Peinigern,
was wir gelitten, so vergib auch Du
in Güte uns und nicht nach Wert und Schuld.
Führ' unsre Kräfte, die so leicht erliegen,
nicht in Versuchung durch den alten Feind,
erlöse uns von ihm, der uns bedrängt.

Dante Alighieri (1265-1321)

Vater

Die sechs folgenden Impulse möchten vereinzelt ankommen. Bitte, blättern Sie an diesem Tag nicht auf die nächste Seite, sondern lassen Sie diesen Impuls einen guten Tag lang Kreise ziehen. Vielleicht öfter einmal lesen. Eine Vision mitnehmen. Bändchen reinlegen, Buch weglegen, und erst am nächsten Tag den nächsten Impuls aufnehmen.

Vater,
wie ein Blumengarten
wächst unser Leben dir entgegen.
Im Gebet,
das Jesus uns gelehrt hat,
halten wir Worte,
Gedanken und Anmutungen
in die Lebensstrahlen deiner Liebe.

Mit zügigem oder beschaulichem Schritt
bin ich schon oft hindurch geschritten
– na, ja, auch gerannt und gestolpert.

Heute will ich innehalten
an einem dieser Gewächse.
Ein Grundwort meiner Seele
aufrufen lassen
und wortlos darin verweilen.

Wie ein Schulkind auf dem Heimweg
lass mich träumen in deine Heiligkeit hinein,
mich hineinstellen in deinen Segensstrom
und weitergehen
zu der Zeit,
die dem Takt deiner Liebe entspricht

mit der Seele,
die verankert wird in dir.

unser / im Himmel

Zwei Schnüre werfe ich aus.
Eine auf das Gewässer, das da heißt »unser«.
Da liegt sie drauf, wie eine Feder.

Die andere, noch leichter,
kriege ich »in den Himmel« geworfen.
Sie fällt nicht mehr runter.

Diese Seidenfäden haben mich
zärter, als Anker.
Und es entspinnt sich
ein Geflecht,
das das Herz in dem Muster hält,
das die Liebe
vorzieht.

Geheiligt werde / dein Name

Diese Kohlenglut an den Lippen
jene eingerissene Signatur im Poesiealbum
dazwischen
Schweigen

Dein Reich / komme

Nein kein Gebettel
ist der Adveniat-Spruch.
Eher ein Sensorengebet,
wie die Blindschleiche ihre Bodenhaut
auf den Fels
oder der Hund seine großen Backen
auf den warmen Asphalt legt,
mag ich den Boden abfühlen

nach den wunderbaren Kräften
der Aufstrahlung von innen.

Mit den Graswurzeln will ich sie aufsaugen,
mit dem Keim in der Zwiebel
die Aufrichtung erlauschen
und sein.
Ein Spross
im breit gesäten Kommen.

Dein Wille / geschehe

Schöpfer der Welt,
wie einen Käfersammler mit Tausenden von Schächtelchen
und Millionen von Arten in vielen Vitrinen
hatten wir uns dich vorgestellt.
Du aber hast uns den Weg zum größeren Geheimnis gezeigt,
in dem du überbietend die Schöpfung entwickelst.

So ertasten wir Deinen heiligen Liebeswillen
als Signatur der neuen Schöpfung.
Er schenkt uns Originalität.
Ist die treibende Seele des Vorankommens.
Mehr als eine komplizierte DNS-Formel:
Dein Anspruch und dein Zuspruch.
Grundenergie des kommenden
Genoms der Liebe, deines Reiches.
Du hast uns Herz, Mund und Hände gegeben,
einzustimmen und anzupacken.

wie im Himmel / so auf Erden

Ja es ist nur diese eine Welt,
die wir vollbringen oder vergeigen.
Aber so viele Welten in ihr.

Wir bewegen uns darin.
Realistisch und träumerisch.
Wir holen öfter mal tief Atem
und spüren in alledem
noch eine wunderbare Entsprechung.
Hinweise auf das, was nicht von dieser Welt ist.
Das kann uns Irdische verstören,
das kann uns verzaubern.

Das himmlische Ideal,
das irdische Maß.
Das himmlische Urbild,
unsere oft umkopierten Abbilder.
Die himmlische Klarheit
und die irdische Glühspur dorthin.
Deine himmlische Herrlichkeit
und Deine Sehnsucht nach irdischer Ausprägung.

Himmel und Erde.
Danke für die Entsprechung.
Für die Erhellung der irdischen Dimensionen
aus deiner Selbstmitteilung.
Deinem Irdischwerden.
Unser Leben ein Widerhall.
Den Deinen gibst du's im Schlaf.
Mitten in der Erdenschwere
und in kleinen Sprüngen voraus.

Unser tägliches Brot / gib uns heute

Wir haben ihn selber in die Hand genommen,
den Versorgungszusammenhang.
Und beileibe ist noch viel daran zu verbessern.
Über den Tag hinaus
muss geplant und geteilt werden.

Und doch ist da diese Tagelöhnerperspektive.
Mit Dir, Gott, haben wir so zu tun,
dass wir uns entlastet
den Themen des Tages widmen können.
Ja, richtig heutig werden.

Dieses Tagesmaß hast du, Gott,
unserer Seele eingeschrieben.
Ein wunderbares Zeitfenster
für einen gesegneten Lebensausblick.

Ein ersprießlicher Biorhythmus
für ein Leben, das
durch viele Tagesrationen
der göttlichen Zuwendung
vorschmeckt
für den jüngsten Tag.

Und vergib uns / unsere Schuld

Man sagt, du hättest,
als du alles geschaffen hattest,
schon mitten in der Sabbatruhe
Sehnsucht gehabt
nach dem nächsten Akt der Liebe,
dem eigentlich göttlichen Werk:
der Verzeihung.

Während der Rest der Welt rumzickt
und alle Blitzableiter der Welt
einsetzt, sich rauszuhalten,
nimmst du uns mit Haut und Haaren
hinein in das Kraftfeld der Vergebung.

O, dass wir uns trauten

Wie auch wir vergeben / unseren Schuldigern

Große Gesten sind uns nicht erinnerlich.
Das ist ja schließlich auch ganz weg.
Vergeben und vergessen.

Aber der Geschmack
und die Erlebnistemperatur der Vergebung...
Auch hier bahnst du Entsprechung an
zwischen Himmel und Erde.

Wie du die neue Schöpfung
anwachsen lässt,
und mich auf dieser
barmherzigen Bahn haben willst!

Und führe uns / nicht in Versuchung

Stark ist sie nicht:
die Belastbarkeit unseres Lebenskurses.

Deine Führung –
sollte sie immer konform mit uns gehen?

Wo ist die Grenze
zwischen Wellness- und Schönwetterexistenz
und geprüfter Nachfolge?

Du hast uns deinen Geist
als Kompass gegeben.
Wenn uns etwas rammt,
dann heile uns aus der Verstörung
durch neu ertrautes Geleit.

Sondern erlöse uns / von dem Bösen

Wir müssen es ja nicht
mit einem neuen Ungeheuer bereichern.
Dieses unbewußte Horrorkabinett,
in dem wir die Bilder sammeln,
die wir uns vom Bösen machen.

Wirf öfter einen Blick darauf
und sieh neben alledem
unseren Erlösungsbedarf.

In einem kleinen Osterfeuerchen
könnten wir etwas loswerden
von den alten Requisiten.

Kommen neue Schrecken,
zähme ihre Flut.

Denn dein ist das Reich und die Kraft / und die Herrlichkeit in Ewigkeit.

Den Herzensanker voraus
bis in die magnetischen Liebesstrahlen
aus deinem Zentrum.

So werfen wir dir
kein Schlusswort hin.

Sondern sind in das Hufescharren gestellt.
Ein Leuchten in unseren Sehnen.
Amen-allez-hop!

Albert Dexelmann (* 1947)

Vater unser

VATER UNSER IM HIMMEL
Es ist schön, dass wir dich »Vater« nennen können. Das klingt so familiär, so geborgen, so vertrauensvoll. Wir wissen aber, dass dieses Vaterbild heute nur noch selten stimmt. Viele Kinder wachsen ohne Vater auf oder haben nur negative Erfahrungen mit ihren Vätern.
Wir wollen, wenn wir beten, an diese Familien denken, damit auch sie begreifen können, dass du unser guter, treuer Vater bist, dem wir in allem vertrauen können. Deshalb sagen wir auch:

GEHEILIGT WERDE DEIN NAME
Dein Name, du sollst wichtig sein in unserem Leben. Wir möchten das so gerne. Und doch merken wir jeden Tag, dass andere Menschen, Dinge und Denkweisen unser Leben bestimmen wollen. Wir vergessen dich so schnell. Unser Denken ist doch meistens auf uns selbst, auf unser Fortkommen, auf unseren Erfolg, unser Geld, unser Hobby ausgerichtet. Wir vergessen, dass du zugesagt hast, bei uns zu sein. In allem, was wir tun, wollen wir mit dir rechnen.

DEIN REICH KOMME
Frieden, Gerechtigkeit, Barmherzigkeit sind Begriffe, deren Verwirklichung wir für unsere Welt fordern. In deinem Reich sind sie verwirklicht. Wir sind beauftragt, dein Reich heute zu leben und Frieden, Gerechtigkeit und Barmherzigkeit Wirklichkeit werden zu lassen in unserer Umgebung. Du, Herr, kennst uns und weißt, wie oft wir da versagen, weil wir nur uns selber sehen und nicht den anderen, der auf unser Tun wartet. Wir wollen dein Reich bauen heute und hier und bitten dich, dass

DEIN WILLE GESCHEHE
Meistens fragen wir nur nach unserem Willen. Unsere Gedanken halten wir für gut und richtig. Unser Leben wird von Planung und Terminen bestimmt. Da ist kein Platz zur Frage nach Gottes Willen.
Herr, lass es bei uns anders werden. Gib uns Kraft und Mut, nach deinem Willen zu fragen, im Beruf, in der Familie, in der Gemeinde. Wir erfahren ja immer wieder, dass Menschen glücklich werden, wenn sie in ihrem Leben nicht zuerst nach ihrem, sondern nach deinem Willen gelebt haben. Für unser ganzes Leben willst du zuständig sein, deshalb können wir beten:

UNSER TÄGLICHES BROT GIB UNS HEUTE
Eigentlich müsste diese Bitte heißen: Das, was für unser Leben nötig ist, gib uns heute. Wir haben mehr, viel mehr, als wir brauchen. Unsere Forderungen an Besitz und Wohlstand wachsen aber trotzdem immer weiter.
Angesichts der Not in der Welt, der vielen hungernden und obdachlosen Menschen schämen wir uns, dass wir mehr haben, als wir zum Leben brauchen. Wir bitten dich, Herr, lass uns mit diesem »Mehr« sinnvoll umgehen, lass uns nicht egoistisch werden. Und wo wir versagen, da bitten wir dich:

VERGIB UNS UNSERE SCHULD, WIE AUCH WIR VERGEBEN UNSERN SCHULDIGERN
Immer wieder werden wir schuldig an unseren Mitmenschen durch Worte und Taten. Wir übersehen Menschen, die uns brauchen; wir leben von Vorurteilen und verurteilen dabei. Wir nehmen nur uns wichtig und vergessen dich, Herr. Danke für die Zusage deiner Vergebung.
Auch an uns werden Menschen schuldig. Oft nutzen wir dann die Schwäche des anderen aus und machen uns zum Herrn über ihn. Wir möchten vergeben, aber können oft nicht vergessen. Gib uns Kraft, echte Vergebung leben zu können, und

FÜHRE UNS NICHT IN VERSUCHUNG
Die Versuchungen unseres Lebens sind vielfältig. Immer wieder verfallen wir ihnen. Viele Angebote locken uns. Geld und Wohlstand können uns von dir trennen, Bequemlichkeit siegt über die Liebe. Vorurteile machen uns blind für die Qualitäten des anderen. Jesus hat größeren Versuchungen widerstanden, als uns je begegnen könnten. Er ist der einzige, an den wir uns halten können und der uns hält.

ERLÖSE UNS VON DEM BÖSEN
das immer wieder in uns Kraft gewinnt und uns von dir entfernen möchte. Denn wir wissen und möchten es bezeugen:

DEIN IST DAS REICH UND DIE KRAFT UND DIE HERRLICHKEIT IN EWIGKEIT. AMEN.

Karin Domke (* 1942)

Vater,
lieber Vater!
Du Grund allen Vertrauens,
Du Halt in aller Angst,
Du Wunsch und Wille meines Daseins,
Du Kraft, die macht,
dass ich mich selber mögen kann,
Du Lehrer und Erzieher meiner Fähigkeit zu lieben,
Du Brücke über alle Einsamkeit,
Du leise Melodie in jedem Wort der Zärtlichkeit,
Du, der begleitet, ohne je im Weg zu stehn,
Du, der mich in mein eignes Leben treten lässt,
Du Bindung, die mich frei macht.
Du ganz Umfangender,
Du Bergender,
Du sanfter Starker,
in dessen Arme ich mich fallen lassen kann,
Du Ort zum Ausruhn,
Du fester Kern in allem, was zerfällt,
Du immer neu begütigend, beruhigend und bestätigend
zu mir in allen Sorgen Redender,
Du wirst mir nachgehn, wenn ich mich verlaufe,
Du wirst mich suchen, wenn ich mich verloren habe,
Du wirst mit Deiner Hand mich schützen,
Du wirst mit Deinem Arm mich stützen,
Du ewige Liebe,
Du, mein Vater.

Geheiligt werde Dein Name
Du, der Du da bist, überall und immer,
Du ständig Gegenwärtiger,
Du Unverwechselbarer,
Du ganz Anderer,
Du Unfassbarer und doch Herzergreifender,
Du immer Ansprechbarer und doch Unaussprechlicher,
Du Naher und Geheimnisvoller,

Du Einfacher, der alle Widersprüche heilt,
Du, der bezeichnet wird in jedem Wort der Liebe,
lass mich Dich glauben als den wahren Grund der Welt,
lass mich Dich finden in der Kälte und der Ödnis allen Seins,
lass mich Dich aufnehmen,
wie eine Harfensaite ihren Ton,
wenn sie die Finger eines Spielers streifen,
lass mich Dich fühlen in der Sehnsucht meines Herzens,
lass mich Dich sehen in den Bildern meiner Seele,
und bitte,
lass die Glut meines Verlangens nach einer anderen Welt
als die der Gier und der Gewalt
niemals verlöschen.
Lass mich niemals die Hoffnung richten auf etwas,
das Du nicht selber bist,
Du Leuchtturm meiner Ausfahrt,
Du Hafen meiner Heimkehr,
Du Stern der Nacht, der mir die Richtung zeigt,
Du, mit dem schönsten aller Namen:
Abba, lieber Vater,
Du, mein Ein und Alles.

Dein Königtum komme

So werde denn die Erde
in Deiner Güte, Vater,
zu einem Reich der Menschlichkeit.
Du Macht der Liebe und des Mitleids im Herzen aller Wesen,
Du Energie des Reifens und der Zuversicht,
Du Kraft der Zähigkeit und der Geduld,
Du stiller Friede in der Ruhe Deiner Gegenwart,
heile die Wirrungen der Seele wie des Leibes,
besänftige den Aufruhr unserer Angst,
fang Du uns auf im Abgrund der Verzweiflung.
Du weißt:
Es herrscht derselbe Schmerz im Körper einer Katze
wie in den gichtigen Gliedern einer Greisin.
Es herrscht dasselbe Leid im Herzen eines herrenlosen Hundes

wie in der Einsamkeit des elternlosen Kindes.
Es herrscht dieselbe Furcht im Fliehen der Gazellen
wie im Herzrasen ständig Unterlegener.
Doch Du, der Herrscher und der Schöpfer aller Dinge,
lehr uns ein Mitgefühl mit allem, was da lebt.
Lass Deine Wirklichkeit sich offenbaren
im Überwinden aller Schranken.
Führ uns zurück in jene Sphäre des Vertrauens,
in welcher einzig Du bestimmend bist.
Und schenk uns Augen
für die Schönheit und die Würde aller Menschen,
deren ein jeder ist wie ein noch unentdecktes Königskind.
Du unser aller Vater,
Du Leiter und Du Lenker allen Lebens,
behüte alles Fühlende mit Deinem Mitgefühl.

Unser Brot für morgen gib uns diesen Tag
Dein Mitleid kennt die Qual des Hungers und des Elends,
die schwarze Wand der Mattigkeit und der Erschöpfung,
die kalte Atemluft des Todes, –
nein, lieber Vater,
lass uns niemals einverstanden sein mit einer Welt,
in welcher Millionen Menschen
nicht zu leben wissen.
Lass uns Dich sehen
in dem hohläugigen Blick des Ausgemergelten,
öffre die Engherzigkeit unserer Sorgen
und schenke uns die Fähigkeit des Teilens
statt des Tötens.
Nur wir
können inmitten der gesamten Schöpfung,
das grausige Gesetz des Kampfs ums Dasein
durch Mitleid mildern.
Nur wir
können uns weigern,
Tiere zu töten,
um uns Nahrung zu beschaffen,

wie sie selbst es müssen.
Doch dazu brauchen wir
die Vision Deines Königtums,
die Evidenz der Güte und des Nicht-Verletzens.
Unendlich mehr noch als nach Brot
hungern die Wesen
nach Schonung und nach Milde.
Denn einzig davon leben wir.
Drum, lieber Vater,
sättige Du unser Herz
mit Deiner Liebe.
Tröste die Einsamen,
führe die Suchenden
und erfülle das Glück der sich Findenden
schon heute mit einem Vorgeschmack der Seligkeit,
mit einer Ahnung Deiner Wirklichkeit und Deines Wesens,
mit einem Aufschauen zu der Herrlichkeit des Himmels,
in welchem die Liebenden ewig sind
und der Tod nicht mehr sein wird.

Und lass uns nach unsere Sünden, denn auch wir lassen nach jedem, der an uns schuldig wird

Ach, Vater, lieber Vater,
wie sollen wir im Spiegel Deiner Wahrheit
uns bewähren?
Wie sollen wir dem Maßstab Deiner Menschlichkeit
genügen?
Wie sollen wir der Richtschnur Deines Rechts
entsprechen?
Du weißt um unsere Fehlbarkeit,
Du kennst unsere Schwachheit,
Du spürst die Schwingungen der Angst in unserer Seele.
Du siehst vor Dir das Zaudern und das Zögern,
wo wir zupacken und uns entscheiden müssten.
Du siehst vor Dir das Ausweichen,
vernimmst die endlos langen Litaneien unserer Ausreden,
wo Dein Wort selbst so hörbar

wie eine Sturmglocke
in unserer Seele läutet.
Und doch verstehst Du uns.
Und doch vergibst Du uns
nicht nur die Fehler,
die wir haben und begehen,
vor allem, dass wir *fehlen,* –
dass wir nicht da sind,
wo wir am meisten nötig wären.
Du, der da ist,
der »ich bin da«,
musst immer neu
mit Deiner Gegenwart
die Fehlbarkeit und das Verfehlen unseres Daseins
auszugleichen trachten.
O richte uns
und alle Menschen
auf
am Leitseil Deiner Liebe.
Durch sie
gib uns die Kraft
zur Ehrlichkeit,
zur Selbsterkenntnis und
zur Reifung,
zur Selbstidentität
des Menschen,
den Du einst geschaut hast,
als Du uns erschufst.
Nur weil Du uns vergibst,
dürfen wir sein,
nur weil Du mit uns gehst,
geht's mit uns weiter.
Und so:
mach unser Herz so weit,
wie sich Dein Himmel breitet
bis hin zum Horizont

und weiter, weiter,
bis das Firmament
zum Himmel wird,
bis dass wir werden,
wie Du selber bist
in Deiner Güte
und in Deinem Willen,
zu verstehen
und zu vergeben
alles.
Und führe uns nicht in Versuchung
Was Du dadurch heraufführst,
ist eine neue Welt,
wie einzig Du
sie schenken kannst.
Darinnen streue uns
wie Samen aus
auf Deinem Acker
voller Steine.
Ja, führe uns hinein
in jene Wirklichkeit,
die Du jetzt als Dein Königtum heraufführst.
Doch bitte,
bitte,
lass uns
auf dem Weg dahin
stets glauben an das Licht,
auch wenn die Nacht nicht enden will.
Lass uns auf immer Liebe glauben,
selbst wenn sie so ohnmächtig scheint
und so verloren
in dieser Welt der triumphierenden Gewalt.
Lass uns die Macht des Wassers spüren,
das mit dem steten Tropfen der Geduld
den stärksten Stein besiegt.
Heile in unseren Herzen

die ständige Infarktgefahr
der Überanstrengung,
der bitteren Enttäuschung,
des wachsenden Zynismus,
der Verzweiflung.
Ja, führe uns in Deine Welt.
Führe Dein Reich herauf.
Doch,
bitte,
führe uns nicht in Versuchung.

Eugen Drewermann (* 1940)

O ft vergessen wir Menschen zu beten
U nd treiben damit einen Keil zwischen Dich, Gott, und uns.
R eue zeigen wir erst,

F alls uns ein Tief trifft.
A uch das Formulieren fällt uns schwer.
T ief in uns hoffen wir,
H err, dass Du uns erlöst und uns vergibst,
E igentlich wollen wir auch verzeihen, deshalb
R ufen und beten wir: Vater unser!

Carina Falkenburger (* 1980)

Mutter unser,
geheiligt werde Deine Großmut,
Deine Zuneigung komme,
Deine Liebe geschehe von dort hin zu uns.
Gib, dass wir täglich uns mehr um andere sorgen
und verzeihe uns unsere Fehltritte.
Auch wir versuchen unseren Mitmenschen ihre Fehler zu verzeihen.
Bewahre uns davor, absichtlich das Falsche zu tun,
zeige uns stattdessen einen Weg, all das Böse abzulegen.
Denn Dein ist die Geborgenheit und die Offenheit.
Von jetzt an für immer.
So sei es.

Carina Falkenburger (* 1980)

Ohne Dich, mein Vater,
gibt es für mich keinen Himmel und habe ich nicht die Kraft,
Dich in Ehren zu halten.

Ohne Dich, mein Vater,
spüre ich Dein Reich nicht hereinbrechen
und kann nicht nach Deinen Vorstellungen leben.

Ohne Dich, mein Vater,
fehlt mir jemand, der mich mit dem Not-wendigsten versorgt.

Ohne Dich, mein Vater,
gibt es niemanden, der mir verzeiht und mich trotz meiner Fehler liebt,
gibt es niemanden, der mir zeigt, was echtes Verzeihen meint.

Ohne Dich, mein Vater,
weiß ich nicht, wo es im Zusammenleben mit meinen Mitmenschen lang geht,
fehlt mir mein Gewissen als Wegweiser.

Mit Dir, mein Vater,
spüre ich die Kraft, die mein Leben durchfließt,
und wage langsam Deiner Herrlichkeit entgegenzublinzeln.
Das kann ewig so weiter gehen.

Carina Falkenburger (1980)*

Gott als Vater & Mutter

Sie lehren mich
Nie
Mutter
Zu Dir
Zu sagen
Sie sagen wohl
Es steht irgendwo
Geschrieben
Du seiest
Vater und Mutter
Zugleich
Aber dann
Beten sie
Immer wieder
Vater unser
Immer wieder
Vater unser
Immer wieder
Vater unser
Mutter
Lass dich
Entdecken!

Carina Falkenburger (* 1980)

Vater unser

Vorbeter:	Wenn ich von meinem Vertrauen sprechen will, dann sage ich:
Alle:	Vater unser im Himmel, geheiligt werde dein Name.
Vorbeter:	Wenn ich erlebe, wie friedlich die Menschen sind, dann hoffe ich:
Alle:	Dein Reich komme.
Vorbeter:	Wenn ich manchmal mit dem Kopf durch die Wand will, dann spreche ich:
Alle:	Dein Wille geschehe, wie im Himmel so auf Erden.
Vorbeter:	Wenn ich merke, dass das, was ich zum Leben habe, nicht selbstverständlich ist, dann bitte ich:
Alle:	Unser tägliches Brot gib uns heute.
Vorbeter:	Wenn ich andere spüren lasse, ihr seid mir nicht gleichgültig, dann bete ich:
Alle:	Und vergib uns unsere Schuld wie auch wir vergeben unseren Schuldigern.
Vorbeter:	Wenn ich es mir zu leicht machen will und nur noch mich selbst sehe, dann denke ich:
Alle:	Und führe uns nicht in Versuchung, sondern erlöse uns von dem Bösen.

Vorbeter:	Wenn ich richtig froh bin und fest hoffe, dass alles gut wird, dann glaube ich:
Alle:	Denn dein ist das Reich und die Kraft und die Herrlichkeit in Ewigkeit. Amen.

Stefan Federbusch OFM (* 1967)

Vater unser

Gott, Schöpfer der Welt und aller Dinge,
Liebhaber des Lebens und Freund der Menschen,
dein Atem belebt und beseelt alles, was ist.
Dein Name werde geheiligt durch alles, was lebt.
Dein Reich verwirkliche sich in allem, was geschieht.
Dein Wille werde spürbar in unserem Handeln.
Tägliches Brot schenke allen Menschen von unserer Mutter Erde.
Vergib uns unsere Schuld,
deine Schöpfung auszubeuten,
in dem Maße, in dem wir bereit sind,
umzukehren und unseren Lebensstil zu verändern.
Und führe uns in der Versuchung,
uns selbst als Schöpfer aufzuspielen,
sondern lass uns unsere Geschöpflichkeit annehmen.
Denn dein ist die Zukunft, alle Energie und Vollkommenheit,
heute, und bis sich unser Leben vollendet in dir.

Stefan Federbusch OFM (* 1967)

Vater unser

Unser Vater,
sieh her, deine Söhne und Töchter liegen noch immer im Streit miteinander.
Es scheint schlimmer denn je.
Der alte Rechtsgrundsatz »Auge um Auge, Zahn um Zahn«
ist zur gegenseitigen Vernichtung entartet.
Wer hat sie bloß das Kämpfen gelehrt? Warst du es?
Soll ich tatsächlich beten:
»Gelobt sei mein Herr, der mein Fels ist,
der meine Hände den Kampf gelehrt hat,
meine Finger den Krieg« (Ps 144,1)?
Mir stockt der Atem, und mein Herz widersetzt sich diesen Worten.
Viel leichter geht es mir von den Lippen zu beten:
»Du bist es, der den Kriegen ein Ende setzt bis an die Grenzen der Erde«
(vgl. Ps 46,10) und doch frage ich dich traurig: Wann?
Wann werden wir gemeinsam deinen Namen heiligen,
wann werden wir gemeinsam dein Reich verwirklichen,
wann werden wir gemeinsam deinen Willen erfüllen,
wann werden wir gemeinsam unser Brot essen,
wann werden wir einander unsere Schuld vergeben?
Mutter unser,
lehre deine Söhne und Töchter das Leben!

Stefan Federbusch OFM (* 1967)

Vater unser – nach langem Schweigen mit zerschundenem Leib und zerrissener Seele

Vater unser
        ich kann dich nicht Vater nennen
im Himmel
        hier auf Erden hätte ich dich gebraucht
geheiligt werde dein Name
        mein Name wurde beschimpft und verächtlich gemacht
dein Reich komme
        mein persönlicher Schutzraum wurde mißachtet
dein Wille geschehe
        war das dein Wille, derart mißhandelt zu werden?
wie im Himmel so auf Erden
        ist dies mehr als ein frommer Wunsch?
Gib uns unser tägliches Brot
        Liebe und Geborgenheit hätte ich nötiger gebraucht
Und vergib uns unsere Schuld
        war es etwa auch noch meine Schuld?
wie auch wir vergeben unsern Schuldigern
        ich kann nicht vergeben; ich bin voller Hass und Trauer
        nach all dem, was mir angetan worden ist
und führe uns nicht in Versuchung
        denn die Versuchung, mich zu rächen, ist groß
sondern erlöse uns von dem Bösen
        vor allem von meinen Vergewaltigern und Peinigern
Denn dein ist das Reich und die Kraft und die Herrlichkeit
        ich bin am Ende meiner Kraft und kann nicht mehr
in Ewigkeit. Amen.
        Nichts da Amen in Ewigkeit. Ich will leben, hier und jetzt.
        Gott, verschaff mir Recht!

Stefan Federbusch OFM (* 1967)

Dein Wille geschehe

Vater unser

Vater unser im Himmel,
        auch der Flüchtlinge, Asylanten und Migranten
geheiligt werde dein Name
        in vielen fremden Sprachen und Ritualen
Dein Reich komme
        hinein in unser Land, unsere Stadt, unsere Gemeinde
Dein Wille geschehe, wie im Himmel so auf Erden
        und hier mitten unter uns
Unser tägliches Brot gib uns heute,
        und ihnen die Anerkennung, die wir ihnen schulden
Und vergib uns unsere Schuld
        große Worte zu machen, aber nichts zu verändern
wie auch wir vergeben unsern Schuldigern
        die uns mit Vordergründigem abzuspeisen versuchen
Und führe uns nicht in Versuchung
        uns abzuschotten von allem Fremden,
sondern erlöse uns von dem Bösen,
        von allen Vorurteilen
        und von der Ausrede ‚Da kann man eh nichts machen'
Denn dein ist das Reich
        das schon hier mitten unter uns Wirklichkeit wird
und die Kraft und die Herrlichkeit in Ewigkeit. Amen.
        Wenn wir es nur wollen. So sei es!

Stefan Federbusch OFM (1967)*

Vater unser

Vater unser
> Vater und Mutter aller Menschen
im Himmel
> und dennoch nah bei uns Menschen
geheiligt werde dein Name
> nicht der Name der Herrscher und Könige dieser Welt
dein Reich komme
> nicht das Reich der Machthaber und Despoten
dein Wille geschehe
> nicht der Wille der Gewalttäter und Unruhestifter
wie im Himmel
> in deiner liebenden Gemeinschaft
so auf Erden
> in unserer menschlichen Unvollkommenheit
Unser tägliches Brot gib uns heute
> gib es vor allem den Hungernden
> die es not-wendiger brauchen als wir
und vergib uns unsere Schuld
> die wir täglich reichlich auf uns laden
wie auch wir vergeben unseren Schuldigern
> was uns immer wieder aufs Neue äußerst schwerfällt
und führe uns nicht in Versuchung
> denn die haben wir schon genug
sondern erlöse uns von dem Bösen
> das uns ständig bedrängt
Denn dein ist das Reich
> der Gerechtigkeit und des Friedens
und die Kraft
> zum Aufbau einer besseren Welt für alle
und die Herrlichkeit
> der Verheißung umfassenden Heils

in Ewigkeit
        und schon hier und heute.

Amen.
        Ja, so sei es.

Stefan Federbusch OFM (* 1967)

Vater unser im Himmel,
Geheiligt werde dein Name ...

Wenn ich von dir spreche, dann will ich, dass ein Mensch dabei getröstet wird. Wenn ich deinen Namen nenne, dann will ich, dass ein Mensch Kraft findet für seinen nächsten Schritt. Wenn ich deinen Namen nenne, will ich klar sehen, wer mich in deinem Namen braucht.

Dein Reich komme

Wir wissen, dass du zuletzt die Macht hast. Dass alle Gewalt der Menschen ein Ende hat. Ein Ende auch die Entwürdigung und Verachtung der Menschen. Wir finden keinen Frieden für uns selbst und für die Welt als in deinem Reich.

Dein Wille geschehe

Wir wollen, dass auf dieser Erde dein Wille geschieht, und wollen unser Leben dafür einsetzen, dass mehr geliebt wird, dass mehr Schutz und Frieden entsteht. Nimm uns als Werkzeuge deines Willens.

Unser tägliches Brot gib uns heute

Brot ist alles, was wir brauchen, um in Frieden zu leben, essen können statt hungern ist Friede. Warm haben, statt zu frieren. Arbeiten können und seine Kraft einsetzen. Mit einem Menschen vertraut sein, sich nicht ängstigen müssen vor der Hölle des Krieges. Das alles ist tägliches Brot. Wir wollen wach sein und bereit für die Menschen, die uns brauchen.

UND VERGIB UNS UNSERE SCHULD
Wir träumen noch immer, und noch immer sterben die anderen, Wand an Wand mit uns. Wir machen ihnen das Leben zur Hölle und gehen achtlos vorbei an ihrem Tod. Wir beuten aus und missbrauchen und merken es nicht. Denn wir träumen, jeder vor sich hin, und hüllen uns in unsere Ausreden. Wecke uns auf und gib uns noch die Chance einer Stunde, in der wir wachen.

WIE WIR VERGEBEN UNSEREN SCHULDIGERN
Du hast uns verboten, zu richten. Wir aber verbringen unsere Tage, indem wir verurteilen. »Selber schuld«, sagen wir. Unsere eigene Schuld sehen wir nicht. Denn wir schlafen.

UND FÜHRE UNS NICHT IN VERSUCHUNG
Es geschieht so viel Vergebliches. Bewahre uns davor, zu sagen: Es hat alles keinen Sinn. Es ist so viel Lüge. Bewahre uns davor, zu sagen: Es gibt keine Wahrheit. Es wird so viel gelitten. Bewahre uns davor, zu sagen: Es gibt keinen Gott, der es wahrnimmt. So viel Gewalt tobt sich aus. Bewahre uns davor, zu sagen: Die Gewalt hat Recht. Das ist die Versuchung, die wir fürchten: Dass wir uns abfinden mit Lüge, Gewalt und Unrecht und darüber einschlafen.

SONDERN ERLÖSE UNS VON DEM BÖSEN
Erlöse uns aus unseren Fesseln. Wir sind gebunden wie mit Ketten. Wir möchten glauben und leben doch, als glaubten wir nicht. Wir möchten lieben und leben doch für uns selbst. Wir möchten der Wahrheit dienen und beugen uns der Lüge. Mach uns frei.

DENN DEIN IST DAS REICH UND DIE KRAFT UND DIE HERRLICHKEIT. IN EWIGKEIT. AMEN

Ulrich Fick (* 1923) / Otto Knoch (1926-1993)

Anruf

Unser Gott,
Vater und Mutter,
größer als alle Ideen:
einmalig bist du,
dein Name ist unerreicht.

Deine Welt hat angefangen.
Was du willst,
geschieht,
hier wie dort
und überall.

Zeige uns,
was wir heute
brauchen.

Nimm weg,
was uns trennt
von dir.

Die wir nicht mögen,
möchten wir einholen,
was uns betört, überhören.

Ja, bring uns hier durch.

Wir leben in deiner Welt,
du bist hier mächtig
wie dort.
Für immer.

So ist es.

Wolfgang Fietkau (* 1935)

Unser Vater

Mein Gott, wie gut bist du, dass du uns erlaubst, dich »unsern Vater« zu nennen! Wer bin ich, dass mein Schöpfer, mein König, mein höchster Gebieter mir erlaubt, ihn Vater zu nennen? Und nicht nur erlaubt, sondern gebietet? Mein Gott, wie gut bist du! Wie muss ich mich jeden Augenblick meines Lebens dieses so liebenswerten Befehls erinnern! Welche Dankbarkeit, welche Freude, welche Liebe, vor allem aber welches Vertrauen muss er in mir wecken! Wenn du mein Vater bist, o Gott, wie viel habe ich von dir zu erhoffen!... Weil du so gut zu mir bist, wie gut muss ich aber auch zu den andern sein! Weil du mein Vater und der Vater aller Menschen sein willst, wie sehr muss ich dann allen gegenüber, wer sie auch seien, wie schlecht sie auch seien, die Gefühle eines zärtlichen Vaters hegen!... Also *Beschämung, Dank, Vertrauen und unerschütterliche Hoffnung, kindliche Liebe* zu Gott und *brüderliche Liebe* zu den Menschen... Unser Vater, unser Vater, lehre mich, diesen Namen ohne Unterlass auf den Lippen zu haben, mit Jesus, in ihm und durch ihn, denn dass ich ihn sagen darf, darin besteht mein größtes Glück... Unser Vater, unser Vater, lass mich leben und sterben mit den Worten »unser Vater«. Lass mich durch meine Dankbarkeit, meine Liebe, meinen Gehorsam wirklich dein treuer Sohn sein, ein Sohn, der deinem Herzen gefällt. Amen.

Unser Vater im Himmel

Warum ziehst du diese Bezeichnung vor, warum nennst du dich nicht ›gerechter Vater‹, ›heiliger Vater‹?...
Gewiss willst du, mein Gott, *dadurch unsere Seele gleich zu Beginn des Gebetes weit über diese armselige Erde erheben* und sie von Anfang an dorthin versetzen, wo sie immer sein sollte, sei es in diesem oder im andern Leben: in ihrer himmlischen Heimat... (...)

Geheiligt werde dein Name

Worum bitten wir mit diesen Worten, o Herr?... Wir bitten um alles, was unsern Wünschen zu Grunde liegt, um alles, was das Ziel, der Zweck unseres Lebens ist, des Lebens der Kirche, deines eigenen Lebens, o Jesus, unser Herr. Wir bitten um die Offenbarung der Ehre Gottes und um das Heil der Menschen... Was ist denn das Verlangen nach der Verherrlichung deines Namens in Wirklichkeit anderes als die Bitte, dass du so viel als möglich auch von allen Menschen, in ihren Gedanken, ihren Worten und ihren Werken verherrlicht werdest? Darin liegt sowohl die Verkündigung deiner Herrlichkeit als auch ihre Vervollkommnung… (…) Mit welcher Liebe, mit welcher Glut müssen wir dich anflehen, o Gott, damit diese Bitte erhört werde!… (…)

Dein Reich komme.

Dein Wille geschehe wie im Himmel, also auch auf Erden.

Unser tägliches Brot gib uns heute.

Was verlangen wir damit, o mein Gott? Wir verlangen für diesen Tag und zugleich für das ganze irdische Leben, das ja nur einen Tag währt, das Brot, das alle Wesenhaftigkeit übersteigt, das übernatürliche Brot, das einzige, das uns not tut, das einzige, dessen wir unbedingt bedürfen, um unser Ziel zu erreichen: dieses einzig notwendige Brot ist *die Gnade*. (…)

Und führe uns nicht in Versuchung.

Mein Herr, erkläre mir, was du mit dieser Bitte meinst, und warum du willst, dass ich gerade darum bitten soll… (…)

Erlöse uns von dem Bösen.

Erlöse uns von der Sünde, dem einzig wirklichen Übel, dem einzigen Übel, das dich beleidigt!… Erlöse alle Menschen von der Sünde: dann werden sie heilig sein, und ihre Heiligkeit wird dich verherrlichen: Deine Herrlichkeit wird offenbar werden, und ihr Heil wird gesichert sein; dies ist das einzige, das wir begehren. *Erlöse uns also von dem Bösen, von der Sünde, mein Gott, damit du verherrlicht wirst, damit die Menschen gerettet werden…* (…)

Charles de Foucauld (1858-1916)

O
Heiligster
Vater unser
Schöpfer, Erlöser, Tröster
und
unser Retter

Du bist im Himmel
in allen
die durchlässig geworden sind
für Dich
in den Engeln
und in den Heiligen
Du erleuchtest sie – und sie erkennen
Denn Du Herr
bist
das Licht
Du entflammst sie – und sie lieben
Denn Du Herr
bist
die Liebe
Du bewohnst und erfüllst sie – und sie sind selig
Denn Du Herr
bist
das höchste Gut
Ewiges Gut
Aus Dir
fließt
jedes Gut
Ohne Dich
kein Gut
Geheiligt werde Dein Name
Mach uns
mit Dir vertraut
und unser Inneres hell

Öffne
Herz und Verstand
für Deine Wohltaten
weit und breit
für Deine Verheißungen
immer und ewig
für Deine Erhabenheit
über alles und jedes
für Deine Entscheidungen
abgründig und tief

Dein Reich komme
Herrsche
in uns
durch die Gnade
Erfülle uns
mit Deiner Kraft
So
werden wir
in Dein Reich
kommen können
Dort
werden wir
Dich
ungehindert sehen
Dich
vollkommen lieben
In Deiner Gesellschaft
glücklich sein
Dich
immer und ewig
genießen

Dein Wille geschehe
wie im Himmel
so auch auf

der Erde
Lass uns
Dich lieben
aus ganzem Herzen
und
Dich denken
Tag und Nacht
Lass uns
Dich lieben
aus ganzer Seele
und
uns sehnen
nach Dir
immer und ewig
Lass uns
Dich lieben
aus ganzem Geist
und
all unsere Aufmerksamkeit
auf Dich
richten
in allem
Deine Ehre
suchen
Lass uns
Dich lieben
aus all unseren Kräften
und
alle Kraft und jeden Sinn
der Seele und des Leibes
einsetzen
für die Hingabe
an Deine Liebe
und
für nichts anderes
Lass uns

unsere Nächsten lieben
und
auch uns selbst
Gib
dass wir mit ganzer Kraft
alle
zu Deiner Liebe ziehen
dass wir uns
über das Gute
anderer
freuen wie über das eigene
dass wir
im Leiden mitleiden
und
keine Wunden schlagen

Unser tägliches Brot
Deinen geliebten Sohn,
unseren Herrn Jesus Christus
gib uns
heute
Erinnere uns
an die Liebe,
mit der er uns geliebt hat
Lass uns
diese Liebe
erkennen und verehren
und
alles
was er
für uns
gesagt, getan und gelitten hat

Und vergib uns unsere Schuld
Durch Deine Barmherzigkeit
für die wir

keine Worte haben
Durch die Kraft
die im Leiden
Deines geliebten Sohnes
liegt
Durch die Jungfrau Maria
und
alle Heiligen
die mit ihrem Leben und ihrem Gebet
vor Dir stehen

Wie auch wir vergeben unseren Schuldigern
Was wir
nicht ganz vergeben
Herr
Hilf uns
ganz vergeben
Mach uns fähig
um Deinetwillen
die Feinde wirklich zu lieben
und
für sie zu beten
mit aller Hingabe
Gib
dass wir Böses nicht vergelten
mit Bösem
und
in allem mit Eifer
Dein Werkzeug des Friedens
sind

Und führe uns nicht in Versuchung
Sei sie verborgen
oder
mit Händen zu greifen
kurzlebig oder hartnäckig

Sondern erlöse uns von dem Bösen
von allen
Belastungen der Vergangenheit
von allen
Bedrängnissen der Gegenwart
und von allen
Ängsten der Zukunft
Ehre sei dem Vater
dem Sohn und dem Heiligen Geist
von nun an und in alle Ewigkeit

Franz von Assisi (1181/82–1226)

Übersetzung: Anton Rotzetter OFMCap

Einige Bemerkungen des Übersetzers:

1. Meine Textgestalt folgt einem modernen Sprachempfinden: einfache, durchsichtige Sätze.
2. Franziskus beginnt mit einem staunenden, hingerissenen O. Damit ist die Grundmelodie des Gebetes angegeben: ein Aussersichsein, völlige Hingabe
3. Der Text verdankt sich letztlich dem Johannesevangelium. Franziskus übernimmt die Gottesintimität, die im sog. »hohepriesterlichen Gebet«, das Jesus vor seinem Leiden spricht, zum Ausdruck kommt. Darum kennzeichnet er den Vater als den »heiligsten«. Aber auch andere Motive entstammen dem Johannesevangelium: Gott als Licht, als Liebe, als Güte – und die emotional-sinnlichen Erfahrungen, die damit verbunden sind. Der ganze erste Teil des Gebetes lebt von diesen drei Motiven.
4. Die rettende Vatergestalt Gottes wird heilsgeschichtlich entfaltet: Gott ist Schöpfer, Erlöser (Jesus Christus), Tröster (Heiliger Geist)
5. Der Himmel hat seinen Ort in der Seele, die für Gott durchlässig geworden ist. Hier ereignet sich Gott als Ereignis des Lichtes, der Liebe und des Glücks – fragmentarisch jetzt schon, und ganz und gar in der Zukunft, die uns Gott bereithält.
6. Der Wille Gottes wird auf eine ausschließliche Weise mit der Gottes-, Nächsten- und Selbstliebe identifiziert. Das ganze Tun des Menschen hat darin seinen Sinn.
7. Dem Ganzen liegt eher eine mystische Innenerfahrung zu Grunde. Die politisch-sozialen Aspekte bleiben eher unausgesprochen.
8. Die Brotbitte wird ebenfalls mystisch interpretiert: Jesus ist das Brot, das uns jeden Tag nährt und den wir er-Innern, verinnerlichen sollen.
9. Bei der Vergebungsbitte ist sich Franziskus bewusst, wie schwer wir Menschen vergeben können. Er weiß um den Zeitfaktor, der dabei in Rechnung zu stellen ist. Dieses Zeitigen der Vergebung wird nochmals zur Bitte.

Vom Beten

Dann sagte die Priesterin: Sprich uns vom Beten.
Und er antwortete und sagte:
Ihr betet in eurer Not und Pein; würdet ihr doch auch in der Fülle eurer Freude und in den Tagen des Überflusses beten. Denn was ist das Gebet anderes als die Entfaltung eurer selbst in den lebendigen Äther hinein?
Und wenn es zu eurem Trost ist, das Finstere in euch in den Raum zu ergießen, ist es auch zu eurer Freude, die Morgenröte eures Herzens darin zu verströmen.
Und wenn ihr nichts anderes könnt als weinen, wenn eure Seele euch zum Beten aufruft, sollte sie euch trotz des Weinens immer und immer wieder dazu anspornen, bis ihr lacht.
Wenn ihr betet, erhebt ihr euch und trefft in den Lüften jene, die zur selben Stunde beten und denen ihr nur im Gebet begegnen könnt.
Daher soll euer Besuch in diesem unsichtbaren Tempel nur der Verzückung und süßen Kommunikation dienen.
Denn wenn ihr den Tempel aus keinem anderen Grund betreten solltet als zu bitten, werdet ihr nicht empfangen:
Und wenn ihr ihn betreten solltet, um euch zu erniedrigen, werdet ihr nicht erhört:
Oder sogar wenn ihr ihn betreten solltet, um zum Wohl anderer zu bitten, werdet ihr nicht erhört.
Es ist genug, dass ihr den unsichtbaren Tempel betretet.
Ich kann euch nicht lehren, wie man in Worten betet.
Gott hört nicht auf eure Worte, außer wenn Er selber sie durch eure Lippen ausspricht.
Und ich kann euch nicht das Gebet der Meere und der Wälder und der Berge lehren.
Aber ihr, die ihr aus den Bergen und den Wäldern und den Meeren geboren seid, könnt ihr Gebet in eurem Herzen finden,
Und wenn ihr nur in der Stille der Nacht hinhört, werdet ihr sie schweigend sagen hören:
»Unser Gott, der du bist unser geflügeltes Ich, es ist dein Wille in uns, der will. Es ist dein Wunsch in uns, der wünscht. Es ist dein Drängen ins uns, das unsere Nächte, die dein sind, in Tage verwandelt, die auch dein sind.

Wir können dich um nichts bitten, denn du kennst unser Bedürfnisse, ehe sie in uns geboren werden;
Dich brauchen wir; und indem du uns mehr von dir gibst, gibst du uns alles.«

Khalil Gibran (1883-1931)

Das Vaterunser – eucharistisch

Vater unser, der Du bist im Himmel. Wir danken Dir, Vater, dass Du uns jenes wahre Brot schenkst, »das vom Himmel herabkommt und der Welt Leben gibt« (Joh 6,32 ff). Mit diesem wunderbaren Brote willst Du uns stärken in der Wüste unseres Lebens, damit wir in der Kraft dieser Speise zum Berge Gottes in der Ewigkeit gelangen.

Geheiligt werde Dein Name! Nach der Einsetzung des allerheiligsten Sakramentes hat Dein Sohn, o Vater, im Hohenpriesterlichen Gebet die Worte gesprochen: »Ich habe deinen Namen den Menschen geoffenbart« (Joh 17, 6). So bekennen wir gläubigen Herzens: Nichts in der ganzen Schöpfung offenbart uns so sehr Dein göttliches Wesen, das die Liebe ist, als dieses heiligste Sakrament. Gib uns deshalb die Gnade, dass wir uns immer mehr dieser Liebe öffnen und in sie hineinwachsen; dann erfüllt sich diese erste Bitte des Vaterunsers: Dein Wesen, o Gott, wird durch dieses heiligste Sakrament am vollkommensten geheiligt.

Zu uns komme Dein Reich! Wecke in uns, o Herr, die glühende Sehnsucht der Urkirche nach dem Kommen Deines Reiches! Hier in der heiligsten Vereinigung mit Dir beginnt die Gottesherrschaft in unseren Seelen und hier an Deinem heiligen Tisch lass uns zu einer brüderlichen Gemeinschaft vereinigt werden! Denn nur dadurch, dass wir durch das Brechen des Brotes »ein Herz und eine Seele« werden, verwirklicht sich Dein Reich und strahlt es seine Kraft aus, bis es in Fülle kommt am Ende der Zeiten.

Dein Wille geschehe im Himmel, also auch auf Erden! Dein Sohn, o Vater, hat einst gesagt: »Meine Speise ist es, dass ich den Willen dessen tue, der mich gesandt hat, und dass ich vollbringe sein Werk« (Joh 4, 34). Diese Kommunion Jesu mit Deinem heiligsten Willen, o Vater, muss sich auch in meinem Kommunionempfang vollziehen. Im Genuß des Leibes und Blutes Deines Sohnes will ich eins werden mit Deinem heiligen Willen und ihn zur Geltung bringen in allen Bereichen des Lebens. Und mag Dein heiliger Wille mir auch Schweres und Leidvolles zuteilen, ich werde es in der Kraft dieser Speise tragen können; denn ich weiß, dass dieser Dein heiliger Wille der Heilige Geist der Liebe ist, mit dem ich in der heiligen Kommunion ebenfalls in die innigste Verbindung trete.

Unser tägliches Brot gib uns heute! Wir bitten Dich, o himmlischer Vater, dass das tägliche Brot, das Du uns in Deiner Güte schenkst, uns hingeleite zu jenem anderen Brot, das Dein vielgeliebter Sohn ist, und dass all unser Mühen um des Lebens Notdurft eingehe in das heilige Opfer Deines Sohnes. Lass uns aber dann

vom heiligen Mahle weggehen hinein in die Not der Mitmenschen und ihnen in den Werken der Barmherzigkeit das Brot brechen, das sie brauchen für ihr Leben!
Und vergib uns unsere Schuld, wie auch wir vergeben unseren Schuldigern! Gerechter Vater, durch Deinen Sohn hast Du uns gemahnt: »Wenn du deine Gabe zum Altare bringst und dich dort erinnerst, dass dein Bruder etwas gegen dich hat, so lass deine Gabe dort vor dem Altar und gehe zuerst hin und versöhne dich mit deinem Bruder und dann komme und opfere deine Gabe« (Mt 5, 23 f)! O dass ich doch niemals zum Tisch des Herrn hinträte, ohne dieses Wort Jesu ganz ernst genommen zu haben; denn nur dann darf ich mich der ewigen Liebe nahen, wenn in meinem Herzen aller Groll und alle Feindschaft, alle Lieblosigkeit und Bitterkeit ausgerottet ist und wenn verzeihende Liebe mein Herz erfüllt.
Und führe uns nicht in Versuchung! Allwissender Vater, Du weißt, wie unser Leben nicht bloß von außen, sondern auch von innen her bedroht ist. Schwer lastet auf uns das Erbe der ersten Sünde, die böse Begierlichkeit. Dein Sohn hat in der Wüste der ersten Versuchung siegreich widerstanden, damit er durch seinen Hunger sich uns zur Speise geben konnte und damit wir dadurch die Kraft erhielten, alle Versuchungen standhaft abzuwehren. Vater, wir danken Dir für dieses Brot der Starken.
Sondern erlöse uns von dem Übel! Allheiliger Vater, in schweigender Ehrfurcht beten wir Deinen Ratschluß an, dass Du auch heute noch in den Tagen des Heils dem Bösen so viel Macht zugestehst. Aber um Deiner Liebe zu uns Menschen willen, lass den Bösen nicht eindringen in unser Herz, das durch den Empfang Deines Sohnes zu einem Tempel des Dreifaltigen Gottes geworden ist! Wenn Du aber, o Gott, für uns und in uns bist, wer ist dann gegen uns? Der Böse ist besiegt und nichts, weder Trübsal noch Bedrängnis, weder Hunger oder Blöße, weder Gefahr noch Schwert, weder Tod noch Leben wird uns trennen von der Liebe Gottes, die da ist in Christus Jesus, unserem Herrn. Amen.

Bischof Rudolf Graber (1903-1992)

Du Gott, unser Vater
Dein Name sei uns heilig
Dein Reich werde wirklich auf Erden
Dein Wille meint es gut mit uns
Deine Schöpfung lebt
Und spendet Leben
Wasser, Feuer, Erde und Luft

Friede komme auf Erden
Und tilge Hass und Verzweiflung
Menschen leben wie Menschen
Achten und ehren sich
Sprechen die Wahrheit
Und lieben das Leben
Unterdrückung und Knechtschaft haben ein Ende
Gerechtigkeit herrsche und Demut

Sprich du uns an, Gott
Führe uns, wenn wir versucht sind
Und bleibe uns treu auf ewig
Alles ist dein Eigentum
Heute und immer – so sei es

Frank Greubel (* 1971)

Vater unser
Zu J. Führichs Umrissen (Fragment)

Hör uns, Gott, wenn wir rufen!
Wir alle deine Kinder!
Eingehüllt im Mantel deiner Liebe,
Hingelagert zu den Füßen deiner Macht,
Angeschmiegt an deine Vaterbrust:
Wir alle deine Kinder!
Vater unser!

Ob wir gleich Staub sind und Spreu,
Gestern geboren, morgen tot,
Ein Nichts im All, das Nichts war, eh du riefst;
Ob unsre Erde gleich, die groß uns dünkt,
Ein Sandkorn ist im Unermeßlichen,
Das du hinwegbläst, wenn dirs wohlgefällt,
Wie man den Staub vom Tische bläst;
Und du der Mächtge bist ob allen Mächtgen,
Und über den Gewaltgen der Gewaltge,
Der Herr der Herrn, so hoch ob aller Höhe,
Dass der Gedanke selber, der dich sucht,
Auf halbem Wege, schwindelnd rückwärts kehrt:
Doch siehst du uns, doch hörst du uns,
Von deiner Allmacht hochgestelltem Thron,
Doch sorgst du, hilfst du, Großer, Mächtger, Hoher,
Der du bist im Himmel!

Wag ich es, dich auszusprechen?
Bin ich es wert, dich zu nennen?
Das kleinste von den Werken deiner Hand?
Hohes beuge sich und Höchstes;
Ehre sei dir und nur dir allein;
Allgütiger, Allweiser;
Offenkundger, Geheimnisvoller,
Uranfang, ohn Ende.

Schöpfer, Beschützer, Erhalter!
In stumme Ehrfurcht
Sinke hin der Erdkreis,
Geheiliget werde dein Name!

Wohl hast du die Erde schön gemacht,
Und ich danke dir drum, mein Herr und Vater.
Blumen sind da und Früchte, Quellen und Bäume,
Frühlingslust und Sommerfreude, alles aufs beste;
Auch gute Menschen, die dir dienen und recht tun.
Aber ich kenne doch was Schönres, mein Herr und Vater,
Und, als hätt ichs gesehn einmal in frührer Zeit,
Schwebt es mir vor in meinen besten Tagen;
Ein Land, wo dieser Körper nichts begehrt,
Und wenn es nichts gewährt, auch nichts versagt;
Wo der Gedanke *Willen* ist,
Und *Wille* ist die *Tat;*
Die Tat in Wollen und im Denken schon;
Das Land, wo, unsrer Sonne gleich, das Recht,
Und, wie der Mond, die Pflicht den Tag und Nächten leuchtet;
Wo das Gefühl nicht blind
Und der Verstand nicht taub ist allzumal;
Dort möcht ich sein, mein Herr und Vater,
Bei dir, in deiner Nähe;
Und darum, Herr, o höre!
Zu uns komme dein Reich!

Ich bin kurzsichtig und schwach,
Kaum das Nächste erreicht mein Blick;
Der Zukunft Ferne ist mir verschlossen:
Was gut gemacht schien, zeigte sich schädlich,
Und wo Gefahr ich sah, erschien mir Gutes.
Auch hab ich das Schlimme wohl gar gewollt,
Ja, das Schlimme *gewollt,* mein Herr und Vater!
Der mir der Nächste war, ich hab ihn gekränkt,
Bekümmert hab ich, die mich liebten,

Den Zorn ließ ich walten ob meinem Tun;
Des Fremden Weh war nicht immer mein eignes.
Hab ich immer gelohnt dem, der Gutes mir tat?
Immer getan, was als Bestes sich zeigte?
Vater! wohl gar das Schlimme hab ich getan,
Kurzsichtig, wie ich war und schwach;
Daher walte du ob mir und meinem Tun,
Führe mich, leite mich,
Und nicht der meine, Herr,
Dein Wille geschehe!

Wenn wir all uns liebten hienieden,
Wie du uns liebst, mein Herr und Vater,
Wenn der Mensch den Menschen säh im Freunde,
Und auch in seinem Feinde nur den Menschen,
Dann wäre nicht dort oben bloß dein Reich,
Auch unter uns wär es, auch hier, hienieden,
Und der Liebe Machtgebot geschäh
Wie im Himmel, also auch auf Erden.

Der Mensch ist nicht schlimm,
Obwohl leider auch nicht gut,
Aber die Sorge für das Nächste
Macht ihn für den Nächsten blind,
Was eisern alle Wesen bedingt,
Die Selbsterhaltung, beschränkt ihn
Und hält ihn nieder am Boden,
Statt aufwärts zu dir und den Brüdern entgegen.
Befrei uns, Herr, von der Sorge!
Gib uns heut unser tägliches Brot.

Franz Grillparzer (1791-1872)

Das Vater unser der Campesinos aus Guatemala

Vater unser –
Vater der hundertneunzehn ermordeten Bauern in Panzos,
ihrer Witwen und Waisen;
Vater jener fünfunddreißig Bauern von Ixcan, die am 7. Juni 1975
von Fallschirmjägern entführt wurden und nie wieder kamen;
Vater der fünfundzwanzig Bauern von Olopa, die von Ordnungshütern
niedergeschossen wurden und deren Leichen man Hunden zum Fraß vorwarf;
Vater ihrer Witwen und Waisen;
Vater der Rosa C., die alleinblieb mit ihren sechs Kindern, nachdem ihr Mann
entführt war und später auch ihre Söhne von 19 und 21 Jahren verlor,
die nachforschten, wo ihr Vater war;
Vater aller Gefolterten, aller Verängstigten, aller, die entfliehen konnten
in die Berge, in Höhlen, in Wälder und nicht zurückkommen können zu ihren
Frauen und Kindern wegen der Repressionen des militärischen Terrors;
Vater aller Arbeiter, die polizeilich verfolgt werden wegen des Vergehens,
gerechten Lohn zu erbitten;
Vater aller Verschollenen, aller Eingekerkerten, aller Exilanten;
Vater unser, der du bist unter den Millionen hungernden Menschen in den Völkern der
»Dritten Welt«;
Vater unser, der du bist im Leben aller Menschen, die Gerechtigkeit suchen,
weil sie ihre Brüder lieben und dir, Vater, dienen, indem sie denen dienen,
zusammen mit denen kämpfen, die kein Dach über dem Kopf haben,
kein Essen, keine Kleidung, keine Medizin;
Vater unser, der du bist hier auf der Erde und dessen Name entheiligt wird
durch unwürdige Pastoren, die schweigen zum Unrecht oder gar zusammenarbeiten
mit jenen, die dein Bild fortwährend zerstören in den verarmten,
ausgebeuteten und verfolgten Brüdern, weil ihr Gott nicht du bist,
sondern ihr Kapital.

Vater unser im Himmel, dein Name werde geheiligt.
Dein Name wird entheiligt, wenn man dich begreift als »kleinen Gott«,
der sich einspannen lässt in die Gesetze der nationalen Sicherheit,
die nicht gilt für die Armen und die den Tyrannen Macht gibt.
Dein Name wird entheiligt, wenn man sagt, du seist ein antikommunistisches

Göttchen, das Flugzeuge braucht und Panzer, um die Völker niederzuhalten,
die endlich ihre eigenen Geschicke schmieden wollen,
weil sie im tiefsten Grunde ersehnen, dass dein Reich komme.
Dein Name wird entheiligt, wenn Millionen von Frauen sterilisiert werden
unter der Ankündigung, so für die Menschen der Zukunft eine bequemere
Welt zu schaffen.
Dein Name wird entheiligt, wenn der Hunger nach Gerechtigkeit
in der »Dritten Welt« erstickt wird mit Geschenken,
die übrigbleiben vom Überfluss der anderen Welten.
Vater unser, dein Name werde geheiligt in allen, die das Leben der Armen
verteidigen gegen das Geld, den Kaffee, die Baumwolle, das Zuckerrohr,
die politischen Parteien, die kirchlichen Strukturen, die übernationalen
Unternehmen und alle diese lebensfeindlichen Interessen.
Dein Name wird geheiligt in den Armen und Bescheidenen,
die immer noch Glauben haben und Hoffnung in dich setzen und sich darum
zusammentun und darum kämpfen, dass ihre Menschenwürde respektiert wird.
Dein Name wird geheiligt in allen, die Tag und Nacht arbeiten,
um ihre Brüder aus Analphabetentum, Krankheit, Ausbeutung und Verfolgung zu retten.
Dein Name wird geheiligt im Tod deiner heiligen Märtyrer Guatemalas
Hermógenes López, Mario López, Mario Mujia, Mario López Lavarrave und
in den Tausend deiner Kinder, die wegen der Liebe zu ihren Brüdern
und Achtung vor dem Leben der Armen gefoltert und ermordet wurden,
wie dies auch deinem Sohn geschah, unserem Bruder Jesus Christus.

Dein Reich komme, dein Reich, das Freiheit ist und Liebe, Brüderlichkeit
und Gerechtigkeit, Recht und Leben, Wahrheit und nicht Lüge; dein Reich,
das Schluß macht mit allem, was das Leben zerstört; dein Reich, in dem alles
verwest, was Menschen zu Tieren werden lässt; dein Reich, das beendet,
was Menschen zu Maschinen macht und ihr Leben zum Handelsobjekt;
dein Reich, das Schluß macht mit allem, was Menschen versklavt.
Ja, Herr, dein Reich komme, denn wenn dein Reich kommt,
dann ziehen wir unseren Egoismus aus und suchen für den Nächsten,
was wir für uns selber wünschen; dann vereint das Volk seine Kraft
und findet Wege der Hoffnung; dann gibt es Land für alle Bauern und nicht nur
für ein paar Großgrundbesitzer; dann gibt es Schulen für alle.
Wenn dein Reich kommt, dann werden nicht mehr spitzfindige Gesetze

die volle Selbstverwirklichung der Armen verhindern und ihre Organisation unterdrücken, sondern beides ermöglichen und unterstützen;
dann wird das Land bearbeitet, um dort Nahrung für das Volk anzubauen und nicht Exportgüter, die Menschen bereichern, die schon jetzt genug haben und die Habenichtse weiter verarmen lassen; dann werden die Produktionsmittel Eigentum des Volkes sein und dem Wohl der Mehrheit zunutze.
Wenn dein Reich kommt, dann werden die Kirchen ihre Strukturen von Macht und Herrschaft aufgeben und sich wandeln in eine Quelle des Lebens und des Dienstes für alle Menschen.

Dein Wille geschehe und nicht der Wille derer, die dir deinen Platz entreißen wollen und an deiner Stelle die Völker beherrschen.
Dein Wille geschehe und nicht der Wille derer, die auf Kosten des Lebens, der Luft, des Wassers und der Güter der »Dritten Welt« ihre Weltwirtschaft bauen.
Dein Wille geschehe, Herr, denn er zerbricht alles, was Menschen unterdrückt hält.
Dein Wille ist die Botschaft des Evangeliums für die Armen, Rat für die Betrübten, Freiheit für die Gefangenen, Licht für die Blinden, Gesundheit und Kraft für die Gefolterten, Befreiung und Leben für die, die Gewalt erleiden.
Unser tägliches Brot gib uns heute; das Brot der Pressefreiheit; das Brot der Vereinigungs- und Organisationsfreiheit; das Brot, ohne Angst vor Entführung auf die Straße gehen oder im Haus bleiben zu können; das Brot der Gleichheit; das Brot der Freude; das Brot der Menschenwürde, die uns nicht geraubt wird von den Wölfen im Schafspelz auf all unseren Wegen.

Unser tägliches Brot gib uns heute.
Das Brot deines Wortes und das Brot deiner Bildung komme in jede unserer Hütten aus Pappe, aus Lehm, aus Blech.
Das Brot des Landstücks für jeden Bauern, das Brot der Wohnung für jede Familie in der Stadt, das Brot der Milch für alle hungernden Kleinkinder, das Brot der medizinischen Versorgung bis in die Dörfer.
Das Brot der Heimat für die Bauern, die vom Land vertrieben werden, weil es dort keine Lebensmöglichkeit für sie gibt in der Knechtschaft von Großgrundbesitzern, unter der Ausbeutung der Bodenschätze nach dem Landkauf durch internationale Konzerne.
Und vergib uns unsere Schuld; die Schuld, das Brot nicht gerecht zu teilen, das du allen gegeben hast; wie auch wir vergeben unseren Schuldigern,

die uns geraubt haben, was unser ist.
Vergib uns, dass wir uns getrennt haben von unseren Brüdern; vergib uns, Herr, den Mangel an Glauben und Mut, der uns hindert, uns wie lebendige Hostien zu übergeben, um deinen Willen zu tun, und zu nehmen von dem, was ohnehin dein ist,
um es zu teilen zwischen uns allen.
Vergib uns, wenn wir aus Angst schweigen und nicht sagen, was du willst,
dass wir es sagen.

Und führe uns nicht in Versuchung.
In die Versuchung, gleich zu werden den Herren dieser Welt und die klare Sicht aus dem Blickwinkel der Armen zu verlieren; in die Versuchung, uns zu isolieren und zu resignieren; in die Versuchung, ohne die anderen den eigenen Aufstieg zu suchen.
Und führe uns nicht in Versuchung, zu meinen, man könne dir dienen mit dem Geld; in die Versuchung, Modelle für unsere Befreiung zu suchen und Lösungen zu importieren, die anderswo vorfabriziert sind.
Sondern erlöse uns von dem Bösen.
Von dem Bösen, das uns heimsucht in der Gestalt der gelben Toyota-Jeeps ohne Kennzeichen, die uns den Tod bringen; vom Bösen der Teleobjektive, die unsere Straßen-Versammlungen und Demonstrationen festhalten; vom Bösen in Gestalt der Schafe, die sich in unsere Basisgemeinden mischen und in unsere Kirchen, um uns dem Todeskommando oder der geheimen antikommunistischen Armee auszuliefern.

Erlöse uns von dem Bösen der christlichen Interessenverbände, die uns das Wort im Munde herumdrehen, die uns diffamieren, verleumden, beschuldigen.
Erlöse uns von dem Bösen in Uniform und in Zivil und von dem Bösen,
das mit diplomatischem Ausweis daherkommt.
Erlöse uns von dem Bösen in uns selbst, das uns immer wieder dazu verlockt,
unser Leben für uns selbst zu bewahren, während du uns einlädst,
unser Leben zu geben für unsere Freunde.

Denn dein ist das Reich; es gehört keinem von denen, die es dir entreißen wollen.
Dein ist die Macht, sie liegt in keiner Struktur oder Organisation.
Dein ist die Herrlichkeit, denn du bist der einzige Gott und Vater. Amen.

Das Vaterunser

Vater unser
    Vater aller Menschen,
    der guten und der bösen,
    meiner Freunde und meiner Feinde
im Himmel,
    Gottes Wirklichkeit,
    unendlich groß und weit,
    so fern und ganz nah
geheiligt werde dein Name.
    Dein Name, den wir stolz
    vor uns her tragen,
    für unsere Zwecke gebrauchen
    oder gedankenlos benutzen
Dein Reich komme.
    Nicht unser eigenes Reich,
    nicht das Werk unserer Hände,
    nicht eine Insel der Glückseligen
Dein Wille geschehe,
wie im Himmel, so auf Erden.
    Nicht unser eigener Wille,
    nicht, was wir
    für richtig und gut halten,
    nicht, was einzelne
    oder die Massen wollen
Unser tägliches Brot gib uns heute.
    Lass uns, was wir zum Leben brauchen,
    dankbar aus deiner Hand nehmen,
    verantwortlich damit umgehen,
    geschwisterlich teilen
Und vergib uns unsere Schuld,
    Die Schuld, die wir vor dir bekennen,
    und die, die wir gar nicht sehen,
    weil wir selbstgerecht

        und verblendet sind
        und Liebe nur für uns
        und unsere Freunde gelten lassen

wie auch wir vergeben unseren Schuldigern.
        Denen, die uns um Verzeihung bitten,
        und denen, die sich nie einer Schuld bewusst sind

Und führe uns nicht in Versuchung,
sondern erlöse uns von dem Bösen.
        In die Versuchung zu meinen,
        dass es reicht, richtig zu beten
        und richtig zu glauben
        statt zu lieben und zu handeln

Denn dein ist das Reich und die Kraft
und die Herrlichkeit in Ewigkeit.
        Du kannst möglich machen,
        was uns unmöglich ist,
        du kannst Liebe schenken,
        wenn wir lieblos handeln,
        du kannst Leben schaffen,
        wenn wir am Ende sind

Amen.

Rainer Haak (1947)*

Vater Unser, der du bist,
geheiligt werde dein Name.
Dein Reich komme, dein Wille gescheh',
in Ewigkeit. Amen.

Manchmal denk ich,
die Himmel schweigen.
Wenn wir uns vor dem Geld,
dem König der Welt, verneigen.
Doch die Himmel haben ihren eigenen Sound.
Nur in der Stille, in deinem Herzen,
werden sie laut.

Und plötzlich seh'n,
mit Kinderaugen.
Es fällt mir leicht,
unendlich leicht,
wieder zu glauben.

Vater Unser, der du bist,
geheiligt werde dein Name.
Dein Reich komme, dein Wille gescheh',
in Ewigkeit. Amen.

Vater Unser, der du bist,
geheiligt werde dein Name.
Dein Reich komme, dein Wille gescheh',
in Ewigkeit. Amen.

Manchmal denk ich,
wir sind verloren.
Und hab Angst ein Gebet
stösst nur noch auf taube Ohren.
Doch Gebete haben ihre eigene Kraft.
Kommen sie von Herzen,

kommen sie von Innen,
haben sie Macht.

Und plötzlich hör ich
mich leise reden.
Es fällt mir leicht,
unendlich leicht,
wieder zu beten.

Vater Unser, der du bist,
geheiligt werde dein Name.
Dein Reich komme, dein Wille gescheh',
in Ewigkeit. Amen.

Vater Unser, der du bist,
geheiligt werde dein Name.
Dein Reich komme, dein Wille gescheh',
in Ewigkeit. Amen.

Hanne Haller (1950-2005)

Gebet

Herr, höre mein Wort, merke auf meine Rede, vernimm mein Schreyen, mein König und mein Gott; denn ich will vor Dir beten.
Lass Dir wohlgefallen die Rede meines Mundes und das Gespräch meines Herzens vor Dir, Herr mein Hort und mein Erlöser Amen!
Sey gelobt und gepriesen, lieber himmlischer Vater, für alle Barmherzigkeit und Treue, womit Du mich heute diesen Tag (Nacht) behütet und bewahret hast und den heutigen Morgen wieder gesund und fröhlich hast erleben lassen. Nimm meinen Dank von den Händen meines Hohenpriesters und Fürsprechers Jesu Christi an und vergieb mir auch um Seinetwillen alle meine Sünden. Lass mein Gewissen rein abgewaschen seyn von allen todten Werken der Finsterniss. Ich befehle Dir meinen Geist in Deine Hände. Du hast mich erlöst Herr, du getreuer Gott; vollende auch das gute Werk, was Du an meiner Seelen angefangen hast um Deines Namens willen. Gieb mir Deinen heiligen Geist, der mich regiere und führe auf ebner Bahn; der mich in alle Wahrheit leite, an selbige erinnere, durch sie heilige, reinige, frey mache und fruchtbar an guten Werken, die Dir wohlgefällig sind in Deinen lieben Sohn Jesus Christus. Behüte mich, dass ich denselben nicht betrüben noch erzürnen möge, sondern mache mich Seinen Gnadenwirkungen und Seiner Lockstimme folgsam und gehorsam. Befiehl auch Deine heiligen Engel über mich, dass sie mich behüten auf allen meinen Wegen und auf den Händen tragen, damit ich meinen Fuß an keinen Stein stoße. (Und die Meinigen, dass sie mich behüten vor Sünd und Scham, vor Schaden und Gefahr; lass sie auch diese Nacht eine feurige Mauer und Wagenburg um uns und das Unsrige seyn. Wecke mich morgen, wenn es Dein gnädiger Wille ist, zu rechter Zeit zu Deinem Lob und zu Deinem Dienst auf.) Bereite rüste mich selbst zu demjenigen, wozu Du mich berufen hast. Der Herr unser Gott sey uns freundlich; er fördere das Werk unserer Hände; ja das Werk unserer Hände wolltest Du fördern zu Deiner Ehre und zum Heil unserer Seele. Lass Dir auch alle meine Sorgen und Anliegen empfohlen und in Deinen Schoos geworfen seyn; Du wirst wohl machen und uns nicht verlassen noch versäumen. Amen.
Erbarme Dich auch meines Vaters, sey ihm gnädig; vergieb uns alle unsere Sünden. Seegne und stärke ihn an Seel und Leib und lass ihn, so lang es Dein gnädiger Wille ist, zu Deiner Ehr und zum Seegen seines Geschlechts leben. Vollende auch das gute Werk was Du an seiner Seele angefangen hast und lass in derselben Deinen lieben Sohn Jesus Christus geoffenbart und verklärt werden. Ziehe ihn mit

Seilen seiner Liebe zu Dir und gieb ihm die Gedult um die Leiden dieser Zeit zu überwinden. Lass ihn durch alle Prüfungen, die Du noch über ihn verhängen wirst, zu Deiner Erscheinung zubereitet werden. Ziehe ihn von allen irdischen Dingen loß und lass seinen Schatz und sein Herz bey Dir im Himmel seyn. Lass ihn flehen und schmecken, wie freundlich der Herr ist und dadurch sein Herz von allem Zorn, Haß und Wurzel der Bitterkeit gereinigt und geläutert werden. Regiere auch das Herz aller derjenigen, die mit ihm zu thun haben und besonders von ihm abhängen, und lass auch das Meinige voller kindlicher Liebe Furcht und Gehorsam gegen ihn seyn. Gieb mir Gnade, dem Beyspiel der Unterthänigkeit meines Heilands nachzufolgen und lass auch meinen Wandel in Anflehung Seiner nach Deinem Heil, Wort und Willen seyn. Sey sein Stecken und Stab, der ihn tröste durch das finstre Thal; leite und führe ihn nach Deinem weisen Rath und nimm ihn endlich zu Ehren an und lass auch diejenigen, die Du ihm gegeben hast, bald vor deinem Thron vereinigt werden, um Dich in Ewigkeit preisen zu können für den Reichthum der Gedult, Langmuth und Barmherzigkeit, womit Du uns hier erhalten und zu Dir gebracht hast. Amen!

Erbarme Dich auch meines Bruders; sey ihm gnädig, vergieb uns alle unsere Sünden und lass uns die Schuld, Schande und Strafe derselben nicht treffen. Lass uns in Deiner Furcht, in Deiner Erkenntnis wachsen und zunehmen und lass Deine Liebe und die Liebe unsers Heilandes, Mittlers und Fürsprechers durch Deinen guten Geist in unsere Herzen reichlich ausgegossen seyn. Lass uns in Gedächtnis behalten Jesum Christum, den gekreutzigten und auferstandenen, und uns seine Fürbitte zur Rechten der Majestät in der Höhe trösten und erfreuen; lass denselben in unsern Seelen als unsre einige Weisheit, Gerechtigkeit, Heiligung und Erlösung geoffenbart und erklärt werden. Mache uns zu Gefässen der Ehre und der Barmherzigkeit und lass uns nicht Gefässe des Zorns und der Unehre seyn. Bereinige unsere Herzen, dass wir nicht wie Steine des Anstosses uns einander im Wege liegen sondern uns aufmuntern mögen, der Hirtenstimme unsers Heilandes nachzufolgen, uns immer mehr und mehr selbst zu verleugnen, sein Kreutz auf uns zu nehmen und in die Fußstapfen zu treten, die Er mit seinem theuren Blut bezeichnet hat. Amen.

Sey auch ihr gnädig, behüte uns vor dem Argen und gieb uns Gnade, dass wir uns von der Welt unbefleckt erhalten. Erhalte unsern Geist samt Seele und Leib unsträflich bis auf den Tag Deiner Zukunft. Bereite unsern Leib zu einem Opfer, das Dir lebendig, heilig und Dir wohlgefällig sey. Bereinige uns in Deiner Liebe und lass uns alles zum Besten dienen. Amen.

Sey auch gnädig unsern Bluts- und Muthsfreunden, Bekannten und Verwandten.

Lass keinen von Ihnen verloren gehen. Bringe uns alle zur Erkenntnis unsers Verderbens und öffne unsere Augen, dass wir flehen mögen die Wunder in Deinem Gesetze und Quelle unsers Heils, das Du uns bereitet hast in Jesu Christo unserm Herrn. Lass uns aus seiner Fülle Gnade um Gnade schöpfen. Vergilt ihnen reichlich das Gute, womit sie gegen uns gesinnt sind und lass auch unsern Glauben sich durch eine herzliche brüderliche Liebe gegen sie lebendig und thätig beweisen. Lass Dir alle ihre Seelen und Leibes Nothdurft empfohlen seyn. Offenbare Dich Ihnen als einen versöhnten Gott und gnädigen Vater in Christo Jesu und mach uns alle zu Glieder seines Leibes, zu Schaafen seiner Weide und zu Reben Deines Weinstocks. Amen.

Sey gnädig unsern Feinden. Vergieb ihnen und lass unser Herz versöhnlich gegen sie seyn nach der Liebe, womit Du uns geliebt hast, da wir noch Deine Feinde waren und nicht aufhörst, Dich unserer zu erbarmen und uns in Gnaden anzunehmen. Lass Dir auch das allgemeine Elend und Verderben empfohlen seyn. Zerstöhre mehr und mehr das Reich des Satans in uns und durch uns, und lass Dein Reich und das Reich des lieben Sohnes in unsern Herzen wachsen und zunehmen. Nimm Dich der öffentlichen Nothdurft an, die so viele Länder drückt, erhalte unter uns den Acker. Seegne und beschütze unser Land, unsere Stadt und unser Haus.

Mach Du selbst unser Haus zu einem Bethause und entferne all Werkzeuge des Satans und mache alle seine listige Anschläge zu Schanden, eine Mördergrube darauf zu machen.

Gieb auch unserm Vater und Retter Weisheit, Gedult und Liebe, ihrem Hause vorzustehen und göttlich zu regieren. Schenk uns allen ein gehorsam Herz und lass Deine Furcht und die Liebe unsers Heilandes in unsern Herzen reichlich ausgegossen seyn. Lass auch Deinen Namen unter uns wie eine Salbe ausgeschüttet werden.

Lass das herrliche Licht Deines heiligen Evangelii immer mehr und mehr unter uns aufgehen und gieb uns Gnade, dass wir die Früchte desselben in Gedult bringen. Erhalte, vermehre und beschütze auch Dein Häuflein unter uns und lass bald eine Heerde und ein Hirte werden. Bereite uns selbst durch eine rechtschaffene Busse und durch einen unverfälschten Glauben an Jesum Christum, unsern Heyland, Deinen lieben Sohn zu den Gerichten zu, die unsere Sünden verdient haben; strafe uns nicht in Deinem Zorn und züchtige uns nicht in Deinem Grimm.

Gieb uns Gnade, dass wir ein geruhiges und stilles Leben führen mögen in aller Gottseeligkeit und Ehrbarkeit unter der Gewalt derjenigen, die Du über uns gesetzt hat. Schenke ihnen selbst ein weises Herz, Dein Volk zu regieren und zu hüten.

Sey gnädig unserm Könige; lass alle seine Anschläge zu Deiner Ehre und zum allgemeinen Wohl gedeyen. Lass Deinen lieben Sohn Jesum Christum in ihm verklärt, seine eigene Seele durch die Wunder und Zeichen Deiner Liebe zu Dir gezogen und durch sein Beyspiel viele zur Gerechtigkeit und zum Bekenntnis des Namens und der Lehre Jesu Christi erweckt und gereitzt werden. Amen.

Sey gnädig allen Hausvätern und Hausmüttern, allen Lehrenden und Lernenden, allen Wittwen und Waysen, Kranken und Sterbenden, Schwangern und Säuglingen, Reisenden zu Wasser und zu Land, Angefochtenen, Verlassenen, Gefangenen, Elenden, Nothleidenden und Betrübten. Erbarme Dich ihrer, lass Deinen gnädigen und heiligen Willen von allen erkannt und gepriesen, durch alle geoffenbart und verherrlicht werden. Amen.

Vertritt mich, mein Heiland bey Deinem himmlischen Vater, gieb mir den Geist der Kindschaft und des Gebets, der in meinem Herzen ruffe Abba! Lieber Vater. Lass denselben meinem Unvermögen und meine Unwürdigkeit zu Hülfe kommen mit feinen unaussprechlichen Seufzern. Lass mich die schmutzigen Lumpen meiner eignen Gerechtigkeit verabscheuen und von mir werfen; bekleide Du mich selbst mit der weißen Seide Deiner mir so theuer erworbenen Gerechtigkeit und Heiligkeit. Lass mich in Deiner Kraft und Stärke einher gehen, aufrichtig vor Dir wandeln und fromm seyn. Gieb mir den Schild des Glaubens um alle feurige Pfeile des Bösewichts damit auszulöschen. Sey Du Selbst mein Schild und mein sehr großer Lohn. Bleibe bey uns wenn es Abend werden will; hilf uns ritterlich ringen, durch Tod und Leben zu Dir dringen.

Erneure auch meinen Taufbund und gieb mir Gnade und Kräfte demselben würdiger und gemäßiger zu leben. Hilf mir zu wiederstehen und entsagen dem Teufel und allen feinen Werken und allen feinen Weisen, auch den alten Menschen sammt feinen Lüften auszuziehen, dagegen aber den neuen Menschen anzuziehen, der nach Gott geschaffen ist in rechtschaffener Gerechtigkeit und Heiligkeit.

Lass mich als einen Erlösten des Herrn Ihm leben und Ihm sterben und, was ich noch lebe, blos im Glauben meines Erlösers leben. Lass mich aufsehen auf Jesum, den Anfänger und Vollender meines Glaubens, welcher, da er wohl hätte mögen Freunde haben, erduldete er das Kreuz und achtete der Schande nicht. Hilf mir ablegen alle anklebende Sünde, die mich aufhält und träge macht in dem Lauf der mir verordnet ist. Besprenge Du selbst mein Gewissen mit Deinem theuren Blut und gieb mir Deinen Leib zu essen und Dein Blut zu trinken zur Vergebung meiner Sünden, zur Stärkung meines Glaubens und geistlichen Lebens in Dir, zum Gedächtnis der Liebe und zur Entzündung einer wahren herzlichen inbrünstigen

Gegenliebe. Lass mich auch hier schon die Kräfte der zukünftigen Welt schmecken und meinen Wandel bey Dir im Himmel sehn. Führe mich bald selbst ein in das Reich der Herrlichkeit, das Du uns bereitet hast von Ewigkeit zu Ewigkeit. Amen. Vater unser aller, der Du bist im Himmel, geheiligt werde Dein Name, Dein Reich komme, Dein Wille geschehe wie im Himmel also auch auf Erden, unser tägliches Brodt gieb uns heute, vergib uns unsere Schuld, wie wir vergeben unsern Schuldigern, führe uns nicht in Versuchung sondern erlöse uns von dem Argen; denn Dein ist das Reich und die Kraft und die Herrlichkeit von Ewigkeit zu Ewigkeit. Amen.

Der Herr segne mich und behüte; der Herr erleuchte Sein Antlitz über mich und sey mir gnädig; Der Herr hebe mir auf Sein Antlitz und gebe mir Seinen Frieden. Der Friede Gottes, welcher höher ist denn alle Vernunft, bewahre unsere Herzen und Sinne in Jesu Amen. Die Gnade unseres Herrn Jesus Christus, die Liebe Gottes des Vaters und die Gemeinschaft des heiligen Geistes sey mit uns allen Amen. Herr Jesu hilf! O Herr! Lass alles wohl gelingen. Gelobt ist der da kommt im Namen des Herrn. Amen. Ja komm Herr Jesu. Amen. Gott sey mir armen Sünder gnädig. Amen.

Johann Georg Hamann (1730-1788)

Geheiligt werde Dein Name
nicht der meine,
Dein Reich komme
nicht das meine,
Dein Wille geschehe
nicht der meine,
Gib uns Frieden mit Dir
Frieden mit den Menschen
Frieden mit uns selbst
und befreie uns von Angst.

Dag Hammarskjöld (1905–1961)

VATER UNSER IM HIMMEL, GEHEILIGT WERDE DEIN NAME

Abba, unser Vater und Vater unseres Herrn Jesus Christus, wir preisen dich; denn durch deinen viel geliebten Sohn hast du deinen Vaternamen kundgetan und verherrlicht vom Aufgang der Sonne bis zum Untergang.
Wir danken dir, dass du uns berufen hast, vereint mit Jesus deinen Vaternamen zu ehren durch ein großes Vertrauen auf deine Güte, durch dankbare Liebe, durch Demut und grenzenlose Ehrfurcht.
Durchströme uns durch den Heiligen Atem, den Geist der Wahrheit, der allein uns lehren kann, was es heißt, dich, den allheiligen Gott, »im Geist und in der Wahrheit anzubeten«. Wir danken dir, dass wir das herzinnigste Du sprechen dürfen, sobald wir uns ganz mit deinem viel geliebten Sohn Jesus vereinen und teilnehmen an seinem liebenden Verlangen, deinen Vaternamen allen Menschen kundzutun und in allem zu verherrlichen.

DEIN REICH KOMME

Allheiliger Gott und Vater, beim Gebet um das Kommen deines Reiches erschrecke ich bisweilen heftig. Ich muss mich fragen, ob es mir denn immer ernst war, wenn ich um das Kommen deiner Liebesherrschaft betete. Wie konnte es sonst immer wieder passieren, dass mich Kleinigkeiten aus der Ruhe brachten, als ob sie gar wichtiger wären als das Offenbarwerden der Grundgestalt deines Reiches der Liebe, der Gerechtigkeit und des Friedens. Ich muss mich richtig schämen. Und doch wage ich es, im Vertrauen auf deine Gnade, um dieses allumfassende Grundanliegen zu beten. Ja, ich bitte dich um die Gnade einer totalen Entschlossenheit, in Zukunft in allem und über allem zuerst das Reich deiner Liebe zu suchen. Gib mir den Mut, die unabdingbaren Konsequenzen dieses Gebetes zu sehen und dementsprechend zu leben. Wüsste ich nicht durch deinen viel geliebten Sohn, dass auch deine göttliche Geduld und Langmut zum Kommen deines Reiches gehören, ich würde es nicht mehr wagen, dieses kühne Gebet zu sprechen.

DEIN WILLE GESCHEHE WIE IM HIMMEL SO AUF ERDEN

Vater, dein viel geliebter Sohn Jesus Christus hat uns nicht nur deinen wunderbaren Heilsplan kundgetan und uns gelehrt, uns ganz deinem Liebeswillen anzuvertrauen.

Er hat uns vor allem durch sein Beten angesichts des Todes bis zum letzten Atemzug die siegreiche Macht ebendieses Gebets »Dein Wille geschehe« spürbar gemacht. Er hat uns gezeigt, dass wir wahrhaft und für immer frei sind, wenn wir uns ganz dir und deinem heiligen Willen übergeben. Immer wieder, wenn ich dieses grundlegende Gebet »Dein Wille geschehe« mit dem Mund und im Herzen ausspreche, kommt mir die bange Frage, ob ich es wirklich ganz wahrhaftig ausspreche. Ich fürchte, dass mir mein Eigenwille immer wieder einen bösen Streich spielen möchte. Gib uns allen den Mut, zusammen die Tugend der Unterscheidung, der echten Kritik zu pflegen, auf dass wir alle so weit kommen, wirklich nur deinen Willen zu suchen, und auch jeweils treffsicher verstehen, was du von uns erwartest. Vergib mir gnädig, dass ich doch sehr oft dieses Gebet gedankenlos gesagt habe oder doch oberflächlich, ohne das Suchen nach dem liebevollen Kennen deines Willens wirklich zum Hauptanliegen zu machen.

UNSER TÄGLICHES BROT GIB UNS HEUTE

Gütiger Gott, Geber aller guten Gaben, ich bin erschüttert, dass die Brotbitte und die Feier des Brotes des Lebens mein Leben, unser Leben nicht nachhaltig beeinflusst haben. Allzu oft habe ich einfach unandächtig die Formel dahergesagt. Andere Male habe ich wohl mehr an »mein« Brot als an unser Brot gedacht. Bin ich nicht stecken geblieben bei den bloßen Brotsorgen, den irdischen Gütern? Ja, jedes Mal, wenn ich das Vaterunser, insbesondere die Brotbitte, im Licht des ganzen Evangeliums und im Blick auf die ganze Menschheitsfamilie gründlich überdenke, kann ich mich selbst nicht mehr richtig verstehen und wage nicht mehr, nach Entschuldigungen zu suchen. Hilf mir, hilf uns allen, umzudenken, umzukehren und ein Leben, das unserem Beten und Glauben entspricht, zu wagen, koste es, was es wolle.

UND VERGIB UNS UNSERE SCHULD,
WIE AUCH WIR VERGEBEN UNSEREN SCHULDIGERN

Leider muss ich vor dir, unserem Vater, bekennen, dass ich dieses Gebet sehr oft oberflächlich, wenn nicht gar gedankenlos gesprochen habe. Darum konnte es bislang auch nicht mein ganzes Leben, mein Denken und Tun und all meine Lebensbezüge prägen, zu meinem Schaden, zum Schaden von Welt und Kirche. Schenke uns allen ein dankbares Herz und ein dankbares Gedächtnis. Dann wird es uns allmählich ganz selbstverständlich, dass wir deiner Entfeindungsliebe, deiner heilenden Gewaltfreiheit treu anhängen. Dann könnten wir in Jubel und Lobpreis ausbrechen in der Zuversicht, dass du uns als deine echten Söhne und Töchter erkennst und anerkennst.

UND FÜHRE UNS NICHT IN VERSUCHUNG

O Gott! Wenn ich all das ernst bedenke, dann muss ich erschrecken. Wie oberflächlich habe ich so manches Mal gebetet »und führe uns nicht in Versuchung«, ohne überhaupt ernst zu bedenken, wie tief und umfassend diese Bitte des Vaterunsers ist! Wie oft habe ich nun den Sieg gegen die Versuchungen gebetet, ohne allem »Wenn und Aber« den Abschied zu geben, ohne ein volles Ja zur Heilssolidarität und Wachsamkeit zu sagen. Herr, öffne uns allen die Augen, dass wir nicht wie Blinde und Taube in die Versuchungen hineinschlittern!

SONDERN ERLÖSE UNS VON DEM BÖSEN

Gott, unser Vater, wir preisen dich für die überreiche Erlösung, die du uns in deinem geliebten Sohn Jesus Christus bereitet hast. Gib, dass uns aus diesem Lobpreis die Kraft zuwächst, uns mit der Erlöserliebe, der Entfeindungsliebe Jesu zu vereinen und allüberall, wo es nötig ist, den guten Kampf zu kämpfen mit den Waffen der Liebe, der verzeihenden und heilenden Gewaltfreiheit. Befreie uns von aller Engherzigkeit und Selbstverschlossenheit. Lass uns immer besser verstehen, dass unser eigenes Heil umschlossen und geborgen ist in der Heilssolidarität, im gemeinsamen Kampf durch die »Waffen« des Guten, um das Böse zu entlarven und zu entmachten. Amen.

Bernhard Häring CSsR (1912–1998)

Nada *unser, der du bist im* nada, nada *sei dein Name, Dein Reich* nada, *Dein Wille* nada, *wie im* nada *also auch auf* nada. *Unser täglich* nada *gib uns* nada, *und* nada *uns unsere* nada, *wie wir* nadan *unsern* nadan. Nada *uns nicht in* nada, *sondern erlöse uns von dem* nada; *pues nada. Heil dem Nichts, voll von Nichts. Nichts ist mit dir.*

Ernest Hemingway (1889-1961)

Vater unseres Freundes Jesus, Vater unser im Himmel.
Weil dein Name heilig ist, glaube ich, dass auch mein Name dir heilig ist. Ich bin bereit, weil du mich liebst, mich nicht wegzuwerfen, mich nicht zu verachten, sondern ja zu mir zu sagen.
Weil dein Reich kommt, glaube ich, dass auch ich Zukunft habe, dass auch wir Zukunft haben. Ich bin bereit, über Fragen und Ängste hinweg Zukunft zu wagen, Zukunft anzunehmen.
Weil dein Wille gut ist, glaube ich, dass es nicht sinnlos ist, das Gute zu wollen. Ich bin bereit, die Dinge nicht treiben zu lassen, sondern die Schritte zu tun, die deinem Willen entsprechen. Auf dein Wort hin! So kann ich ja sagen auch zu dieser Erde, zu dieser Stunde der Geschichte.
Weil du mir Brot gibst für heute, glaube ich, dass ich mit dem leben kann, was ich habe. Ich bin bereit, mit meinen Möglichkeiten, wie eng und unsicher sie auch sind, dazusein für andere, damit alle dein Brot haben.
Weil du mir vergibst und mich vergeben heißt, glaube ich, dass deine Liebe auch in mir Anklage und Aggression überwinden und verwandeln kann. Ich bin bereit, neu anzufangen.
Weil du in Versuchung und Bedrängnis mich nicht fallen lässt, glaube ich, dass alles gut werden kann. Ich bin bereit, nicht vor den Widerständen zu kapitulieren und nicht zu sagen, es sei unzumutbar, was du mir zumutest. Du in mir kannst, was ich nicht kann.
Weil du Erlösung von allem Bösen verheißt, glaube ich, dass mein winziges Gutsein, mein bescheidener Dienst nicht umsonst sind. Ich bin bereit, Stützpunkt der Hoffnung zu sein für andere.
Denn dein ist das Reich und die Kraft und die Herrlichkeit – ganz groß und klar in Ewigkeit, aber hier und jetzt wirkt deine Kraft in meiner Schwäche. Amen.

Bischof Klaus Hemmerle (1929–1994)

Beter:	»Vater unser im Himmel …«
Gott:	»Ja?«
Beter:	»Unterbrich mich nicht! Ich bete.«
Gott:	»Aber du hast mich doch angesprochen!«
Beter:	»Ich habe dich angesprochen? Äh … nein, eigentlich nicht. Das beten wir eben so: Vater unser im Himmel.«
Gott:	»Da, schon wieder! Du rufst mich an, um ein Gespräch zu beginnen, oder? Also worum geht's?«
Beter:	»Geheiligt werde dein Name …«
Gott:	»Meinst du das ernst?«
Beter:	»Was soll ich ernst meinen?«
Gott:	»Ob du meinen Namen wirklich heiligen willst. Was bedeutet denn das?«
Beter:	»Es bedeutet … es bedeutet … meine Güte, ich weiß es nicht, was es bedeutet! Woher soll ich das wissen?«
Gott:	»Es heißt, dass du mich ehren willst, dass ich dir einzigartig wichtig bin, dass dir mein Name wertvoll ist.«
Beter:	»Aha. Hm. Ja, das verstehe ich. – Dein Reich komme, dein Wille geschehe wie im Himmel so auf Erden …«
Gott:	»Tust du was dafür?«
Beter:	»Dass dein Wille geschieht? Natürlich! Ich gehe regelmäßig zum Gottesdienst, ich zahle Gemeindebeitrag und Missionsopfer.«
Gott:	»Ich will mehr: dass dein Leben in Ordnung kommt, dass deine Angewohnheiten, mit denen du anderen auf die Nerven gehst, verschwinden, dass du von anderen her und für andere denken lernst, dass allen Menschen geholfen wird und sie zur Erkenntnis der Wahrheit kommen, auch dein Vermieter und dein Chef. Ich will, dass Kranke geheilt, Hungernde gespeist, Trauernde getröstet und Gefangene befreit werden. Denn alles, was du diesen Leuten tust, tust du doch für mich.«
Beter:	»Warum hältst du das ausgerechnet mir vor? Was meinst du, wieviele stinkreiche Heuchler in den Kirchen sitzen? Schau die doch an.«
Gott:	»Entschuldige, ich dachte, du betest wirklich darum, dass mein Herrschaftsbereich kommt und mein Wille geschieht. Das fängt nämlich ganz persönlich bei dem an, der darum bittet. Erst wenn du

	dasselbe willst wie ich, kannst du ein Botschafter meines Reiches sein.«
Beter:	»Das leuchtet mir ein. Kann ich jetzt weiterbeten? Unser tägliches Brot gib uns heute ...«
Gott:	»Du hast Übergewicht, Mann! Deine Bitte beinhaltet die Verpflichtung, etwas dafür zu tun, dass die Millionen Hungernden dieser Welt ihr tägliches Brot bekommen.«
Beter:	»Und vergib uns unsere Schuld, wie auch wir vergeben unseren Schuldigern ...«
Gott:	»Und dein Studienkollege?«
Beter:	»Jetzt fang auch noch von dem an! Du weißt doch, dass er mich öffentlich blamiert hat, dass er mir jedesmal dermaßen arrogant gegenübertritt, dass ich schon wütend bin, bevor er seine herablassenden Bemerkungen äußert. Das weiß er auch! Er nimmt mich als Mitarbeiter nicht ernst, er tanzt mir auf dem Kopf rum, dieser Typ hat ...«
Gott:	»Ich weiß, ich weiß. Und dein Gebet?«
Beter:	»Ich meine es nicht so.«
Gott:	»Du bist wenigstens ehrlich. Macht dir das eigentlich Spaß, mit soviel Bitterkeit und Abneigung im Bauch herumzulaufen?«
Beter:	»Es macht mich krank.«
Gott:	»Ich will dich heilen. Vergib ihm doch, und ich vergebe dir. Vielleicht vergebe ich dir auch schon vorher. Dann sind Arroganz und Haß seine Sünde und nicht deine. Vielleicht verlierst du Geld; ganz sicher verlierst du ein Stück Image, aber es wird dir Frieden ins Herz bringen.«
Beter:	»Hm. Ich weiß nicht, ob ich mich dazu überwinden kann.«
Gott:	»Ich helfe dir dabei.«
Beter:	»Und führe uns nicht in Versuchung, sondern erlöse uns von dem Bösen ...«
Gott:	»Nichts lieber als das! Meide bitte Personen oder Situationen, durch die du versucht wirst.«
Beter:	»Wie meinst du das?«
Gott:	»Du kennst doch deine schwachen Punkte. Unverbindlichkeit, Finanzverhalten, Sexualität, Aggression, Erziehung. Gib dem Versucher keine Chancen!«

Beter:	»Ich glaube, dies ist das schwierigste Vaterunser, das ich betete. Aber es hat zum erstenmal etwas mit meinem alltäglichen Leben zu tun.«
Gott:	»Schön! Wir kommen vorwärts. Bete ruhig zu Ende.«
Beter:	»Denn dein ist das Reich und die Kraft und die Herrlichkeit in Ewigkeit. Amen.«
Gott:	»Weißt du, was ich herrlich finde? Wenn Menschen wie du anfangen, mich ernst zu nehmen, echt zu beten, mir nachzufolgen und dann das tun, was mein Wille ist; wenn sie merken, dass ihr Wirken für das Kommen meines Reiches sie letztlich selbst glücklich macht.«

Clyde Lee Herring (1935)*

Vater unser

Vater unser im Himmel,
Du bist für mich
wie ein stärkender
Sonnenaufgang
am ersten Frühlingsmorgen

geheiligt werde dein Name,
weil er alle
Menschennamen trägt
und zum Heil ihrer Mitte
führen will

Dein Reich komme:
Eine glückliche Zukunft
von Angesicht zu Angesicht
im friedlichen Miteinander
aller Nationen

Dein Wille geschehe,
weil er mir Heimat gibt
und mich leitet
zum wahren Gipfelkreuz
aller Tage

wie im Himmel so auf Erden:
Du bist allgegenwärtig –
in vielen tausend Augenblicken
staune ich
über den Reichtum Deiner Güte

Unser tägliches Brot gib uns heute,
nicht nur das Brot unseres Leibes,
sondern auch das Brot unserer Seele,

damit wir auch heute
unser Brot zur richtigen Zeit
brechen lernen

und vergib uns unsers Schuld,
weil wir oftmals leichtfertig
miteinander umgehen –
Du kannst uns
zur Umkehr bewegen

wie auch wir vergeben unseren Schuldigern,
als Zeichen eines Neuanfangs
und der aufrichtigen Versöhnung
aufeinander zugehen
und wieder gemeinsam
den Weg der Zukunft beschreiten

Und führe uns nicht in Versuchung:
Die vielen Prüfungen des Lebens
können wir nur mit Hilfe
eines glaubenden Herzens bestehen

sondern erlöse uns von dem Bösen,
von allen Abgründen unserer Zeit,
denn nur in Dir
finden wir Geborgenheit.

Christian Hies (* 1976)

Vater unser

**Vater unser im Himmel
geheiligt werde dein Name**
weit bis über die Gipfel aller Berge,
dort, wo sich Himmel und Erde berühren
zum wahren Lobpreis Deines Namens,
bilden viele Worte mit Charakter
die schlichte, unmittelbare Gegenwart
Deiner Herrlichkeit
Früchte der Tatkraft offener Augen

**Dein Reich komme,
Dein Wille geschehe,
wie im Himmel so auf Erden**
den heilbringenden Frieden zu leben
jenseits aller Gottlosigkeit
eine ewige Heimat voller Zuversicht,
auch in Zeiten des Sturms
eine stärkende Erdung
in Dir zu erfahren,
ein vertrauensvolles Bewusstsein
der Transzendenz Deiner Sendung
im Anbruch Deines Reiches
bereits jetzt auf Erden

Unser tägliches Brot gib uns heute,
zum fördernden Gelingen
eines nachhaltigen Lebens:
immer wieder ein paar Sonnenstrahlen,
damit wir auch
einen lang anhaltenden Regen überstehen
und uns der Farben des Regenborgens erfreuen,
welcher unserem Dasein Würde verleiht –
Hoffnung auf eine bleibende Zukunft,
eingebettet in das Licht Deiner Gnade

und vergib uns unsere Schuld,
wie auch wir vergeben unseren Schuldigern
zeitlos jeden Tag aufs Neue
können wir erste Schritte wagen,
Zeichen der Versöhnung setzen,
erneut einen gemeinsamen Weg beschreiten,
mit frischem Schwung die Höhen und Tiefen
unseres Lebens bewältigen –
kraft Deiner sicheren Zusage
entschlossen handeln

und führe uns nicht in Versuchung,
sondern erlöse uns von dem Bösen:
besonders vor den Gefahren des Alltags,
die das Fundament unseres Glaubens erschüttern
und deshalb oft eine Brücke zum Frieden brauchen,
damit unsere Lebenslinien wieder
einer Verheißung auf der Spur sind –
die wahre Liebe gestalten lässt

Christian Hies (1976)*

Vatter unser, bliev em Himmel

Vonwejen »Dein Wille jeschehe«, simmer doch janz *ihrlich:* Hammer
nit off em Hingerkopp janz andere Jedanke – vielleich esu:

»Vatter unser, bliev em Himmel; kümmer dich nit zo vill öm uns.
Sulang ich sälvs dat sahren hann, ben ich zofredde;
ävver wenn do dich enmischs, weiß Jott, wo meer do lande!
Jo, dinge Name sull jeihrt wäde – ävver och dä vun minger Famillich.
Mi Rich sull kumme, un minge Enfluss sich usbreite,
un mi Konto ahnwahße!
Jedenfalls sull alles no mingem Welle verlaufe!
Mi Bruut es jesechert en minger Breeftäsch un em Köhlschrank!
Es doch klar, dat ich nur op mich sälvs zälle kann!
Verjävve – jo, dat dunn ich och – dornet do och mir verjävve muss –
wann et ens nüdich sinn sullt.
Un bes esu joot, un loß uns net zo off en Versuchung falle.
Un dunn mich vun minge Feinde erlöse!«
Un do saach ich janz *ihrlich:* AMEN –
un dat heiß: jo, su eset!

»In unserer Gemeinde in Köln-Höhenhaus feiern wir schon seit 14 Jahren auf
Karnevals-Sonntag – und seit vier Jahren auf Wunsch der Gemeinde zusätzlich im
Advent – die Heilige Messe in der Muttersprache – die seitdem so zahlreich wie in
der Weihnachtsnacht besucht und mitgefeiert wird.«

Willi Hövel (1922-2006)

Vater unser im Himmel,

und Herr deiner Kirche auf der ganzen Erde, du bist dort gegenwärtig, wo deine Kirche in deinem Namen redet und handelt, in allen Erdteilen, bei Menschen aller Hautfarben.

Geheiligt werde dein Name,

mit vielen Stimmen, in vielen Sprachen, mit vielfältigem Tun deiner Kirche in allen Bereichen des Alltags und unseres Lebens.

Dein Reich komme

auch in deine Kirche. Lass sie auch bei uns Anfang deiner Herrschaft sein. Gib, dass wir uns der Herrschaft deiner Liebe nicht entziehen.

Dein Wille geschehe, wie im Himmel so auf Erden,

so auch in deiner Kirche und durch deine Kirche. Zeig deinen Willen. Verhindere unseren allzumenschlichen Willen, der nur will, was uns selber nützt. Zeig uns den Willen, der Liebe ist, für uns und andere.

Unser tägliches Brot gib uns heute.

Gib uns auch das Brot der Fröhlichkeit und Menschlichkeit, damit wir als deine Kirche Nahrung werden können für andere.

Und vergib uns unsere Schuld, wie auch wir vergeben unseren Schuldigern.

Vergib uns alles Versäumen der Liebe, vergib uns, wo wir andere nicht angenommen und ernst genommen haben, wo wir uns verschlossen haben. Lass uns aber auch denen vergeben, die an uns und der Kirche schuldig werden.

Und führe uns nicht in Versuchung,

durch unser gutes Leben und durch unseren Reichtum. Lehre uns als deine Kirche, als deine Gemeinde Bescheidenheit und Schlichtheit statt Selbstherrlichkeit und Prunk. Bewahre uns davor, Begegnung und Versöhnung zu scheuen!

Sondern erlöse uns von dem Bösen,
vom blinden Vertrauen auf Althergebrachtes, vom Misstrauen gegen Wagnis und Aufbruch, von zu geringem Achten auf deinen Geist, der in deiner Kirche wirkt, von Überschätzung unserer eigenen Kraft, von der Angst vor Zukunft und Tod.

Denn dein ist das Reich und die Kraft und die Herrlichkeit in Ewigkeit. Amen.

Otto P. Hornstein (* 1926)

Vaterunser-Meditation

Vater unser

Ein Wort, das mich trägt, auch in der Verzweiflung,
wenn es scheint, als verlör ich den Boden unter den Füßen.
Dann wird für mich wichtig, dass ich glauben darf:
Von dir bin ich gehalten wie der Zug auf dem Geleise.

Es tut gut zu wissen:
Über mir dräut nicht ein namenloses Schicksal,
eine Art geistiger Kraft, fern hinter den Wolken.

Was für die Kinder der Papa, das bist du für mich!
Wenn ich Angst habe, berge ich mich in dir
in der Gewissheit um deine Gegenwart,
die mich umsorgt.

Vater unser im Himmel

Dass du der Himmel der Himmel bist, gibt mir das Vertrauen.
Wo du bist, da ist mein Zuhause.
Mein sehnsüchtiges Herz wird umgetrieben,
bis es angelangt ist bei dir.

Geheiligt sei dein Name

Dein Name ist dein Ausweis, deine Kennkarte!
Lüfte dein Inkognito und offenbare dich
wie dem Moses im Dornbusch.
Zeige deine Herrlichkeit, damit wir an dich glauben!
Zeige dich so, dass wir ausbrechen aus unserer Verschlossenheit,
aus der Einkrümmung in uns selbst.

Ein kleiner Funke von dir und unser Herz ist entbrannt,
so dass wir staunend beten dürfen:
Wir loben dich wegen deiner großen Herrlichkeit.

Es komme dein Reich

bevor alles verkommt.
Dein Reich, das du uns geoffenbart hast,
eingespiegelt durch deinen Sohn,
den einzig Guten und Wahrhaftigen,
der zum Bildschirm Gottes in der Welt geworden.

Dein Wille geschehe

wie er im Himmel geschieht,
denn er ist der beste über unserem Leben,
auch noch in der Nacht und in Not
und wenn die Augen blind sind von Tränen,
wenn die Sinne uns schwinden vor dem Abgrund an Leid.

Gewiss: Dein und unser Wille sind selten ein Gespann.
Darum die erlösende Bitte:
Erhelle unsere Augen,
damit wir Zeugnis von unserer Hoffnung geben,
die unser Leben trägt und erfüllt.

Unser tägliches Brot gib uns heute

Und wie heut, so auch morgen,
denn sonst wachsen die Sorgen.
Gib so viel uns, wie wir zum Leben brauchen,
damit etwas bleibt für eine offene Hand.
Dann werden wir selber zum Brot für die anderen,
und indem wir teilen, teilen wir dich mit:
als Vater der Armen, die sein Augenstern sind.
Doch weil wir nicht leben vom Brot allein,
sondern auch vom Wort, das das Leben erklärt,
dein Wort, das wie Brot uns innerlich nährt,
Herr, lass uns den essen, der das Brot der Welt
und uns im Innersten zusammenhält.

Und vergib uns unsere Schuld,
wie auch wir vergeben unseren Schuldigern

Bewahre uns vor dem Unschuldwahn,
der die Schuld verdrängt,
und es bleibt alles beim Alten!
Vergib uns die Schuld
wie der barmherzige Vater: restlos und ganz.
Weil du uns vergibst,
darum geht es uns gut,
deine Liebe überwiegt,
wiegt jede Schuld auf.
Lass uns Maß daran nehmen
und jedem vergeben,
der uns etwas schuldet

oder an uns schuldig geworden ist.
Nur eine Schuld gibt es,
die unvergebbar ist:
die Schuld der Erbarmungslosigkeit.

Und führe uns nicht in Versuchung

Bewahr uns vor dem Sog des Bösen,
damit wir durchschauen,
was uns verdirbt und verführt.
Bewahr uns davor, mit den Wölfen zu heulen
und schenk uns die Kraft,
gegen den Strom zu schwimmen
und auch denen zu helfen,
die flussabwärts treiben.

Befrei uns von allen Fesseln der Abhängigkeit
und von allem, was unser Leben bedroht:
was versklavt und vergewaltigt,
beschneidet und lähmt
oder sonst unser Heil und Leben vermindert.
Du führ uns hinaus in die Weite des Lebens,
in die Herrlichkeit, die du für uns alle bist. Amen.

Max Huber (* 1929)

Vater

Wenn ich dieses Wort spreche
ob laut oder still
ob in Gemeinschaft oder alleine
dann spüre ich:
dieses Wort
kommt von Herzen
von ganz tief in mir
von dem Ort
wo meine Seele wohnt

Und ich spüre:
dieses Wort
geht nicht fort
verschwindet nicht
in der Ewigkeit des Alls
es bleibt
ganz tief in mir
und lässt mich spüren:
Du bist schon da
in mir
Vater

DEIN NAME

Festlegen
mag ich mich nicht
auf einen Namen
der Deiner ist

Denn da sind
so viele
Namen
Worte

Umschreibungen
Titel
die Du
nur Du
trägst
wenn ich mich hinwende
zu Dir
So bist Du
Vater & Freund
Helfer & Begleiter
Geliebter & Beschützer
Menschenfreund
für mich

Und in all dem
bist Du
doch der
ganz Andere
der Heilige
in all dem
bist Du mir
so nah

DEIN REICH KOMME

So oft bitten wir
dass es anders wird
das Leben
um uns herum

Wir wollen
Veränderung
suchen den Wandel
und schauen aus
nach den Zeichen der Zeit
die den Umbruch verkünden

Doch eines steht fest:
von selbst kommt es nicht
da braucht es schon uns
unser Zutun
Anpacken und Handeln

Und es braucht unser Vertrauen
in den Geist
der über uns allen ist
und in uns
tief in uns

Dein Geist
wird uns bewegen
damit wir Bewegung bringen
und so einen Weg ebnen
einen Weg
der Dein Reich kommen lässt

DEIN WILLE

Nicht immer
passt es zusammen
was Dein
und was mein Wille ist

Oft genug
frage ich mich
warum so
und nicht anders
und ich zweifle
klage
und suche neu

Und manchmal
da geschieht es

im plötzlichen Tun
da wird aus Deinem Weg
mein Weg
da wird aus Deinem Wort
mein Wort
da wird aus Deinem Wille
mein Wille
und siehe:
mein Leben gelingt

IM HIMMEL UND AUF ERDEN

Irgendwo
dort oben
weit weg
und vielleicht doch
ganz nah
gibt es ihn
den Ort
an dem Du Dich finden lässt
an dem Du hörst & erhörst
was mein Herz bedrängt

Irgendwo
dort oben
weiß ich Dich sicher
kann ich mich hinwenden
zu Dir
Dich finden
Dich erkennen
und kann spüren:
ganz nah
bist Du mir

im Himmel
und auf Erden

UNSER TÄGLICHES BROT

Oft
liegt es in unserer Hand
dieses kleine Stück Brot
das Leben schenkt
Und wir spüren:
es ist mehr
als nur Mehl, Wasser & Salz

Dieses Brot birgt soviel
was Leben schenkt und möglich macht:
tägliche Freude, die bleibt
tägliches Handeln, das mutig ist
tägliche Begegnung, die nicht alltäglich wird
tägliche Liebe, die zu teilen ist

Brot in unserer Hand
Brot zum Leben
Lebensbrot

Es liegt in unserer Hand
von Dir gegeben
immer wieder neu

UND VERGIB UNS

Zu Dir Vater
wenden wir uns hin
bedürftig und klein
und schuldbeladen
wie wir sind

Und wir bitten
um Vergebung
um Nachlass

um Neubeginn
für Getanes & Vertanes
für Schuld in unseren Händen

Und wir wagen es
ganz zaghaft
diese Vergebung
diesen Nachlass
diesen Neubeginn
auch jenen zuzusprechen
die schuldbeladen
vor uns stehen

Es ist ein großer Schritt
der Kraft braucht
und Mut sucht

Doch wir spüren:
wenn Du uns annimmst
so schuldbeladen wie wir sind
dann kann dieser Schritt
gelingen

ERLÖSE UNS

Ganz ehrlich:
das bezweifle ich
dass Du es bist
der uns die Fallstricke
der Versuchung knüpft
und dass Du es bist
der unseren Weg

mit Verlockungen säumt
ganz ehrlich:
das bezweifle ich

Denn Du
bist ein Gott
des Lebens
des gelingenden
guten
geliebten
Lebens

Und so bitte ich dich:
geh mit mir
Hand in Hand
Seite an Seite
meinen Weg
und leg mir so manches Mal
ein Nein in den Mund
und lass mich so
zusammen mit Dir
einstehen gegen das Böse

IN EWIGKEIT

Ich
ohne Reichtum
oft kraftlos
ganz glanzlos
immer endlich
komme zu Dir
Du Ewiger

Was bei mir
nicht ist
lässt sich finden
bei Dir
Dein Reich
Deine Kraft
Deine Herrlichkeit

in Ewigkeit
Immer wieder
komme ich
zu Dir
ohne Reichtum
oft kraftlos
ganz glanzlos
immer endlich
um zu nehmen
aus Deiner Fülle
und daraus zu leben
in Ewigkeit

AMEN

Am Ende
das Amen
es klingt
mächtig und voll
setzt ein Zeichen
führt zusammen
und stellt fest:
so soll es sein

Und dabei meint es
so vieles
was ist
und werden soll
vom kommenden Reich
und dem täglichen Brot
von Vergebung der Schuld
und Einstehen gegen das Böse

Amen
sage ich
und meine es auch

trotz Zweifel & Ängsten
Du hast mein Wort
verlasse Dich darauf

Amen

Kathrin Karban Völkl (1982)*

Vater unser

V/A	*Vater unser im Himmel:*
1. Sprecher:	Nicht *mein*, sondern *unser* Vater,
	nicht Tyrann und himmlischer Despot,
	nicht Buchführer unseres Versagens,
	Bestrafer, Rächer und Vergeltungsgott –
2. Sprecher:	sondern Freund der Menschen,
	Gefährte und Tröster,
	Vater und Mutter,
	Schwester und Bruder. – *kurze Stille*
V/A	*Geheiligt werde dein Name:*
1. Sprecher:	Nach vielen in deinem Namen
	ausgesprochenen Strafen und Drohungen,
	geführten Kämpfen und Kriegen,
	soll er uns wieder heilig sein –
2. Sprecher:	mit Vorbedacht genannt,
	(wenn nicht sogar Schweigen
	angemessener wäre),
	sei er geheiligt und heilige uns. – *kurze Stille*
V/A	*Dein Reich komme:*
1. Sprecher:	Nicht von selbst
	wird es kommen,
	ohne unser Zutun
	und unsere Initiative –
2. Sprecher:	sondern durch unsere Güte und Menschlichkeit,
	in der Gesinnung und Herzlichkeit derer,
	die dir vertrauen
	und deiner Kraft. – *kurze Stille*
V/A	*Dein Wille geschehe, wie im Himmel so auf Erden:*
1. Sprecher:	Da wir so sehr die anderen
	und so wenig uns selbst

	zu beherrschen gewohnt sind,
	werde dein Wille unserer –
2. Sprecher:	nicht um dir unser Wollen
	zu unterschieben,
	sondern im Horchen und Gehorchen
	auf dein Wort. – *kurze Stille*
V/A	*Unser tägliches Brot gib uns heute:*
1. Sprecher:	Weil wir das Maß verloren haben,
	in der Gier des Habenwollens,
	und weil wir verlernt haben,
	herzugeben und zu schenken –
2. Sprecher:	wecke in uns die Sorge um das Brot der anderen
	und die Bereitschaft zu teilen,
	und unseren Kindern eine gute
	und weiter lebenspendende Erde zu erhalten. – *kurze Stille*
V/A	*Und vergib uns unsere Schuld,*
	wie auch wir vergeben unsern Schuldigern:
1. Sprecher:	Damit nicht unsere Unversöhnlichkeit
	einen unversöhnlichen Gott herbeibetet,
	(wenn uns so vergeben wird,
	wie auch wir vergeben wollen) –
2. Sprecher:	lehre uns zu verzeihen,
	ohne zu demütigen,
	dem Feind ein Freund zu werden und
	Frieden zu stiften. – *kurze Stille*
V/A	*Und führe uns nicht in Versuchung,*
	sondern erlöse uns von dem Bösen:
1. Sprecher:	Da wir so oft, das Falsche suchend,
	uns selbst die Fallen stellen,
	Böses mit Bösem bekämpfen,
	statt dem Guten Raum zu geben –
2. Sprecher:	lass uns das Böse erkennen,
	auch in seinen Verkleidungen,

| | mach unsere Augen und Herzen |
| | wachsam für das Gute. – *kurze Stille* |

V/A	*Denn dein ist das Reich,*
1. Sprecher:	auf das hin wir leben:
	das Reich der Gerechtigkeit,
	der Liebe und des Friedens. – *kurze Stille*

V/A
2 Sprecher: und die Kraft,
die uns ermutigt:
die Kraft, die Schöpfung zu wahren
und die Welt zu heilen. – *kurze Stille*

V/A
1. Sprecher: und die Herrlichkeit,
die uns erwartet:
die Herrlichkeit jener,
die Heimat finden bei dir. – *kurze Stille*
V/A in Ewigkeit. Amen.

Peter Paul Kaspar (* 1942)

Vatter unser

Vatter, und unser, o ja aller Vatter, ein ewiger Vatter der Barmhertzigkeit, der du immer bleibest ein lieber getreuwer Vatter aller deiner gläubigen unnd gehorsamen Kinder. Du gibest unnd machst dich selbst, als einen Diener der armen ellenden Menschen auff disem Erdtboden. Ich bitte dich, o milter Herr und Gott, erfrische mir die Zeit meines Lebens, das ich meine Sünden bessere, unnd dein gehorsames Kindt sey. Ich bitte auch für alle Christgläubige, dass sie durch Erkandtnuß und Besserung ihres sündigen Lebens, in einen gottßförchtigen Wandel gerathen. Herr Jesu Christe, deß ewigen Vatters eingeborner Sohn, verleihe allen glaubigen Seelen als deinen Gliedern, die ware Ruhe, und lass ihnen das ewige Liecht scheinen.

Der du bist in den Himmeln.

O Herr Vatter, der du so mächtig daroben regierest und wirckest in dem himmlischen Vatterlandt, und dannoch unser nit verrrissest, dieweil du uns darzu hie auff Erden ordnest unnd regierest, das wir nach deinem Willen und unserem Vermögen, deine göttliche Gebott gehorsamlich halten. Ich bitte dich, hoher und gütiger Gott, umb deiner grundlosen Barmhertzigkeit willen, dardurch wir dein Kinder also hie leben und wandeln, dass wir von deinem Reich nimmermehr gescheiden mögen werden.

Geheiliget werde dein Nam.

Herr Gott, deiner unnd deines lieben Sohns Jesu Christi Nam werde immer unnd allenthalben geheiliget, gleich wie derselbige Nam geehret und geheiliget worden durch deine außerwehlten Freunde, sonderlich welche ihr unschuldiges Blut umb deinetwillen hie auff Erden vergossen haben. Ich bitte dich Herr barmhertziger Gott, das dein heiliger gebenedeyter Nam in und durch uns geheiliget, auch deiner Mayestät Lob und Ehr in unsern Hertzen nimmermehr vergessen, sondern von innen unnd aussen, vor alle Ding zu jeder Zeit gefürdert werde.

Zukomme uns dein Reich.

O Herr Jesu Christe ich bitte dich nit umb das Reich diser Welt, so zeitlich und zergenglich ist: Auch nicht umb das Reich, das der böse Feindt schändtlich anrichtet, und zu unserrn Verderben mit Sünden verwaltet. Ich bitte dirch aber umb das Reich, so allzeit weret, darinnen kein Mangel und Gebresten sein kan, und da die lieben Engel von Angesicht zu Angesicht dich seliglich sehen, hören und loben, darmit ich auch dasselbe ewigs Reich erlange, unnd darinnen von Angesicht zu Angesicht dich ohn alles Ende sehen, hören und loben möge.

Dein Wille geschehe.

Grosser und gebietender Herr Gott, dein göttlicher Wille, so allzeit heilig und heilsam ist, werde an mir vollkommentlich verbracht, als in Reichtumb, in Armut, in Trübsal, in Wolfart und Widerwertigkeit, in Leben und Sterben. Lieber Gott, wie du wilt, also neige eh mich unnd meinen Willen under dein göttliche Rüthe, Heimsuchung und Straffung. Dein Will, o Vatter, und nit mein Will, geschehe.

Gibe unns heut unser tägliches Brodt.

Getreuwer Herr Jesu Christe, ich bitte, das du uns so gnädiglich ohn alle unser Sorgfältigkeit erhaltest und vätterlich versorgest, auch dich selbst uns zu geistlicher Speiß der Seelen gebest, sonderlich wann sich unser Leib und Seel von einander scheiden werden, darmit wir von dir gestercket, eines bösen Todes nimmermehr sterben, sondern mit dir ewiglich vereiniget bleiben.

Vergib uns heut unser Schuldt.

Herr Jesu Christe, ich hab allen jenen vergeben, die mir auff Erden jhe Leidt unnd Unrecht gethan haben. Wöllest derhalben auch mir vergeben alte sündige und sträffliche Gedancken, Wort und Werck, so ich wider deinen göttlichen Willen, und meinen Nechsten jhe begangen habe.

Unser täglich Brot gib uns heute

Nicht führe uns in böse Versuchung.

Herr Jesu Christe, dieweil wir kranck unnd schwach sindt, behüte uns vor allen schädlichen Anfechtungen, vor deß Teuffels Arglistigkeit, vor des Fleisches bösen Begierden, unnd vor der üppigen Welt Falschheit und Betrüg. Herr verbirg uns under das Tach deiner Gnaden, das wir nach deinem grimmigen Zorn, sonderlich in deim strengen Urtheil, nicht gericht und gestrafft werden.

Sondern erlöse uns von dem Ubel.

Herr Jesu Christe erlöß uns von aller wolverdienten Pein in diser unnd zukünfftigen Welt, insonderbeit aber, wenn du am letzten Urtheil sprechen wirst zu deinen lieben außerwehlten Schäfflein: Kommet her ir Gebenedeyten meines Vatters, unnd besitzet das Reich, welches euch bereitet ist von Anbegin der Welt. Dann kein Aug hat gesehen, und kein Ohr gehöret, ist auch in keines Menschen Hertz gestigen, das Gott seinen Liebhabern bereit hat. Herr Gott erlöß mich und alle Christen von dem Übel deß Leibs und der Seel. Amen.

Bruder Klaus oder Niklaus von Flüe (1417-1487)

Psalm

Um Erden wandeln Monde,
Erden um Sonnen,
aller Sonnen Heere wandeln
um eine große Sonne:

‚Vater unser, der du bist im Himmel!'

Auf allen diesen Welten,
leuchtenden und erleuchteten,
wohnen Geister, an Kräften ungleich
und an Leibern.
Aber alle denken Gott und freuen sich Gottes:

‚Geheiliget werde dein Name'.

Er, der Hocherhabene,
der allein ganz sich denken,
seiner ganz sich freuen kann,
machte den tiefen Entwurf
zur Seligkeit aller seiner Weltbewohner:

‚Zu uns komme dein Reich'.

Wohl ihnen, dass nicht sie, dass Er
ihr Jetziges und ihr Zukünftiges ordnete,
und wohl auch uns!
Wohl ihnen, wohl!

‚Dein Wille geschehe, wie im Himmel, also auch auf Erden'.

Er hebt mit dem Halm die Ähr' empor;
reifet den goldnen Apfel, die Purpurtraube,
weidet am Hügel das Lamm, das Reh im Walde.

Aber sein Donner rollet auch her
und die Schloße zerschmettert es
am Halme, am Zweige, an dem Hügel,
und im Walde.

‚Unser täglich Brot gib uns heut.'

Ob wohl über des Donners Bahn
Sünder auch und Sterbliche sind?
Dort auch der Freund zum Feinde wird?
Der Freund im Tode sich trennen muss?

‚Vergib uns unsre Schuld,
Wie wir vergeben unsern Schuldigern.'

Gesonderte Pfade gehen zum hohen Ziel,
zu der Glückseligkeit,
einige krümmen sich durch Einöden,
doch selbst an diesen sprosst es von Freuden auf,
und labet den Dürstenden.

‚Führe uns nicht in Versuchung, Sondern erlöse uns von dem Übel.'

Anbetung dir, der die große Sonne
mit Sonnen und Erden und Monden umgab,
der Geister erschuf.
Ihre Seligkeit ordnete;
die Ähre hebt;
der dem Tode ruft;
zum Ziele durch Einöden führt,
und den Wanderer labt,
Anbetung Dir!

‚Denn dein ist das Reich, und die Macht Und die Herrlichkeit! Amen'

Friedrich Gottlieb Klopstock (1724-1803)

ungebet

niemanden im himmel
sollst du vater nennen
kein name für gott
von seinem reich keine spur
sollte es himmlischer wille sein
dass so viele auf erden
ohne das tägliche brot sind
unter schulden ersticken
von rache verfolgt
versuchungen ausgeliefert
vom bösen zerstört

sein ist kein reich
keine kraft
und keine herrlichkeit
in dieser zeit

zu all dem auch noch
amen zu sagen
irgendetwas sträubt sich
in mir
doch was

Andreas Knapp (1958)*

Unser Vater im Himmel
> Du bist der rechte Vater für alles, was lebt
> im Himmel und auf Erden.

Geheiligt werde dein Name
> Bist du doch in unserer Mitte, Herr,
> und dein Name ist über uns ausgerufen:
> verlass uns nicht!

Dein Reich komme
> Dein Reich ist ein ewiges Reich,
> deine Herrschaft währt von Geschlecht zu Geschlecht.

Dein Wille geschehe
Auf Erden wie im Himmel
> Du willst, dass alle Menschen gerettet werden
> und sie zur Erkenntnis der Wahrheit kommen.

Unser tägliches Brot gib uns heute
> Weil es *ein* Brot ist, sind wir, die Vielen, ein Leib;
> denn wir alle empfangen unseren Anteil an dem *einen* Brot.

Und vergib uns unsere Schuld
> Nicht nur siebenmal,
> sondern siebenundsiebzigmal!

Wie auch wir vergeben unseren Schuldigern
> Würdest du, Herr, unsere Sünden beachten –
> Herr, wer könnte bestehen?
> Doch bei dir ist Vergebung,
> dass man dich fürchte.

Und führe uns nicht in Versuchung
> Denn worin du selbst versucht bist und gelitten hast,
> kannst du denen helfen, die versucht werden.

Erlöse uns von dem Bösen
> Dein Gericht ist wie ein Licht für die Welt;
> die Bewohner der Erde lernen deine Gerechtigkeit kennen.

Denn dein ist das Reich und die Kraft und die Herrlichkeit in Ewigkeit. Amen.

Wolfhart Koeppen (* 1940)

Vater unser im Himmel
 Du unser aller Vater:
Durch dich gehören wir zusammen,
Christen aus getrennten Kirchen –
trotz allem, was uns trennt
in Lehre, Frömmigkeit und Lebensstil. –
Du bist auch nicht nur unser Gott,
du bist ein Gott für alle:
für Glaubende und Zweifler,
für Menschen aller Weltanschauungen,
Gesellschaftsordnungen
und politischen Systeme,
für alle Rassen und Nationen.
Du bleibst der Erde treu.
Du sprengst die Grenzen,
die wir ständig ziehen,
und lässt uns wissen:
Du selbst verbindest alle
unter einem Himmel,
einer Verheißung.

Dein Name werde geheiligt
Wir meinen, dir zu dienen,
und suchen oft die Ehre unsres Namens.
Bedacht auf Einfluss, Profilierung, klare Fronten
sind wir oft unbeweglich,
ist, was wir ›Treue‹ nennen,
nur eine Form von Starrheit.
Darum fällt es uns schwer,
einander zu begegnen und einander anzunehmen,
wie Christus uns begegnet und uns annimmt
zu deiner Ehre (Röm. 15,7).
So bitten wir um Freiheit von uns selbst,
um einen weiten Horizont.

Dein Reich komme
Dein Reich: wo endlich sichtbar wird,
was jetzt schon gilt
in Jesus Christus, unserm Herrn:
die Einheit der Getrennten,
Verständnis füreinander,
Gerechtigkeit für alle,
Frieden auf der Erde
und darum: große Freude – allem Volk (Luk. 2,10).
Dein Reich erbitten wir,
die große Überraschung
durch dein Kommen, deine Gnade,
doch auch: durch unsere Geduld,
durch unser Hoffen, unser Tun.
Herr, es wird Zeit.

Dein Wille geschehe auf Erden wie im Himmel
Bei uns soll gelten,
was bei dir schon gilt,
durch uns geschehen,
was deine gute Absicht ist:
dass die Gesegneten ein Segen sind für andere (1. Mose 12,3) –
dass allen Menschen geholfen wird und sie zur
Erkenntnis der Wahrheit kommen (1. Tim. 2,4) –
dass wir Leben in Fülle haben (Joh. 10,10) –
dass wir einander lieben (1. Joh. 4,7) –
dass alle – endlich! – eins sind (Joh. 17,11).
Noch ist es nicht so weit.
Wir brauchen darum beides:
die große Hoffnung
und den Mut zum kleinen Schritt.

Unser tägliches Brot gib uns heute
Wir beten dies in einer Welt voll Überfluss,
in der wir selten spüren, was uns wirklich fehlt,
wonach wir hungern und wonach wir dürsten sollten:

Gerechtigkeit, Vertrauen, Anteilnahme –
wir brauchen sie so nötig wie das täglich Brot,
auch in der Ökumene ...
Von Instituten und von Konferenzen
können wir nicht leben.
Auch nicht von der Beschränkung
auf das, was jetzt »erlaubt« und »machbar« ist.
Wie leicht vergessen wir,
dass Ökumene Bewegung und Begegnung ist,
Unruhe, Unzufriedenheit – und Leiden
am Ärger der gespaltenen Christenheit.
Wir brauchen deshalb Zuversicht und Rücksicht,
den Mut zur Wahrheit und den Mut zur Liebe,
Geduld und Leidenschaft zugleich.
Sie fehlen uns.
So sagen wir einander, Gott, und dir:

Vergib uns unsere Schuld, wie auch wir vergeben unsern Schuldigern
Das auszusprechen fällt uns schwer.
Wir, die Vergebung aller Schuld verkündigen,
sind selber schuldig?
müssen um Vergebung bitten?
So bringen wir vor dich,
was uns entzweit:
Enttäuschung, Streit und gegenseitige Verachtung,
die ganze lange Tradition
des Missverstehens und der Selbstgenügsamkeit.
Es ist ja leicht, für alles,
was wir nicht verstehen und was uns belastet,
die Schuld bei anderen zu suchen,
statt selbst den ersten Schritt zu gehen.
Wir bitten um den Glauben, der dies wagt.

Führe uns nicht in Versuchung
Wir träumen – auch als Christen, auch als Kirchen –
von der Macht,

vom Rückzug aus der Welt,
der Wärme in der kleinen Herde,
der Einheit eines »reinen« Gottesvolks,
von einer Antwort ohne Wenn und Aber.
Es fällt uns schwer, das rechte Maß zu halten:
wir schwanken zwischen Unverbindlichkeit,
die alles offen lässt,
und einer Starrheit,
die nur Forderungen kennt.
Teils eilen wir so sehr,
dass andere nicht folgen können,
teils zögern wir
und machen sie so unbeweglich.
Wir sprechen von Geduld
und sind in Wirklichkeit nur träge.
Wir müssen beides lernen:
warten können – und alles erwarten.
Das fällt uns schwer,
und deshalb bitten wir:

Erlöse uns von dem Bösen
– und das sind nicht die anderen!
Das liegt nicht anderswo.
Das liegt in uns.
Auch in der Geschichte unsrer Kirchen:
Selbstsicherheit, die wir für Glauben halten –
Blindheit, die andere nicht sehen will –
Taubheit für Fragen, die uns andere stellen –
Angst vor der Wahrheit –
Angst vor der Freiheit –
Angst vor Vertrauen.
Wir meinen deshalb oft,
wir müssten gut und böse sauber voneinander
trennen,
auch in der Kirche,
zwischen unsren Kirchen.

Doch eben dieser Wunsch ist ... böse.
Denn er zerteilt, was eins ist
oder werden soll nach deinem Willen:
die Christenheit
und diese ganze Welt.
Wir brauchen nicht zu richten, Gott,
du wirst es tun – zu deiner Zeit.
Dir, Herr, vertrauen wir uns an,
der uns zusammenbringt.
In deine Hände befehlen wir
die Welt, die Kirche und uns alle.
Dein Geist begleite uns.

Denn
Dein ist das Reich und die Kraft und die
Herrlichkeit
in Ewigkeit.
Amen.

Die vorstehende Paraphrase unternimmt den Versuch, das Vaterunser als ökumenisches Gebet nachzusprechen.
Der Text wurde für die Schlussandacht einer Jahrestagung der Arbeitsgemeinschaft Christlicher Kirchen in Bayern geschrieben. Er nimmt Überlegungen aus der Tagungsvorbereitung ebenso auf wie biblische Texte und Impulse, die während des Treffens eine Rolle spielten.
Obwohl der Verfasser für die sprachliche Gestaltung allein die Verantwortung trägt, spiegelt der Text die in einem längeren Prozess gewonnene Übereinstimmung von Gesprächspartnern aus sieben Konfessionen.

Wolfhart Koeppen (* 1940)

Abba, du, heilig – glücklich sollst du sein!

Mög' doch dein »Königtum Gottes« immer mehr
Wirklichkeit werden in unserer Welt.

Gib uns – zum Teilen – heute unser Brot, nur so viel
wie wir nötig haben, für den Leib und für die Seele!

Schuldner deiner Liebe sind wir vor dir, so wie wir es auch
voreinander sind – unendlich viel hast du gut bei uns.

Lass uns nicht zurückfallen in ein Leben ohne dich!

Abba, du ...

Reinhard Körner OCD (1951)*

DU bist der Töpfer, wir sind der Ton in Deiner Hand

VATER UNSER IM HIMMEL,
der DU der Welt und allem, was auf ihr lebt, das Leben schenkst:
»DU bist der Töpfer, wir sind der Ton in Deiner Hand,
das Werk Deiner Hände sind wir alle« (Jes 64,7).
        Ob schwarz, ob weiß,
        ob reich, ob arm,
        ob gesund, ob krank,
        ob jung, ob alt,
        gleich, in welcher Sprache wir deinen Namen rufen:

HEILIG SEI DEIN NAME,
in dessen Klang Mensch und Welt das Heil finden,
jede Frau und jeder Mann und jedes Kind,
        die in Liebe und Leid,
        Armut und Krankheit,
        Unglück und Verlassenheit
        sich ausstrecken nach Dir.

DEIN REICH KOMME
»zu den Schwachen und zu den Armen,
die DU emporhebst aus dem Staub,
denn DU erhöhst, was im Schmutz liegt« (1 Sam 2,8).
        Aufleuchten möge
        in unserem Denken und Fühlen,
        in unserem Beten und Handeln
        die Zukunft, die DU allen Menschen bereitet hast.

DEIN WILLE GESCHEHE WIE IM HIMMEL, SO AUF ERDEN,
»die vor Dir ist wie ein Stäubchen auf der Waage und
wie ein Tropfen des Morgentaus, der zur Erde fällt.
DU liebst alles, was ist, und DU bewahrst alles,
denn es ist Dein, Herr, DU Liebhaber des Lebens«
(Weish 11,22-12,1).
    Schütze Dein Ebenbild in uns,
    damit wir es nicht länger aufschieben,
    Deine Wirklichkeit in dieser Welt zu werden.

UNSER TÄGLICHES BROT GIB UNS HEUTE,
    »das Brot, das Fleisch ist für das Leben der Welt« (Joh 6,51).
    Wie viel ist nötig, und wie wenig ist genug,
    dass wir nicht taub werden für den Hunger der Welt?

VERGIB UNS UNSERE SCHULD,
WIE AUCH WIR VERGEBEN UNSERN SCHULDIGERN
im Glauben an Dich,
der DU Deinen Sohn in unsere Mitte gesandt hast,
zu »heilen, was verwundet ist« (1 Petr 2,24).
    Die Schuld
    der Hartherzigkeit und des Hochmuts,
    der Untreue und des Verrats,
    der in Unschuld gewaschenen Hände.

FÜHRE UNS NICHT IN VERSUCHUNG,
Türme zu bauen, die in den Himmel ragen;
mehr zu wollen, als es menschlich ist.
    »Dir wollen wir vertrauen,
    DU bist unsere Stärke und unser Lied.
    Dann werden wir Wasser schöpfen voll Freude
    aus den Quellen des Heils« (Jes 12,2-1).

ERLÖSE UNS VON DEM BÖSEN,
von allem, was uns lähmt;
was uns blind und taub macht
für Dein gutes Wort,
        das uns und alle Menschen ruft
        zu einem vollen Leben, dem »Leben in Fülle« (Joh 10,10).

DENN DEIN IST DAS REICH
des Erbarmens,
der Wahrhaftigkeit,
der Gerechtigkeit.

UND DIE KRAFT
der Barmherzigkeit,
der Liebe,
der Treue.

UND DIE HERRLICHKEIT
jetzt und hier
in unserer Schwäche,
unserem Kleinmut,
unserer Hoffnung,

IN EWIGKEIT
Amen

Vera Krause (* 1970)

Vater unser

Gib uns heute unser tägliches Brot
den täglichen Regen
aus radioaktivem Staub
geben wir uns selbst

Und vergib uns unsere Schuld
wir führen sie
in geschlossenen Viehwaggons
ins Todeslager

Und führe uns nicht in Versuchung
wir kommen sonst
auf den Gedanken
dich abzusetzen

Vater unser

Werner Krotz (* 1941)

Vater im Himmel, wir sind deine Jünger, deine Gemeinde, dein Volk. Deshalb dürfen wir dich als unseren Vater anreden. Abba, lieber Vater!

Offenbare dich vor allen Völkern als der große, heilige Gott. Sammle dein zerstreutes und zerrissenes Volk. Mach es zum wahren Gottesvolk, damit deinem Namen vor der ganzen Welt die Ehre gegeben wird. Gib uns die Kraft, in deinem Namen Gemeinde zu sammeln, zusammenzuführen und zu einen. Geheiligt werde dein Name.

Lass dein Reich, lass deine Herrschaft in der Welt ankommen. Sei du allein unser Herr. Wir wollen unseren selbstgemachten Göttern nicht länger dienen. Gib uns die Kraft, als dein Volk wahrhaft menschlich zu leben, ohne Gewalt, ohne Hass, in deinem Frieden. Dein Reich komme.

Bring deinen Plan zur Vollendung, den Plan mit der Welt, den du von Ewigkeit her gefasst hast. Lass ihn vom Himmel auf die Erde gelangen, von deinem Herzen in unser Herz. Gib uns die Kraft, mit unseren Gemeinden dein Heilmittel, dein Sakrament zu sein für die Welt. Dein Wille geschehe.

Weil du unser Vater bist: Gib uns heute so viel, wie wir für den morgigen Tag brauchen. Unsere erste Sorge soll dein Reich sein. Es soll uns wichtiger sein als alles andere. Es soll uns so erfüllen, dass wir gar keine Zeit haben, zu planen und ständig nur an uns selbst zu denken. Gib uns die Kraft, einander zu helfen und füreinander zu sorgen. Gib uns heute das Brot, das wir brauchen.

Erlass uns all unsere Schuld. Wir können das, was wir dir schuldig geblieben sind und ständig schuldig bleiben, niemals bezahlen. Immer bleiben wir in der Liebe zurück. Erlass uns unsere Schuld. Wir sind uns bewusst, dass wir eine solche Bitte gar nicht aussprechen dürfen, wenn nicht auch wir unseren Brüdern und Schwestern alles, was sie uns schulden, erlassen. Vergib uns unsere Schuld, wie auch wir vergeben unseren Schuldnern.

Gerade weil dein Reich mitten in unserer armseligen Geschichte anbrechen soll, droht uns die Versuchung. Die Versuchung des Abfalls; die Versuchung, unsere Jüngerschaft aufzugeben; die Versuchung, die Menschen für unverbesserlich und die Welt für unveränderbar zu halten; die Versuchung, an deiner Kirche zu verzweifeln und an deinen Plan mit der Welt nicht mehr zu glauben. Führe uns nicht in eine

Situation, in der diese Versuchung uns überwältigt. Lass uns ihr nicht erliegen, sondern reiß uns heraus aus der tödlichen Macht des Bösen.

Gerhard Lohfink (1934)*

Fürbitten

Gott, unser Vater im Himmel, sei uns der Vater, der die Bitten seiner Kinder hört.
- Lass Deinen Namen groß für uns werden. Lass ihn bei uns zum Heiligsten werden, das wir haben. Gott unser Vater …
- Mach an den Deinen sichtbar, dass Du mächtiger bist als alle Gewalten unserer Welt. Gott unser Vater …
- Lass das, was Du für die menschliche Gesellschaft vorhast, an Deinem Volke sichtbar werden – hier auf der Erde, wie Du es im Himmel entworfen hast. Gott unser Vater …
- Vertreib unsere Ängste um die Zukunft und gib Deinem auf Dich bauenden Volk, auch gegen alle unsere Sorgen, täglich von neuem, was wir für unser Dasein brauchen. Gott unser Vater …
- Vergib uns, wenn wir Dich immer wieder verraten, fang immer neu mit uns an, wie auch wir immer wieder neu miteinander anfangen wollen. Gott unser Vater …
- Wenn du uns auf die Probe stellst, dann lass uns, wenn wir auch selbst versagen, doch nicht untergehen. Sondern reiß uns aus dem selbstbereiteten Untergang heraus. Gott unser Vater …
- Führe Dein Volk durch die Wüste unserer Welt und lass uns das Land Deiner Verheißungen sehen. Gott unser Vater …
- Denn wenn schon wir, die wir böse sind, unseren Kindern nur geben, was gut ist, um wieviel mehr wirst Du, unser Vater im Himmel, denen den Heiligen Geist geben, die Dich darum bitten. Durch Christus unseren Herrn. Amen.

Norbert Lohfink SJ (1928)*

(M)ein Gebet

Vater unser, der Du bist im Himmel, geheiligt werde Dein Name.
Ich will Dich immer ehren und lieben, bitte hilf mir dabei.

Dein Reich komme, wie im Himmel so auf Erden.
Dein Reich ist Liebe, Dein Reich ist Friede.
Mit Deiner Hilfe sei Friede und Liebe in meinem Alltag und in meinem Herzen.

Unser tägliches Brot gib uns heute
Ich bitte Dich um alles, was wir brauchen an Leib und Seele. Und um die Einsicht, Deine Hilfe auch zu sehen. Auch wenn Deine Antwort anders ist, als wir es erwartet haben.

und vergib uns unsere Schuld
Täglich verstoßen wir gegen Dein Gebot der Liebe. Ich bitte Dich um Vergebung. Bitte öffne mir die Augen, damit ich sehen kann, was nicht richtig ist.

wie auch wir vergeben unseren Schuldigern;
Das ist manchmal schwer. Darum bitte ich Dich um Deine Hilfe, dass ich immer ehrlich verzeihen kann, nicht nur mit dem Mund, sondern mit dem Herzen. Im Bewusstsein, dass Du mein Anwalt sein wirst, wird es mir leichter fallen.

und führe uns nicht in Versuchung,
Oft ist die Versuchung so gut getarnt und Menschen sind schwach. Schnell ist es passiert, dass wir gegen die Liebe und damit gegen Dich Fehler machen.

sondern erlöse uns von dem Bösen
Böses droht uns an Leib und Seele zu schaden. Viel Böses und Trauriges wird uns angetan. Schenke diesen Menschen Einsicht, dass sie uns nicht mehr schaden. Bitte heile uns an Leib und Seele.
Amen

Giusepina Lombriser-Cavegn (1969)*

Vater unser im Himmelreich,
der du uns alle heißest gleich
Brüder sein und dich rufen an
und willst das Beten von uns han:
Gib, dass nicht bet allein der Mund,
hilf, dass es geh von Herzensgrund.

Geheiligt werd der Name dein,
dein Wort bei uns hilf halten rein,
dass auch wir leben heiliglich,
nach deinem Namen würdiglich.
Behüt uns, Herr, vor falscher Lehr,
das arm verführet Volk bekehr.

Es komm dein Reich zu dieser Zeit
und dort hernach in Ewigkeit.
Der Heilig Geist uns wohne bei
mit seinen Gaben mancherlei;
des Satans Zorn und groß Gewalt
zerbrich, vor ihm dein Kirch erhalt.

Dein Will gescheh, Herr Gott, zugleich
auf Erden wie im Himmelreich.
Gib uns Geduld in Leidenszeit,
gehorsam sein in Lieb und Leid;
wehr und steur allem Fleisch und Blut,
das wider deinen Willen tut.

Gib uns heut unser täglich Brot
und was man bedarf zur Leibesnot;
behüt uns, Herr, vor Unfried, Streit,
vor Seuchen und vor teurer Zeit,
dass wir in gutem Frieden stehn,
der Sorg und Geizens müßig gehn.

All unsre Schuld vergib uns, Herr,
dass sie uns nicht betrübe mehr,
wie auch wir unsern Schuldigern
ihr Schuld und Fehl vergeben gern.
Zu dienen mach uns all bereit
in rechter Lieb und Einigkeit.

Führ uns, Herr, in Versuchung nicht;
wenn uns der böse Geist anficht;
zur linken und zur rechten Hand
hilf uns tun starken Widerstand
im Glauben fest und wohlgerüst'
und durch des Heilgen Geistes Trost.

Von allem Übel uns erlös;
es sind die Zeit' und Tage bös.
Erlös uns vom ewigen Tod
und tröst uns in der letzten Not.
Bescher uns auch ein selig's End,
nimm unsre Seel in deine Händ.

Amen, das ist: es werde wahr.
Stärk unsern Glauben immerdar,
auf dass wir ja nicht zweifeln dran,
was wir hiemit gebeten han
auf dein Wort, in dem Namen dein.
So sprechen wir das Amen fein.

Martin Luther (1483–1546)

Vater unser im Himmel,
> der du auch auf der Erde bist,
> für den Menschen und mit dem Menschen,
> gegen eine sich selbst verletzende Menschheit

Geheiligt werde dein Name,
> der so kurz und gewichtig ist,
> manchmal so schwer,
> manchmal so erdrückend,
> manchmal so nichtssagend,
> und doch die Fülle des Gutseins
> — einfach gut.

Dein Reich komme,
> nicht das Reich der Reichen,
> und die Armen gehen leer aus,
> nicht das Reich der Mächtigen,
> und die Ohnmächtigen gehen zugrunde.

Dein Wille geschehe, wie im Himmel, so auf Erden
> jetzt, wo wir oft nicht wissen,
> was wir wollen;
> jetzt, wo wir oft nicht wollen,
> was wir wissen;
> jetzt, damit der Mut zum guten
> Willen wächst.

Unser tägliches Brot gib uns heute,
> damit wir haben, was wir brauchen,
> nicht nehmen, was nicht nötig ist;
> damit wir heute leben
> und morgen überleben.

Und vergib uns unsere Schuld,
wie auch wir vergeben unseren Schuldigern
        um des Friedens willen,
        den wir brauchen,
        für uns selbst
        und füreinander,
        damit die Mauern nicht wachsen
        und der Stacheldraht zerglüht.

Und führe uns nicht in Versuchung,
sondern erlöse uns von dem Bösen,
        damit wir nicht uns selber erliegen,
        sondern einander suchen
        und sehen:
        gelöst, erlöst
        dem Glück und dem Guten
        ganz nahe.

Denn dein ist das Reich
        bereits heute,
        auf dieser Erde
        – im Glauben, der aufwacht.

und die Kraft und die Herrlichkeit
        bereits heute,
        auf dieser Erde
        – als Hoffnung, die anfängt.

in Ewigkeit. Amen
        bereits heute,
        auf dieser Erde
        – als Liebe, die nicht endet.

Klaus-Dieter Makarowski (* 1944)

unser vater

1
unser vater
der du bist die mutter
die du bist der sohn
der kommt
um anzuzetteln
den himmel
auf erden

2
dein name werde geheiligt
dein name möge kein hauptwort
bleiben
dein name werde bewegung
dein name werde in jeder zeit konjugierbar
dein name werde tätigkeitswort

3
bis wir
loslassen lernen
bis wir
erlöst werden können
damit
im verwehen des wahns
komme
dein reich

4
in der liebe
zum nächsten
in der liebe
zum feind
geschehe

dein wille –
durch uns

5
unser tägliches brot
gib uns heute
damit wir nicht nur
für brot uns abrackern müssen
damit wir nicht
von brotgebern erpresst werden
können
damit wir nicht
aus brotangst gefügig werden

6
vergib
uns
unsere schuld
und die schuld derer
die schuldig geworden sind
an uns
und was
wie niemandes schuld ist:
sachzwänge verhängnis ignoranz
und unseren verdacht
du selber könntest schuldig geworden sein
an so viel elend an zu viel leiden
vergib
wie auch wir

7
und führe uns nicht
wohin wir wie blind
uns drängen
in die do-it-your-self-apokalypse

sondern erlöse uns
von fatalität und sachzwang
damit das leben
das du geschaffen
bleibe auf diesem kleinen
bisher unbegreiflich erwählten
planeten
im schweigenden all

8

und zu uns
lass wachsen
den baum des glaubens
wurzelnd in dir
entfalte sich seine krone
auf erden:
dein reich
das unsere freiheit
deine kraft
die ohne gewalttat
deine herrlichkeit
durch die wir gelingen können
in ewigkeit

Kurt Marti (1921)*

ABBA – unser Papa, unsere Mama …

ABBA,
du meine Stütze,
mein Halt, meine Zuflucht.

ABBA,
Zufluchtsort für alle Menschen,
die suchen.

IM HIMMEL
ist das OBEN oder UNTEN
ist es ein Zustand
oder ein Gefühl?

GEHEILIGT
gutgeheißen, gepriesen,
gelobt…

DEIN NAME
JA, du bist immer und zu allen Zeiten für uns Menschen da …

DEIN REICH
hier und jetzt in Zukunft

KOMME
es werde Wirklichkeit
HIER, JETZT, HEUTE.

DEIN WILLE
JA, was willst DU überhaupt?
Wo geht dein Weg mit uns Menschen hin?

GESCHEHE
soll sein

soll verwirklicht werden
soll Wege bestimmen

IM HIMMEL
bei dir, an deinem Ort, in deiner Weite ...

AUF DER ERDE
hier bei uns, in der Nachbarschaft,
JA, aber auch noch näher,
auch in unserer eigenen Familie.

UNSER TÄGLICHES BROT
das, was wir brauchen,
das Lebensnotwendige,
das, ohne das es einfach nicht geht...

GIB UNS HEUTE
JA – heute – nur für heute soll es reichen.
Morgen ist morgen und Morgen sorgt für sich selbst.

UND VERGIB UNS
Vergeben haben wir nötig,
alltäglich
wie's Alltagsbrot

UNSERE SCHULDEN
in der Tat: Jeder bleibt immer wieder auch etwas schuldig ...
Das Seine ist gut, aber es reicht nicht für alle ...
Heb' du die Begrenzungen, unsere Schulden auf.

WIE AUCH WIR VERGEBEN
verzeihen,
etwas nicht mehr nachtragen.
Das ist schwer –
zweifelsohne –
aber ohne Verzeihung geht Leben nicht gut.

UNSEREN SCHULDIGERN
Andere bleiben uns etwas schuldig, wie wir ihnen.
Niemand ist perfekt, alle sind wir nur Menschen,
Deswegen braucht's immer wieder neu die Chance zum Neubeginn ...
für alle
und das ist gut so!

UND FÜHRE UNS NICHT IN VERSUCHUNG
Nein, das ist nicht mein Gottesbild ...
Mein Gott ist kein Gott, der in Versuchung führt.
ABER, und da bin ich ganz sicher:
GOTT – mein Gott – ist EINER, der in der Versuchung führt,
der zurückführt, aufbaut,
neu her- und neuerlich ausrichtet.
Ein Gott der Liebe ist ER einfach.

SONDERN ERLÖSE UNS
JA, DU mach uns frei,
löse uns von Fesseln und Verstrickungen,
von einengenden Gedanken und von Hassbeziehungen.
Erlöse uns vom Selbsterlösungswahn,
vom immer und überall Machen-können und -müssen.
Erlöse uns als alleiniger, allgütiger Erlöser...

VON DEN BÖSEN
Sind das nur Menschen?
NEIN
Es sind auch Strukturen,
falsche Verwurzelungen,
unfrei machende Begrenzungen ...
Es sind auch und gerade diejenigen, die meinen,
dass sie die allein GUTEN sind ...
Mach' uns frei vom Negativen, –
aber nicht von Konflikten,
diese sind gut bearbeitet viel eher ein Segen ...

DENN DEIN IST DAS REICH
Wem sonst soll das Größte, was wir haben, gehören?
Wem sonst außer DIR?
Nur dir gehört und gebührt dein Reich.

UND DIE KRAFT
Was wärst du ohne sie,
und ohne dein Vertrauen auf unsere bereitwillig für dich arbeitenden Hände?
Auch unsere Hände sind deine Kraft,
sie werden für dich zur Quelle.

UND DIE HERRLICHKEIT
Es geht hier nicht um Leuchtendes und Strahlendes,
es geht vielmehr um Offenheit und Weite;
es gibt bei dir einfach nichts,
was nicht einen Platz hätte …

IN EWIGKEIT
unbegrenzt, immer, über alle Zeit hinaus,
bist DU und bleibst DU
ein Gott des Lebens.

AMEN
JA, so ist es,
so soll es sein und so wird es bleiben …. heute, morgen, immerdar.

AMEN.

Josef Mayer (* 1960)

Vater unser – neu gesprochen

Gott, der Du uns Vater und Mutter bist,
ganz nah und doch so fern,
verborgen in unser aller Herzen,
uns begegnend im anderen Menschen.
Dich wollen wir ehren.
Mit Deiner Weisheit, Gerechtigkeit und Güte
stehst Du weit über uns.
Du willst uns leiten,
willst uns führen zu unserem Heil.
Nach Dir wollen wir uns ausrichten,
nicht nach unseren eigenen Wünschen
und Maßstäben.
Wir können nur bitten,
dass Du uns nicht im Stich lässt,
dass Du uns mit allem versorgst,
was wir zum Leben brauchen,
und dass wir Menschen auch
einander versorgen mit Brot und Liebe.
So vieles läuft falsch in unserem Leben,
in unserer Welt,
nimm uns trotzdem an,
damit auch wir einander annehmen
und verzeihen können.
Steh uns bei in der Versuchung,
unser Glück und unseren Vorteil als Höchstes zu sehen
und Dich und den Nächsten zu vergessen.
Du bist die Kraft unseres Lebens,
durch Dich können wir zur Vollendung kommen
in Herrlichkeit. Amen.

Irmela Mies-Suermann (* 1943)

Unser Vater der Verkehrsteilnehmer

Vater unser, Vater der Fußgänger, der Rad- und Auto- und Bootsfahrer, der Alten, der Kinder und der Behinderten.

Geheiligt werde Dein Name, denn nur du bist heilig, und die Würde des Menschen, deines Ebenbilds, nicht aber der Fetisch Auto, nicht der Egoismus und nicht die vergötzte schrankenlose Freiheit des Individuums.

Dein Reich komme, auch mit Fairness, Aufmerksamkeit und Güte im Verkehr und mit der kinderfreundlichen Stadt.

Unser tägliches Brot gib uns heute, und gib uns gute Schulen und sinnvolle Arbeitsplätze und eine umweltschonende Weise, sie zu erreichen, eine gute Verkehrspolitik und für den täglichen Verkehr das Verständnis und die Freundlichkeit anderer Menschen.

Dein Wille geschehe, wie im Himmel so auf Erden, nicht das Recht des Stärkeren, nicht der Drang der Geltungssucht und nicht die maßlosen Wünsche der Bequemlichkeit.

Und vergib uns unsere Schuld, wie auch wir vergeben unseren Schuldigern: Vergib uns leichtsinniges und rücksichtsloses Fahren, überflüssige Fahrten, Vergeudung der begrenzten Erdölvorräte, Schädigung der Natur und Gefährdung der Mitmenschen und von uns selbst.

Und führe uns nicht in Versuchung zum Rasen, zum ungeduldigen Überholen, zum Neid, zur Habgier und zur Angeberei, zum Mitschwimmen im aufwendigen Lebensstil.

Sondern erlöse uns von dem Bösen, von Geschwindigkeitswahn, Vergnügungssucht und egoistischem Missbrauch der guten Dinge dieser Erde.

Denn Dein ist das Reich, die Kraft und die Herrlichkeit, und die Ehre gebührt nicht dem Prestige durch Reichtum, dem Glanz des Luxus und der Faszination der Pferdestärken, sondern dir und deiner sanften Kraft der Liebe.

Amen

Hubert Misgeld (* 1932)

Gott, uns Vater und Mutter,
gegenwärtig, wo immer die Güte gewagt wird.
Lass uns dir zugewandt bleiben
mit unserem ganzen Menschen.
Sei du das Maß, an dem wir unser Handeln ausrichten.
Unsere Bedürftigkeit nimm zu Herzen.
Stille den Hunger nach Hoffnung, Bergung und Sinn.
Auf den heilsamen Weg führe uns zurück,
wenn wir die Güte verraten haben.
Lass uns nicht zerstörerisch werden,
wenn wir Verletzung erfahren,
damit das Unheil sich nicht fortpflanzt.
Bewahre uns, wenn wir vom Zweifel überwältigt werden,
weil das Unheil der Welt uns lähmt.

Aufgehoben sind wir in deiner Hand.
Alles Leben wird heimkehren in deine gute Ordnung.
In Lob verwandeln wirst du die Seufzer der Gequälten.
Das Lied der Anbetung wird nicht mehr verstummen.
Darauf vertrauen wir.

Antje Sabine Naegeli (* 1948)

Unser Vater

Unser Vater, der du bist
im Himmel, auf der Erde.
Kommst zu uns durch Jesus Christ,
damit Frieden werde.

Es sei dein Wille, was geschieht,
denn dein Reich wird kommen,
du mein Gott, der alles sieht,
lass uns nicht verkommen.

Schenk uns täglich Wasser, Brot,
nimm uns Schuld und Sünden,
helfe allen, die in Not,
sollst uns Heil verkünden.

Gib uns Kraft mit deinem Wort,
jenen zu verzeihen,
die, egal an welchem Ort
nach Versöhnung schreien.

Halte Böses von uns fern,
führ nicht in Versuchung.
Christ zu sein und Glaubensstern,
stärke die Berufung.

Dein ist aller Welten Reich,
dir gehören Raum und Zeit.
Vor dir sind wir alle gleich
jetzt und in der Ewigkeit.
Heilig sei mit deinem Namen
ewig alle Schöpfung. Amen.

Uwe Maria Natus (1944)*

Dein Wille geschehe

Vater unser,
 Vater aller Menschen,
die wir Brüder sind.
Hilf, dass dein wirklicher Name,
der Liebe heißt,
uns allen vertraut werde.
Hilf, dass unter uns das Reich der
Gerechtigkeit und Liebe erschaffen werde,
das einige die
vollendete Geschwisterlichkeit nennen.
Dein Wille, der Liebe ist,
der sich im Kosmos vollzieht,
geschehe auch auf der Erde.
Hilf, dass alle Menschen auf dieser Erde
gesättigt werden.
Wir bitten dich, vergiss unsere Lieblosigkeit,
damit wir uns unsere Lieblosigkeiten verzeihen.
Auf dass wir nicht in die Versuchung kommen,
zur Vergangenheit zurückzukehren,
zu Entwicklungsstufen, die wir schon
überwunden haben.
Und befreie uns vom Übel aller
Unterdrückung.

Nicaragua

Maisfladen, Bohnen und kein Krieg

Papst Johannes Paul II. hat im Sommer des Jahres 1982 einen Aufsehen erregenden Brief an die Bischöfe und Christen in Nicaragua geschrieben (vgl. Publik-Forum Nr.17-18/1982, Seite 30). Das folgende Vaterunser ist von nicaraguanischen Basischristen als Teil einer Antwort auf den Papstbrief verfasst worden.

Unser Vater,
Du wohnst auch in unserem Land Nicaragua.
Hier wollen wir dich suchen und dir begegnen –
bei unserem täglichen Bemühen,
unser Vaterland zum Wohle aller wieder aufzubauen.
Geheiligt werde dein Name
durch unsere Einheit.
Geheiligt werde dein Name
durch unsere Solidarität mit den Bedürftigsten,
durch unseren unermüdlichen Einsatz für Gerechtigkeit und Frieden.
Dein Reich komme.
Bald möge es kommen zu den Hungrigen, zu den Weinenden,
zu denen, die sich nach deiner Gerechtigkeit sehnen,
zu denen, die schon seit Jahrhunderten auf ein menschenwürdiges Leben warten.
Gib uns Geduld, den Weg zu ebnen,
über den dein Reich uns nahe kommt.
Gib uns Hoffnung, damit wir nicht müde werden,
es zu verkünden und uns für es einzusetzen
trotz so vieler Konflikte, Bedrohungen und Unzulänglichkeiten.
Gib uns einen klaren Blick,
damit wir in dieser Stunde unserer Geschichte den Horizont wahrnehmen
und erkennen, auf welchem Weg dein Reich zu uns kommt.
Dein Wille geschehe,
wie im Himmel so auf Erden,
dass wir nur dich Vater nennen
und untereinander wie Brüder und Schwestern leben.
Dein Wille möge sich auch in Nicaragua erfüllen.
Dein Wille möge auch in der Kirche von Nicaragua geschehen,
die ihre Einheit hat in Jesus,
deinem Sohn und unserem Herrn,

dem guten Hirten, der die Herde zusammenführt
in einer Kirche der Armen,
die Jesus selig preisen und denen er das Evangelium anvertraut hat,
in einer Kirche,
in der wir unter der Führung des Geistes Jesu ein Herz und eine Seele sein
und alles miteinander gemeinsam haben wollen.
Unser tägliches Brot gib uns heute.
Gib uns die Kraft, dass wir in unserem Vaterland eine Gesellschaft aufbauen können,
in der alle Menschen ausreichend Maisfladen und Bohnen,
ein Dach über dem Kopf und Schulen für ihre Kinder,
Feste und Frieden haben:
eine Gesellschaft, in der wir möglichst bald die Waffen zu Winzermessern
und die Panzer zu Werkzeugen vernünftiger Arbeit umschmieden können,
eine neue Gesellschaft mit neuen Frauen und neuen Männern,
die sich mehr darüber freuen, etwas zu geben als etwas zu bekommen.
Vergib uns unsere Schuld,
unsere fehlende Einheit, unsere Ungeduld.
Vergib uns, dass wir den Splitter im Augen des Bruders sehen,
ohne zuvor den Balken aus unserem Auge zu entfernen.
Vergib uns unsere Angst vor dem Risiko,
unsere Angst zu verlieren,
unsere Angst zu teilen,
unsere Angst vor dem Tod.
Und wie wir unseren Schuldigern und denen,
die uns beleidigt haben, vergeben,
ebenso vergib auch du uns.
Führ uns nicht in Versuchung:
in die Versuchung, uns schon für gerecht, für gute Christen und bereits auf dem
rechten Weg zu halten.
Lass uns nicht versucht werden von dem Stolz über das,
was wir schon geschafft haben,
und von der Hoffnungslosigkeit über alles, was noch fehlt.
Führe uns nicht in die Versuchung der Traurigkeit, der Routine oder des Hasses.

Erlöse uns von dem Bösen.

Bewahre uns vor dem Krieg, den man uns von außerhalb des Landes androht, bewahre uns davor zu vergessen, dass unser Leben,

das Leben unserer Kinder und das Leben unseres Vaterlandes in deinen Vaterhänden liegen.

In sicheren und wachsamen Händen, die sich um die Vögel des Himmels, um Chocoyos und Zanates kümmern,

in liebevollen Händen, die das Unkraut ebenso wie die Lilien auf dem Felde meisterhaft kleiden.

In Vaterhänden, in die auch wir heute dankbares Vertrauen legen.

Nicaragua

Übersetzung aus dem Spanischen: Horst Goldstein.

Mit Paulus das Vaterunser beten

Herr Jesus Christus, du Gottessohn in Ewigkeit. Du hast mir das große Geschenk gemacht, dass ich dich erkennen durfte. Niemals war ich ganz ohne Glauben. Im Gegenteil: Ich stand fest im Glauben meiner Vorfahren. Doch meinte ich in jugendlichem Überschwang, für dich handeln zu müssen. Fast hätte ich mich an deine Stelle gesetzt, um Richter zu sein. Doch habe ich nach langen Irrwegen deine Weisung ganz fest in mich aufgenommen: »*Richtet nicht, damit ihr nicht gerichtet werdet*« *(Mt 7,1).*

So danke ich dir, meinem Herrn und Bruder, dass ich an dich als den Messias Gottes glauben kann. Vor allem danke ich dir für das Grundgebet des Glaubens, das du der gesamten Christenheit geschenkt hast. In Verbindung mit allen, die im Glauben feststehen, bete ich. Doch bete ich auch für alle, die sich im Glauben schwer tun. Möge die ganze Menschheit die Bedeutung dieses Gebetes erkennen, das zu beten du uns gelehrt hast.

Vater unser im Himmel

Vielfach spricht unsere Bibel bei der Verehrung deines unendlichen und unnahbaren Wesens vom Vater. Darum sollte auch die noch junge Christengemeinde in Korinth den Glauben an dich, den einen Vater, übernehmen: »*Wir wissen, dass es keine Götzen gibt in der Welt und keinen Gott außer dem einen. Und selbst wenn es im Himmel oder auf der Erde so genannte Götter gibt – und solche Götter und Herren gibt es viele –, so haben wir doch nur einen Gott, den Vater. Von ihm stammt alles, und wir leben auf ihn hin.*« (1 Kor 8,5)

Unser Vater im Himmel, durch Jesus, deinen Mensch gewordenen Sohn, sind die Mauern zwischen Himmel und Erde durchbrochen. Doch immer bist und bleibst du der Ewige im Himmel, der Allherrscher. Trotzdem dürfen wir dich Vater nennen, wie wir es in den Gebeten des Alten Bundes immer schon gesprochen haben: »*Mein Vater bist du, mein Gott, der Fels meines Heils*« *(Ps 89,27)*. Denn mit allen Betenden glaube ich daran: »*Wie ein Vater sich seiner Kinder erbarmt, so erbarmt sich der Herr über alle, die ihn fürchten*« (Ps 103,13). Die Weisheit des Alten Bundes verdeutlicht, dass deine Vorsehung alles steuert (Weish 14,3). Für solche, die sich über dich erheben wollen, bist du ein mahnender Vater, der uns auf die Probe stellt. Für die Frevler aber bist du ein strenger König mit Gericht und Urteil (vgl. Weish 11,10).

Durch unseren Glauben aber hast du, Vater im Himmel, uns bereits gerecht gemacht. So und nur so können wir Frieden finden in dir. *Darum mögen alle Glaubensbereiten mit mir die Knie beugen vor dir, dem Vater: nach deinem Namen soll alles im Himmel und auf der Erde benannt werden* (s. Eph 3,14).

Geheiligt werde dein Name

Schon im zweiten unter den zehn Geboten hast du uns ins Herz gelegt, dass dein Name geheiligt werde. *Darum soll unser Mund sich auftun, unsere Herzen sollen sich weiten. In unseren Herzen soll es nicht weiter eng sein: dass wir uns nicht weiter mit den Ungläubigen unter das gleiche Joch beugen; dass wir erkennen, deine Gerechtigkeit hat mit unserer Gesetzwidrigkeit nichts zu tun. Ebenso wenig wie das Licht mit der Finsternis zu tun hat. Zwischen Christus und dem Versucher gibt es nun mal keinen Einklang. Gläubige und Ungläubige haben wenig miteinander gemeinsam. Der Tempel Gottes und Götzendienst vertragen sich nicht miteinander. Wir sind der Tempel deines göttlichen Willens, denn du hast zu uns bereits in den Vorzeiten gesprochen: Ich will unter euch wohnen und mit euch gehen. Ich will euer Gott sein und ihr werdet mein Volk sein.*

Diese Verheißungen haben wir von dir, du gütiger Gott. Darum müssen wir uns von aller Unreinheit des Leibes und des Geistes reinigen und nach wirklicher Ehrfurcht vor dir streben. Denn deinen Namen, großer Gott, heiligen wir, wenn wir dir Raum in unseren Herzen einräumen. (s. 1 Kor 6,11-7,2)

Dein Reich komme

Die ersten Worte unserer Heiligen Schrift lauten: »Im Anfang schuf Gott Himmel und Erde.« Die letzten Worte des Neuen Testaments rufen: »Komm, Herr Jesus!« Zwischen diesen beiden Texten ist dein Leben, unser Gott und Vater, mit uns Menschen aufgezeichnet. Beschrieben ist darin aber auch das Leben von uns Menschen mit dir. Wir lesen in diesen heiligen Texten von Glaubenszeugen und von Glaubensfeinden, von Friedensstiftern und Kriegsherren, von Treue und Verrat, von Vergebung und Rache, von Liebe und Hass, von Leben und Tod.

Das alles bildet unser menschliches Leben. Doch dein Reich ist die Herrschaft des Friedens und der Gerechtigkeit. Auch wenn wir immer noch das Unerlöste unseres Daseins erfahren, in Jesus Christus bist du unumkehrbar in unsere Welt gekommen. Noch findet diese Welt nicht ganz in dein Reich hinein. Doch in unseren Heiligen zeigst du uns, wie in der Nachfolge Jesu deine Herrschaft unter uns Wirklichkeit werden kann. So erkenne ich mit dem heiligen Franz von Assisi: »*Wo deine Liebe ist und Weisheit, da ist nicht Furcht noch Unwissenheit. Wo Geduld ist und Demut, da ist nicht Zorn noch Verwirrung. Wo Armut ist mit Fröhlichkeit, da ist nicht Habsucht, auch nicht Geiz. Wo Ruhe ist und Betrachtung, da ist nicht Aufregung und unsteter Geist. Wo Erbarmen ist und Besonnenheit, da ist nicht Übermaß noch Verhärtung.*«

Dann wird dein Reich kommen, wenn wir das leben: *Unsere Güte werde allen Menschen bekannt. Sorgen wir uns um nichts, sondern bringen wir in jeder Lage betend und flehend unsere Bitten mit Dank vor dich, den Vater im Himmel. Und der Friede unseres Gottes, der alles Verstehen übersteigt, wird unsere Herzen und unsere Gedanken in der Gemeinschaft mit Jesus Christus bewahren* (s. Phil 4,4ff).

Dein Wille geschehe, wie im Himmel, so auf Erden

Mit ganzem Herzen wünsche und bete ich, dass dein liebender göttlicher Wille in die Herzen aller Menschen einziehen kann. Doch ist die volle Erfüllung deines Willens immer noch ein Ziel, das vor uns liegt. *Wir haben es noch lange nicht erreicht. Aber wir streben danach, es zu ergreifen, weil auch wir von Jesus Christus ergriffen worden sind. Eines aber sollen wir tun: Vergessen, was hinter uns liegt und uns ausstrecken nach dem, was vor uns ist. Das Ziel vor Augen jagen wir nach dem Siegespreis: der himmlischen Berufung, die du, gütiger Gott, uns in Christus Jesus schenkst. Wir müssen aber festhalten an dem, was wir bereits erreicht haben* (s. Phil 3,12-14.16).

Dein göttlicher Wille überschreitet unsere menschliche Sphäre. Und es stimmt, wenn es heißt: *Das schlimmste Übel, an dem die Welt leidet, ist nicht die Stärke der Bösen, sondern die Schwachheit der Guten. Auch ich gehöre zu den Schwachen. Ich leide darunter, dass ich nicht das Gute verwirkliche, das ich will* (s. Röm 7,19). Doch erfahre ich auch, dass ich in meiner Schwachheit deine Kraft und Stärke erlebe. Ich will voller Zuversicht darauf bauen, dass dein göttlicher Wille sich durchsetzen wird. Wenn immer wir darum bitten, vom Versucher verschont zu werden, erfahren wir deine Antwort: *Meine Gnade genügt dir; denn sie erweist ihre Kraft in der Schwachheit. Ich darf mich also meiner Schwachheit rühmen, damit die Kraft Christi auf mich herabkommt. Deswegen bejahe ich meine Ohnmacht, alle Misshandlungen und Nöte, Verfolgungen und Ängste, die ich für Christus ertrage; denn wenn ich schwach bin, dann bin ich stark* (s. 2 Kor 12,7 ff).

Unser tägliches Brot gib uns heute

Obwohl du, himmlischer Vater, auf unserer Erde Nahrung für alle bereit hältst, leiden noch viele Menschen Hunger. Es liegt an uns, dass wir nicht genügend teilen und nicht gerechter verteilen. Darum nehme ich mir diese Bitte um das tägliche Brot zu Herzen. Nach dem Sündenfall der ersten Menschen trägst du ihnen auf: »*Unter Mühsal sollt ihr fortan essen. Im Schweiße eures Angesichtes sollt ihr euer Brot verdienen*« (Gen 3,17f). Deine Weisung steht nicht allein unter dem Aspekt der Strafe. Vielmehr befähigst du uns Menschen, mittels unserer Arbeit für unseren eigenen Unterhalt zu sorgen. So dürfen wir Anteilhabende an deiner Schöpfermacht sein, Mitgestaltende an der Verbesserung der Lebensumstände.

Doch haben manche im Überschwang des Glaubens an den Auferstandenen und in der Hoffnung auf seine baldige Wiederkunft in Macht und Herrlichkeit aufgehört, ihrem Broterwerb nachzugehen. Frömmigkeit besteht jedoch nicht allein im Blick auf das Jenseitige. Darum sollen wir *in Ruhe unserer Arbeit nachgehen, um unser selbstverdientes Brot zu essen* (s. 2 Thess 3,12).

Bei der Bitte um das tägliche Brot geht es aber auch um die geistliche Nahrung. Viele sehnen sich danach, das eucharistische Brot zu empfangen, und bekommen es nicht gereicht. Anderen wird dieses Brot des Lebens angeboten, und sie lehnen es ab. Dein Geschenk ist groß, dein Auftrag bleibt: *Wir haben von Jesus Christus empfangen, was uns überliefert wurde: Jesus, der Herr, nahm in der Nacht, in der er ausgeliefert wurde, Brot, sprach das Dankgebet, brach das Brot und sagte: Das ist mein Leib für euch. Tut dies zu meinem Gedächtnis* (s. 1 Kor 11,23f).

Vater im Himmel, hilf du der Menschheit, dass sie aus deiner reichen Schöpfung genügend irdische Nahrung für alle bereit hält. Und schenke auch unserer Zeit solche, die dein Wort und das Brot des Lebens weitergeben. *Denn wie sollen die Menschen dich anrufen, wenn sie nicht an dich glauben? Wie sollen sie an dich glauben, wenn sie nicht von dir gehört haben? Wie sollen sie hören, wenn niemand verkündigt? Wie soll aber jemand verkündigen, wenn er nicht gesandt ist?* (s. Röm 10,14f). Herr des Himmels, sende Arbeiter in deinen Weinberg, denn der Hunger nach irdischem und geistlichem Brot ist groß.

Vergib uns unsere Schuld, wie auch wir vergeben unseren Schuldigern

Jeder Tag stellt uns vor neue Entscheidungen, mehr oder weniger wichtige. Der Vorteil auf der einen Seite wird zum Nachteil auf der anderen. *Was aber soll ich wählen? Oftmals weiß ich es nicht. Es zieht mich nach beiden Seiten. Ich sehne mich danach, aufzubrechen, und bei Christus zu sein – um wie viel besser wäre das!* (Phil 1,23). Doch viele Entscheidungen treffen wir ohne dich, unseren Gott und ohne Bezug auf Jesus Christus. Wir werden schuldig, jeden Tag neu, ob mit Absicht oder unabsichtlich. Da sind die vielen versäumten Gelegenheiten zum Guten. Da bleibt ein Wort der Versöhnung aus. Da geben wir einer Versuchung nach. Eine Lüge ist uns schneller auf den Lippen als das Stehen zur Wahrheit. Ehrlichkeit im Alltag ist nicht immer groß geschrieben. Unser eigenes Ich ist wichtiger als der Mitmensch.

Vor allem stellen wir dich, unseren Vater im Himmel, meistens nicht in die Mitte unseres Lebens, sondern an den Rand.

Schlimm ist es vor allem, wenn wir uns der eigenen Schuld überhaupt nicht bewusst werden. Vergebung erfahren wir nach den Worten Jesu aber nur dann, wenn wir selber bereit sind zu vergeben. Darum brauchen wir mit der Bitte um Vergebung unserer Schuld vor allem das Vergeben denen gegenüber, die an uns schuldig geworden sind. *Leben wir, wie es dem Evangelium Christi entspricht: Feststehen in dem einen Geist, einmütig für den Glauben und das Evangelium kämpfen, uns nicht von Gegner einschüchtern lassen. Denn schließlich wurde uns die Gnade zuteil, für Christus da zu sein, also nicht nur an ihn zu glauben, sondern auch seinetwegen zu leiden. Wenn es also eine Ermahnung in Christus gibt, Zuspruch aus Liebe, eine Gemeinschaft des Geistes, herzliche Zuneigung und Erbarmen, dann sind wir eines Sinnes, einander in Liebe verbunden. Dann achten wir nicht so sehr auf unser eigenes Wohl, sondern vor allem auf das der anderen* (s. Phil 1,27ff).

Führe uns nicht in Versuchung

Du, Vater im Himmel, kennst mich durch und durch. Du kennst mich besser als ich mich selber kenne. Du weißt um meine Gedanken, noch ehe ich sie zu Ende gedacht habe. Oft genug entfernen sie sich von dir. Du weißt, dass ich guten Willen besitze und deine Weisungen befolgen möchte. *Doch so manches Mal tue ich nicht das Gute, das ich will, sondern das Böse, das ich nicht will. Wenn ich aber das tue, was ich nicht will, dann bin nicht ich es, der so handelt, sondern die in mir wohnende Sünde* (s. Röm 7,19f). Ich bin fest davon überzeugt, dass du, der Gott des Lebens, keine Freude am Tod des Sünders hast. Für das Leben hast du uns geschaffen. Doch gibt es in unserer Welt starke Mächte des Unheils. Diese Mächte sind am Werk, leider auch in unserem eigenen Leben. *In meinem Inneren freue ich mich an deinem Gesetz. Ich sehe aber auch ein anderes Gesetz in mir, das mit dem Gesetz meiner Vernunft im Streit liegt. Es hält mich im Gesetz der Sünde gefangen. Wer kann mich aus diesem Leib retten, der ohne dich dem Tod verfallen ist? Darum sei Dir, ewiger Gott, Dank durch Jesus Christus. Denn mit ihm gibt es keine Verurteilung mehr, wenn wir mit ihm verbunden bleiben. Das Gesetz des Geistes und des Lebens im Glauben macht frei vom Gesetz der Sünde und des Todes* (s. Röm 7,22ff).

Die Versuchung zum Bösen ist eine Wirklichkeit unseres Lebens. *Doch finden wir Frieden aus dem Glauben an dich, unseren Gott. Durch Christus haben wir den Zugang zu der Gnade erhalten, in der wir stehen. So dürfen wir uns unserer Hoffnung auf deine göttliche Herrlichkeit rühmen. Mehr noch rühmen wir uns unserer Bedrängnis, denn wir wissen: Bedrängnis bewirkt Geduld, Geduld aber Bewährung, Bewährung Hoffnung. Die Hoffnung aber lässt nicht zugrunde gehen* (s. Röm 5,1ff). So können wir mit deiner Hilfe dem widerstehen, was uns von dir wegführt, *denn wenn wir dir verbunden sind, kann nichts und niemand gegen uns sein* (s. Röm 8,31). Nur eines sollten wir beachten: Überschätzen wir nicht uns selbst. Unterschätzen wir nicht den Mitmenschen. Bei aller Freude über Feststehen im Glauben bleibt: *Wer zu stehen glaubt, der gebe Acht, dass er nicht falle.* (s. 1 Kor 10,42)

Erlöse uns von dem Bösen

Herr und Gott, so vieles an Bösem gibt es in dieser Welt! Doch du hast sie gut erschaffen. Durch uns Menschen kam das Übel in die Welt. Zwar höre ich die Botschaft, dass *die Leiden dieser Zeit nichts bedeuten im Vergleich zu der Herrlichkeit, die an uns offenbar werden soll* (s. Röm 8,18). Das möchte ich gerne glauben und darauf baue ich auch. Doch ist es unendlich viel Böses und Schlimmes, was Menschen einander antun. Weil wir keine Antwort auf die Frage nach dem Sinn des Bösen und des Leidens erhalten, bleibt nur der Blick auf deinen Heilswillen, du ewiger Gott. Vor allen Zeiten bereits hast du zu uns gesprochen und uns durch Propheten gelehrt, dein Heil zu erwarten. In der Fülle der Zeit hast du uns Jesus gesandt. Ohne sein Kreuz ist menschliches Leid absurd. Mit ihm wird das Böse getilgt, wird das Leid tragbar. *Im gegenwärtigen Zustand seufzen wir und sehnen uns danach, in das himmlische Haus einziehen zu dürfen. Wir sind also immer zuversichtlich, auch wenn wir wissen, dass wir fern vom Herrn in der Fremde leben, solange wir in diesem Leib zuhause sind; denn als Glaubende gehen wir unseren Weg, nicht als Schauende. Denn wir alle müssen vor dem Richterstuhl Christi offenbar werden, damit jeder seinen Lohn empfängt für das Gute oder Böse, das er im irdischen Leben getan hat* (2 Kor 5,10).

Wir glauben daran, unser Herr und Gott, dass du das Böse tilgen wirst; dass du der einzige Erlöser von allem Übel bist. Und weil uns dieser Glaube geschenkt ist, darum dürfen wir aus der Sicherheit der Glaubensfreude heraus leben. *Wir bekennen: Unser Herr ist uns nahe. Darum brauchen wir uns nicht ängstlich zu sorgen. Vielmehr bringen wir in jeder Lage unsere Bitten und Dank vor dich, den ewigen Gott. So wird sein*

Friede, der alles Verstehen übersteigt, unsere Herzen und Gedanken in der Gemeinschaft mit Jesus Christus bewahren. Denn wenn wir tun, was wir gelernt und angenommen, gehört und gesehen haben, dann wird dein Friede mit uns sein (Phil 4,4ff).

Denn dein ist das Reich und die Kraft und die Herrlichkeit in Ewigkeit. Amen.

Wolfgang Oberröder (* 1942)

Vater unser im Himmel

Du bist Vater,
wir sind Geschwister,
der Kranke ist mein Bruder,
die Notleidende ist meine Schwester

geheiligt werde Dein Name

Du bist groß,
größer als alles,
und darum machst du dich klein,
um uns nahe zu sein.

Dein Reich komme

Du kommst,
deine Liebe kommt –
darum warten wir auf Dich,
heute und an jedem Tag

Dein Wille geschehe,
wie im Himmel so auf Erden.

Wenn alles nach Deinem Willen geht,
dann ist der Friede da,
die Freude,
dann gibt es keinen Krieg
und keine Not.

Unser tägliches Brot gib uns heute

Mein Brot und das Brot für
alle Hungernden in der Welt.
Meine Wohnung und eine Unterkunft

für alle Obdachlosen.
Meine Kleider und eine Decke
für alle Frierenden.

Vergib uns unsere Schuld,
wie auch wir vergeben unsern Schuldigern

Vergib, wenn wir das Brot nicht geteilt,
den Kranken nicht besucht,
den Einsamen nicht eingeladen haben.
Vergib, damit wir aufmerksam
werden für die Last des andern.

Und führe uns nicht in Versuchung

Lass nicht geschehen,
dass wir deine Nähe nicht mehr spüren.

Sondern erlöse uns von dem Bösen

Befreie uns von allem,
was böse ist in uns,
von Hass, Neid und Eifersucht.

Denn Dein ist das Reich
und die Kraft und die Herrlichkeit.
In Ewigkeit. Amen.

Josef Osterwalder (* 1940)

Vater,
ich bitte Dich nicht,
Deinen Willen zu verstehen.
Zu klein ist meine Sicht vom Leben.
Aber ich bitte Dich, Herr:
Lass mich Deinen Willen suchen
wie einen verborgenen Schatz
im Erdreich meiner Tage.
Gib, dass ich Deinen Willen liebe
als das größte Glück
zwischen Himmel und Erde.
Hilf mir, ihm innig zu vertrauen,
denn mein Herz glaubt,
dass Dein Wille ganz Liebe ist.
Und sei dieser Glaube auch nur senfkorngroß.
Dein Wille wird ihn wachsen lassen, tief in mir.

Veronika Pabst (* 1976)

Vater unser,
der Du bist im Himmel,
geheiligt werde Dein Name.

Vater aller Menschen,
der die Schöpfung aus dem Chaos ins Leben rief.
Dir gebührt mein Respekt,
wenn ich an Deinen heiligen Namen denke.
Dir allein bin ich letztendlich Rechenschaft schuldig.
Auch wenn Du fern im Himmel thronst,
so kümmerst Du Dich doch um uns
wie ein liebender Vater.

Dein Reich komme,
wie im Himmel so auf Erden.

Aus Liebe hast Du mich in die Welt hineingestellt,
und ich habe Heimweh nach der Geborgenheit des Himmels.
FRIEDE ist Deine Verheißung,
wenn wir Deine Gebote achten.

Unser tägliches Brot gib uns heute.

Erhalte uns am Leben!
Auf Dich bin ich und sind wir Tag für Tag angewiesen.
Nicht einen Tag meines Lebens könnte ich hinzufügen.
Jede Zeit ist ein Geschenk von Dir,
über das ich mich freuen darf und kann.

Und vergib uns unsere Schuld.

Schenke uns ein reines Herz,
das die Schlingen und Fallen des Bösen erkennt,
und mache uns fähig, Widerstand zu leisten.
Vergib uns auch die Schuld,
in die wir unschuldig verstrickt geraten sind,
und lass uns Christen bemüht sein,
an einer gerechteren Welt mitzugestalten.

Wie auch wir vergeben unseren Schuldigern.

Lass uns gerade den Menschen verzeihen,
die uns gegenüber schuldig geworden sind,
so wie wir auch von Dir erwarten,
dass Du uns verzeihst.

Das Kreuz,
an dem Du Dich für uns geopfert hast,
lehre uns, Verzeihung zu üben,

wenn uns das Böse heimgesucht hat.
Niemals ist Gewalt eine Lösung,
als könnte sie unser Leben retten,
auch wenn es so aussieht.
Nur wer Dir vertraut
und Deinen Kreuzweg teilt,
wird das wirklich lebenswerte Leben erben.

Und führe uns nicht in Versuchung.

Unsere liebevolle Beziehung
führe uns nicht in die Versuchung,
alles von Deiner Liebe und Güte zu verlangen.

Sondern erlöse uns von dem Bösen.

Mache uns stark in der Hoffnung,
dass wir mit Deiner Kraft den Weg finden,
das Böse mit Dir und den Menschen Deiner Kirche
einmal ganz zu überwinden,
denn Dein ist die Macht und die Herrlichkeit
in alle Ewigkeit.
AMEN

Heinz Pangels (1931) / Alfred Vogler (* 1952)*

Vater unser

Vater unser der du bist im Himmel
Voll von Problemen
Und sitzest mit umwölkter Stirn
Wie ein gewöhnlicher Mensch

Höre auf an uns zu denken.
Wir verstehen dass du leidest
Weil du die Dinge nicht in Ordnung bringen kannst.

Wir wissen dass der Böse dir keine Ruhe lässt
Und gleich zerstört was du so herrlich fügst.

Er lacht dich aus
Doch wir weinen mit dir.

Vater unser der du bist wo du bist
Umringt von ungetreuen Engeln
Wirklich
Mach dir unseretwegen nicht das Leben schwer
Du musst einsehen
Dass Götter nicht unfehlbar sind
Und dass wir dir verzeihen.

Nicanor Parra (1914)*

Übersetzung: Peter Schultze-Kraft

Warum?

Vater unser! Wenn du im Himmel bist
und dein Name heilig ist,
warum geschieht dann nicht dein Wille,
auf der Erde wie im Himmel?

Warum gibst du nicht allen ihr tägliches Brot?

Warum vergibst du uns nicht unsere Fehler,
damit wir unsere Klagen vergessen?

Warum fallen wir noch in die Versuchung zu hassen?
Wenn du im Himmel bist, unser Vater,
warum befreist du uns nicht von dem Bösen,
damit wir dann sagen: Amen?

Marialzira Perestrello (1916)*

Bete so

Mensch, der ich bin auf Erden
Heilig sei mir mein Name
Möge mein Reich werden und
Geschehe dies durch meinen freien Willen
Ich vergebe meiner
Und meines Nächsten Schuld
Und löse mich von allem Übel
Denn dies ist meine Kraft und Schönheit auf Erden
Für eine kurze Zeit

Cosy Pièro (1937)*

Im Jahre 1992 stellte Cosy Pièro ihre Installation »Bete so« in einer Münchner Galerie aus und 2002 dann noch einmal in der Himmelfahrtskirche in München/Sendling. In einem abgedunkelten Raum waren zwei, auf dem Boden platzierte Leuchtkästen aus Holz und Glas zu sehen, in denen jeweils ein Text zu lesen war. In einem der Objekte befand sich das von ihr in die »Mündigkeitsform« umgeschriebene Gebet »Vater unser...« mit dem Titel »Bete so«. Parallel zur Ausstellung im Jahre 1992 heftete die Künstlerin ihren Vaterunser-Text als Schriftbild an das Portal der Theatinerkirche in München, und zwar »nicht als Protest gegen die Kirche gerichtet«, wie sie sagt, »sondern als ein Appell an die Eigenverantwortlichkeit des Menschen«. Unter dem Titel »Anleitung zum Beten« berichtete die Süddeutsche Zeitung in ihrer Ausgabe vom 16. Juli 1992 darüber und druckte auch den Vaterunser-Text der Künstlerin ab.

Vater unser, der Du bist im Himmel meines Herzens, wenn es auch eine Hölle zu sein scheint; geheiligt werde Dein Name, er werde angerufen in der tödlichen Stille meines ratlosen Verstummens; zu uns komme Dein Reich, wenn alles uns verlässt; Dein Wille geschehe, auch wenn er uns tötet, weil er das Leben ist und, was auf Erden wie ein Untergang aussieht, im Himmel der Aufgang Deines Lebens ist; gib uns heute unser tägliches Brot, lass uns auch darum bitten, damit wir uns nie mit Dir verwechseln, selbst nicht in der Stunde, da Du uns nahe bist, sondern wenigstens an unserem Hunger merken, dass wir arme und unwichtige Geschöpfe sind; befreie uns von unserer Schuld, und behüte uns in der Versuchung von der Schuld und Anfechtung, die eigentlich nur eine ist: nicht zu glauben an Dich und an die Unbegreiflichkeit Deiner Liebe; sondern erlöse uns – erlöse uns von uns selbst, erlöse uns in Dich hinein, erlöse uns in Deine Freiheit und in Dein Leben ... .

Karl Rahner (1904-1984)

Mit zwölf ist man in Asien zu alt zum Teppichknüpfen für IKEA, weil die Hände zu groß sind. Man darf aber erst mit 14 bei NIKE anfangen. Da entsteht eine Versorgungslücke von 2 Jahren, die meistens mit Prostitution gestopft wird.

Oh Herr, wir haben keine Ahnung von Sklavenhandel mit Kindern, Zerstörung ganzer Volkswirtschaften durch Börsenspekulationen und Umweltkatastrophen durch Ressourcenausbeutung.
Oh Herr, wir wissen nichts von Hermesbürgschaften für Staudämme und Turnschuhproduktionen in Südostasien.
Herr, die meisten von uns sind froh, wenn sie sich ihr Autokennzeichen merken können.
Kein Schwanz kennt (aus dem Stegreif) den Zusammenhang zwischen Aktienkursen und Leitzinsen. – Wir kennen ja noch nicht mal unsere Blutgruppe.

Oh Herr, wir sind so degeneriert, wir können nicht bezahlen, weil wir die PIN-Nummer unserer EC-Karte vergessen haben.
Herr, wir sind so hohl wie wir voll sind.
Die Anderen hoffen auf Frieden
und wir hoffen, dass man uns im Urlaub nicht entführt.
Die haben Angst, dass ihre Kinder verhungern, und wir haben Angst, dass unser Deo versagt und dass man uns beim Telefonieren im Auto erwischt.

Oh, Herr, wir kaufen ihre Frauen und behaupten, sie würden uns unsere Arbeitsplätze wegnehmen. Unsere Beichtväter sind die Steuerberater und UNICEF ist unser Ablass.

Herr, mach hoch die Tür, die Tor mach zu und die Mauern dick, denn es kommt ein Heer von kleinwüchsigen, wütenden Analphabeten und Hungerleidern über uns.
Die Tutsi und Hutu werden sich gemeinsam gegen uns verschwören, die nicaraguanischen Kaffeebauern und die Ziegenhirten aus Kaschmir und die kampferprobten Kindersoldaten aus Sierra Leone.
Sie alle werden kommen, über unsere Nato-Zäune klettern und uns hinwegfegen wie El Niño.

Sie werden uns mit Basmatireis bewerfen und mit Wildreis und mit Naturreis und mit Langkornreis und mit Milchreis und mit Duftreis und mit Uncle Ben's Beutelreis und mit Puffreis.
Sie werden in unseren Hobbykellern Darts spielen und in unseren Swingerclubs swingen, von unseren Tellerchen essen und mit unseren blonden Töchtern in unseren Ikea-Bettchen schlafen.

Sie werden auf unseren Teakholzmöbeln gammeln, Cohibas rauchen, Darjeeling schlürfen und »Wer wird Millionär?« gucken.

Wahrlich, ich sage euch, sie werden mit unseren Geländewagen im Stau stehen und über die Öko-Steuer fluchen. Herr, wie kriegen wir in ihren Dritteweltschädel rein, dass du ein Aufsichtsratsvorsitzender bist?
Machen wir es uns gemütlich vor dem Herrn, lasset uns beten:

Vater unser, der du bist im Himmel, gereinigt werde dein Name.
Wir sind steinreich, komm ey, unser Wille geschehe wie in Chile so auch in Schweden.
Deren täglich Brot gib **uns** heute und vergib **du** ihnen doch ihre Schulden, wie auch wir vergeben unsere Kredite.
Und führe keine Untersuchung, sondern gib die Erlöse uns von den Börsen.
Denn wir sind reich, ham die Kraft und die Herrlichkeit
und sie bleiben immer die in Ewigkeit Armen.

Hagen Rether (1969)*

Vater

Du Vater, Mutter, Freund, Freundin, Bruder...
du letztes Geheimnis meines Daseins,
abgründig-verborgen in mir,
mir näher als ich selbst,
und doch so ferne.
Du mein Gott.

Ich kenne dich nicht – und darf doch Du sagen.
Ich spüre dich nicht – und doch ist es gut bei dir.
Du tust mir weh – und doch suche ich deine Nähe.

Abba, du mein guter Gott.

Vater UNSER

Ich bin nicht allein auf meinem Weg zu dir.
Viele sind ihn vor mir gegangen.
Viele suchen und finden ihn neben mir, auch wenn ich
sie nicht kenne.
Jahrhunderte und Jahrtausende, Völker und Zeiten sind
auf dem Weg wie ich.

Ich bin nicht allein.
Weil es sie alle gibt.
Weil es euch alle gibt.
Ihr seid nicht allein.
Weil wir einander begleiten auf unserem Weg zum
Vater.

Abba, du unser guter Gott.

Vater unser IM HIMMEL

Ich höre nicht deine Stimme.
Ich finde dich nicht in meinem Leben.
Der Himmel ist fern.

Ich möchte sehen, horchen lernen.
Ich werde deinen Himmel in meinem Leben und in
meiner Welt entdecken.

GEHEILIGT WERDE DEIN NAME

In deinem Namen hast du dich uns anvertraut.
Heilige deinen Namen:
Sei unser Gott, sei mein Gott!
Mach dich erfahrbar als jener heilige Gott, der sich der
Unheiligen erbarmt, um sie heil zu machen.

Ich darf zu dir kommen im Wissen um mein Unheilsein.
Du wirst mich heilen.
Ich möchte in der Nachfolge deines Sohnes zu allen
gehen, auch zu jenen, die mir unsympathisch,
unappetitlich sind. Alle sollen deine heilende Kraft
erfahren.

DEIN REICH KOMME

Werden wir ersticken an Ungerechtigkeit und Haß,
werden einige Mächtige die Zukunft aller beherrschen?

Oder wird dein Reich wachsen?
Die Welt der Freiheit und Ordnung, jene Atmosphäre,
in der alle, nicht nur einige Privilegierte, leben können?

Werden wir einander leben lassen?
Wird der wunderbare Anfang, den du gesetzt hast, zur
Entfaltung kommen?

Öffne die Augen meines Herzens, dein Licht in dieser
oft so dunklen Welt zu sehen.
Öffne meine Hände – damit es heller wird!

DEIN WILLE GESCHEHE,
WIE IM HIMMEL, SO AUF ERDEN

Vieles verstehe ich nicht, was mir in meinem Leben
begegnet.
Soll es einen Plan der Liebe geben, auch für mich?

Ich möchte Ja sagen.
Ja – im Schönen und im Bitteren.
Ja – auch wenn dieses Ja nur mühsam über die Lippen
und noch schwerer aus dem Herzen kommt.
Ja – im Aufbäumen der Angst.
Ja – wie Jesus, dein Sohn.

Damit dein Wille geschieht, an mir und durch mich,
im Himmel und auf Erden.

UNSER TÄGLICHES BROT GIB UNS HEUTE

Viele Gestalten des Brotes begegnen mir in meinem
Leben.
Ich preise dich dafür.

Danke für die Gaben deiner Schöpfung.
Danke für die Menschen, die mir vertraut sind,
die du mir anvertraut hast.
Danke für meine Arbeit.

Danke für die Kraft auf meinem Weg – besonders wenn ich spüre, wie die eigenen Kräfte versiegen.
Danke, dass ich Freude bereiten kann.
Danke, dass ich selbst Geschenk bin für andere.

Danke für alles, was mir geschenkt ist.
Danke, dass ich dir in diesem »Brot« begegnen darf.

Mach uns noch mehr zum Brot füreinander, Herr.
Lass uns teilen.
Es soll weniger Hunger sein in der Welt.
Viele sollen Brot erhalten.
Viele sollen Brot erfahren – und dich, den Geber, darin preisen.

Gib uns dein Brot, damit wir nicht erlahmen auf dem Weg zu dir.

VERGIB UNS UNSERE SCHULD,
WIE AUCH WIR VERGEBEN UNSEREN SCHULDIGERN

Mühsal, Last, Unordnung beherrscht mein Leben.
Oft habe ich neu angefangen.
Oft bin ich rückfällig geworden!

Ich bin belastet mit einer Hypothek eigener und fremder Ohnmacht und Schuld.

Danke, dass du mich nicht allein lässt mit meiner Last.
Du hast sie auf dich genommen.
Du trägst sie mit mir.
Du trägst mich.
Manchmal darf ich sogar spüren, dass du mich auf die Arme nimmst und heimholst, wie der gute Hirte des Evangeliums (Joh 10).

Ich darf deine vergebende Liebe weiterschenken.
Andere, viele andere, sollen weniger schwer an ihrer
Last tragen.
Ich möchte auch fremde Schuld wiedergutmachen.
Damit Wunden verbunden, Verletzungen geheilt
werden: damit Kraft zu neuem Anfang wächst.

UND FÜHRE UNS NICHT IN VERSUCHUNG,
SONDERN ERLÖSE UNS VON DEM BÖSEN

Ich habe Angst.
Vor mir selbst, vor meinem Leben, vor anderen.
Manchmal auch vor dir:
Gibt es dich doch nicht?
Bist du anders, als ich dich erhoffe?

Sei bei mir in meinen Ängsten.
Lass mich in meiner Angst dir begegnen, wie dein Sohn.
Hilf mir in den Bedrohungen meines Daseins.

Brich Hartes in mir auf.
Bring das Herz zum Sprechen.

Sei auch für mich der Erlösergott –
der Gott, der in die Freiheit führt.
Auch wenn der Weg ins Freie ein Leben lang zu gehen
ist.
Viele sollen den Weg zum Leben finden, nicht nur ich!
Ich möchte ihnen beistehen, wenn sie müde werden und
das Ziel aus dem Auge verlieren.

DENN DEIN IST DAS REICH UND DIE KRAFT
UND DIE HERRLICHKEIT IN EWIGKEIT

In Ewigkeit gilt unser Lobpreis.
Du hast das letzte Wort.

Dir sind alle Mächte unterworfen, die mich bedrohen.
Noch im Tod gibst du Leben.

Deine Treue gibt mir Halt und Zuversicht in meiner
unzuverlässigen und unbeständigen Welt.
Lass deine Herrlichkeit in unserer Finsternis leuchten.

Ich stelle mich auch deinem Anspruch.
Mach mich zum Zeichen und Werkzeug, zum
Sakrament deiner Treue unter den Menschen.

Wird unsere so wenig herrliche Welt ein bißchen
wärmer werden?

AMEN

Ich stehe zu dir.
Du kannst mit mir rechnen.
Ihr alle, die Nahen und Fernen, wer immer ihr seid, so
weit meine Kraft, die Kraft meiner Liebe reicht:
Ihr alle dürft mit mir rechnen.

Mein Beten soll wahr werden in meinem Leben.
Auch wenn ich selbst nur wenig davon merke.

Weil Gott unser aller Vater ist.

Maria Riebl (1947)*

Vater unser im Himmel,
wir dürfen Vater zu dir sagen,
du Gott,
du Schöpfer der Welt,
du Herr des Weltalls.
Vater, lieber Vater.
Wir rufen dich als Vater an,
wie viele andere,
mit vielen anderen.
Dein Sohn Jesus Christus hat uns von dir erzählt.
Er ist dein lieber Sohn.
Er ist unser Bruder.
Durch ihn sind wir Geschwister.
Durch ihn gehören wir zu deiner Familie,
lieber Vater.
Und sollten uns unsere Väter verlassen,
sollten sie uns enttäuschen
und sich nicht als Väter benehmen,
dann wissen wir doch, was ein Vater ist:
Du bist uns gut.
Du bist uns allen gut.
Auch wenn du im Himmel bist,
weil du im Himmel bist,
bist du unsichtbar bei uns,
unabhängig von Raum und Zeit.
Für uns, für deine Kinder bist du da.
Wo du bist, ist der Himmel.
Und du bist dort,
wo wir uns in deinem Namen versammeln
und miteinander rufen:
Vater unser im Himmel
durch Jesus Christus, unsern Herrn.

Geheiligt werde dein Name,
Vater unser im Himmel.
Du bist nicht anonym.

Du hast uns gesagt, wie du heißt:
der Ewige,
der Gegenwärtige,
der Bleibende.
So hast du dich dem Mose bekannt gemacht.
Das gilt auch uns.
Und Jesus erklärt uns, wie du heißt:
der Vater,
der Liebende,
der Vergebende.
Du hast uns deinen Namen gesagt,
weil du nicht allein für dich sein willst.
Du bekennst dich zu deinen Geschöpfen,
zu deinen Kindern.
Du willst uns nicht uns selbst überlassen.
Du sagst uns, an wen wir uns wenden können,
in Not und Leid, in Glück und Freude:
an dich, unseren Vater.
Vater, wir wissen nicht,
wie wir deinen Namen anders heiligen sollen
als so, dass wir von dir als unserem Vater erzählen,
dich Vater nennen,
dich anrufen und zu dir beten,
dich loben und dir danken,
und uns einfach als Kinder benehmen,
in deinem Reich auf dieser Erde, in deiner Gemeinde.
Vater, geheiligt werde dein Name
durch Jesus Christus, unsern Herrn.

Dein Reich komme,
Vater unser im Himmel.
Wir brauchen dein Reich,
deine Herrschaft, deine Macht.
Erst dein Reich entlarvt die Hohlheit
aller menschlichen Reiche, Herrschaften und Mächte.
Dein Reich kennt keine Grenzen,

weder zwischen Rassen noch zwischen Völkern.
Deine Herrschaft hat kein Ende,
sie ist zeitlich und ist ewig.
Deine Macht ist unerschöpflich
und wird Hass und Not und Tod besiegen.
Dein Reich ist unsichtbar.
Das macht uns immer wieder zu schaffen.
Aber dein Reich wird kommen.
Das hast du uns in Jesus Christus verheißen.
Wir glauben, dass es da und dort schon beginnt,
wo wir in Jesu Christi Geist leben und handeln.
Wir hoffen, dass es zu uns kommt,
wenn wir uns offen halten
für Liebe und Güte,
für Gerechtigkeit und Barmherzigkeit.
Wir rechnen damit,
dass uns deine Macht überwältigt,
dass uns deine Liebe wach macht,
dass uns dein Friede einholt.
Wir glauben, dass dein Reich kommt,
dass es zu uns kommt,
dass es mit uns kommt.
Vater, dein Reich komme
durch Jesus Christus, unsern Herrn.

Dein Wille geschehe, wie im Himmel, so auf Erden,
Vater unser im Himmel.
Dein Wille soll bei uns geschehen.
Wir wissen, dass dein Wille besser ist als der unsere.
Wir wollen hoch hinaus,
ohne dich.
Wir wollen möglichst viele Menschen unter uns
und möglichst wenige Menschen über uns haben.
Wir wollen vorwärts kommen im Leben
und genießen.
Du willst aber unser Bestes.

Das glauben wir,
auch wenn wir nicht alles verstehen,
was aus deiner Hand kommt.
Du willst uns lieben.
Du hast diesen Willen
mit dem Leben und Sterben Jesu bestätigt.
Du willst, dass wir dich lieben.
Du hast diesen Willen im unbedingten Gehorsam Jesu
zu dir unterstrichen.
Du willst, dass wir unsere Mitmenschen lieben.
Du hast diesen Willen in der grenzenlosen Liebe Jesu
zu seinen Mitmenschen deutlich gemacht.
Du willst, dass wir uns selber lieben.
Du hast diesen Willen geäußert,
als du die Menschen geschaffen hast.
Vater, hilf uns dazu,
dass wir unseren Willen in deinem Willen aufgehen lassen,
dass dein Wille unser Wille werde,
dass wir am Tun deines Willens Freude empfinden.
Und sollten wir in deinem Handeln keine Liebe sehen,
dann gib uns den Glauben,
dass dein Wille nichts anderes ist als Liebe.
Vater, dein Wille geschehe,
wie im Himmel, so auf Erden,
durch Jesus Christus, unsern Herrn.

Unser tägliches Brot gib uns heute,
Vater unser im Himmel.
Von deinem Brot leben wir.
Ohne dein Brot würden wir verhungern.
Wir wissen, dass Brot mehr ist als das Stückchen Brot,
das unseren augenblicklichen Hunger stillt.
Wir stellen fest, dass Menschen vor gedeckten Tischen
verhungern können.
Wenn wir dich um Brot bitten,
bitten wir dich um alles, was wir zum Leben brauchen:

Wir bitten dich um Arbeit, um gute Chefs,
um gute Arbeitskollegen und gutes Betriebsklima.
Wir bitten dich um genügend Freizeit,
in der wir Zeit füreinander und Zeit für dich haben.
Wir bitten dich um einen florierenden Welthandel,
der uns und unsere Handelspartner am Leben erhält.
Wir bitten dich um Brot für die Ärmsten der Armen,
um Wasser in der Wüste und Sonne statt Überschwemmungen.
Wir bitten dich um das Brot für alle Menschen,
um Lebensmöglichkeit für alle
und nicht nur um Möglichkeit zum Überleben.
Wir bitten dich um den Frieden,
den wir so nötig haben wie das Stückchen Brot.
Denn Brot ist Friede.
Wir bitten dich um das lebendige Brot,
das dein Sohn Jesus Christus ist.
Wir wissen, Vater,
dass du die Bitte um Brot
auch durch uns erfüllen willst.
Du gebietest uns mit der Bitte,
das in unseren Kräften Stehende zu tun,
den Boden zu bearbeiten,
unser Brot zu teilen,
Hungernde zu speisen,
und uns an den Tisch Jesu Christi einladen zu lassen.
Vater, unser tägliches Brot gib uns heute,
durch Jesus Christus, unsern Herrn.

Und vergib uns unsere Schuld,
wie auch wir vergeben unsern Schuldigern,
Vater unser im Himmel.
Wir leben davon, dass du Schuld vergibst.
Wir bekennen uns schuldig vor dir.
Deinen Namen missbrauchen wir.
Dein Reich verhindern wir.
Deinen Willen verschmähen wir.

Und wir benehmen uns nicht als deine Kinder.
Wir bekennen uns schuldig vor dir:
Wie oft sagen wir ein Wort nicht,
das Streit schlichten könnte.
Wie oft schweigen wir,
wo unser Wort Konflikte lösen könnte.
Wie oft reden wir dazwischen und verhindern eine Einigung.
Wir bekennen uns schuldig vor dir:
Wie oft rechtfertigen wir uns selbst und meinen,
so würden wir frei von Schuld.
Wie oft vergessen wir unsere Schuld und hoffen,
du würdest sie auch vergessen.
Wie oft verlieben wir uns in unsere Schuld,
und meinen, sie würde eben zu uns gehören.
Wir bekennen uns schuldig vor dir
und bitten dich um Vergebung der Schuld.
Wir nennen sie beim Namen,
damit du sie ausstreichen kannst.
Wir wissen, dass du deine Vergebung
an unsere Vergebungsbereitschaft gebunden hast.
Vater, hilf uns dazu, dass wir vergeben,
wenn wir um Vergebung gebeten werden,
dass wir unsere Mitmenschen aus ihrer Schuld entlassen.
Vater, vergib uns unsere Schuld,
wie auch wir vergeben unsern Schuldigern,
durch Jesus Christus, unsern Herrn.

Führe uns nicht in Versuchung,
Vater unser im Himmel.
Wir wissen, dass du uns nicht in Versuchung führst,
dass du uns keine Fallen stellst.
Wir wissen aber auch, dass uns vieles
zur Versuchung und Anfechtung wird.
Wir müssen bekennen,
dass wir uns oft verführen lassen,
mehr zu kaufen und mehr zu essen,

und deshalb denen weniger geben können,
die ohne uns sterben müssen.
Wir müssen bekennen,
dass wir uns oft verführen lassen,
in einem schönen Menschen nicht dein Geschöpf,
sondern ein Objekt zu sehen,
mit dem wir machen können, was wir wollen.
Wir müssen bekennen,
dass wir uns oft verführen lassen,
in irgendeinem Heilslehrer oder Propagandaredner
mehr zu finden als das, was uns dein Wort gibt.
Wir müssen bekennen,
dass das nicht deine Schuld ist,
sondern unsere lockere Bindung an dich,
unsere mangelnde Beschäftigung mit dir,
unser zu schwacher Glaube.
Wir bitten dich um Standhaftigkeit im Alltag,
um Treue im Glauben.
Gib uns das Vorbild Jesu Christi vor Augen,
der in der Versuchung standhielt,
vor dem Versucher in der Wüste
und vor seinem Sterben im Garten Gethsemane.
Vater, führe uns nicht in Versuchung,
durch Jesus Christus, unsern Herrn.

Erlöse uns von dem Bösen,
Vater unser im Himmel.
Wir wissen um vieles Böse um uns, bei uns, in uns.
Wir haben Angst vor dem Leben
und Angst vor den Mitmenschen,
Angst vor einem Krieg
und Angst vor der Zukunft.
Wir haben Angst vor der Arbeit
und Angst vor dem Alleinsein.
Wir haben Angst vor dem Altwerden
und vor dem Tod.

Wir wissen, dass Angst zum Leben gehört.
Trotzdem können wir uns nicht mit ihr zufrieden geben.
Uns beschäftigt das Sterben,
das unser Leben beendet,
das alles Lebendige auslöscht
und uns einmal von dieser Erde trennt:
von Familien und Freunden,
von Arbeit und von allem, was uns bisher gefreut hat,
auch von allem,
was uns Sorge und Schmerz bereitet hat.
Wir wissen, dass Sterben zum irdischen Leben gehört.
Angst und Sterben sind das Böse, das uns plagt.
Erlöse uns von dem Bösen.
Wir glauben, dass dein Sohn Jesus Christus
zur Befreiung aus Angst und Tod sein Leben gelassen hat.
Wir haben Angst in der Welt,
aber er hat die Welt besiegt.
Wir müssen sterben,
aber er ist die Auferstehung und das Leben.
Gib Glanz von dieser Erlösung und Befreiung
herein in unseren Alltag.
Nimm uns Angst weg.
Zeig uns Licht im Dunkel,
Leben im Tod.
Vater, erlöse uns von dem Bösen,
durch Jesus Christus, unsern Herrn.

Vater unser im Himmel!
Deinen Namen hilf uns ehren
mit Gedanken, Wort und Tat.
Dein ist Ehre und Macht ohne Ende. Amen.

Vater unser im Himmel!
Brich herein mit deiner Herrschaft
und schaff Frieden in der Welt.
Dein ist Ehre und Macht ohne Ende. Amen.

Vater unser im Himmel!
Deinen Willen lass geschehen
hier bei uns und auch durch uns.
Dein ist Ehre und Macht ohne Ende. Amen.

Vater unser im Himmel!
Gib uns Brot für heut und morgen,
uns und allen in der Welt.
Dein ist Ehre und Macht ohne Ende. Amen.

Vater unser im Himmel!
Und vergib uns alle Schulden,
wie wir unsern Schuldnern tun.
Dein ist Ehre und Macht ohne Ende. Amen.

Vater unser im Himmel!
Hilf, dass wir dich nicht verlieren
in dem Vielerlei der Welt.
Dein ist Ehre und Macht ohne Ende. Amen.

Vater unser im Himmel!
Mach uns frei von dunklen Mächten,
die dir immer feindlich sind.
Dein ist Ehre und Macht ohne Ende. Amen.

Kurt Rommel (1926)*

Lichtgestalten

Lichtgestalten oder, traditionell gesprochen, »Engel« sind wieder allgegenwärtig, nachdem sie eine rationale Theologie hinweggefegt hatte. Und doch ist es notwendig, diese Lichtgestalten zurückzubeziehen auf den Gott, der sich uns im Alten und Neuen Testament zeigt. Ich habe mich intensiver mit der Welt der Engel auseinandergesetzt, als mich eine Schauspielerin um Rat fragte, die ein Abendprogramm über Engel gestalten wollte. Ich habe ihr zunächst einmal zu sagen versucht, dass die Engel nicht aus sich selbst erklärbar seien. Das Wort sagt es: Engel sind Boten, Gesandte Gottes; ihr Wesen ist so sehr von Gott bestimmt, dass er in ihnen lichterloh brennt. Deswegen enden die Namen aller Erzengel mit -el, dem hebräischen Wort für Gott. Gabriel: die Zeugungskraft Gottes, darum ist er der Engel der Menschwerdung; Raphael: Gott heilt; Michael: Wer ist wie Gott? Uriel: Gott ist Licht. Die Engel müssen immer von Gott her gesehen werden. Engelserfahrungen sind Gotteserfahrungen. Engel künden vom guten, lichtvollen, frohmachenden Gott, nicht so sehr von Tod und Verderben (außer in dem apokalyptischen Weltbild). Engel künden nicht von einem angstmachenden Gott. Luzifer, der gefallene Engel, ist ein Mythos, der vielleicht an zwei Stellen der Bibel vorkommt, also sehr am Rande steht und dessen Wahrheit nochmals eine andere Frage ist.

Wir könnten es auch so sagen: Gott wohnt im unzugänglichen Licht. Die Engel lassen etwas von der Größe und Schönheit Gottes aufleuchten. Engel sind Aspekte, Gesichter Gottes. Wie schön wäre es doch, diese Gesichter Gottes immer wieder zu erfahren und zu zeigen: Heil, Zeugungskraft, Stärke, Licht.

Die Tradition, vor allem »Dionysius vom Areopag«, gliedert die Engel in neun Stufen des Unsagbaren, von oben nach unten: Throne, Cherubim und Seraphim, Mächte, Herrschaften, Gewalten, Fürstentümer, Erzengel, Engel. Daraus ließe sich ein eindrückliches Wort- und Bildgemälde malen, das sich von allerlei Spekulationen fernhält und nahe am Geheimnis Gottes bleibt, wie es sich in der Heiligen Schrift zeigt. Und so ordne ich die Lichtgestalten dem Gebet Jesu zu und hoffe, damit einem modernen Bedürfnis entgegenzukommen und gleichzeitig die »Unterscheidung der Geister« zu wahren:

Vater unser im Himmel / im Himmel bist du / weit weg / oft erfahren wir nichts von Dir / Du bist der Heilige, vor dem alle Welt sich beugt ... Scharen, Lichtgestalten, Mächte, Gewalten / unzählige Strahlen und Lichter umgeben Dich / und die ganze Welt wirft sich vor Dir nieder / und ruft / und schreit: / Herr, erbarme Dich / Kyrie, Kyrie ...

Geheiligt werde Dein Name / Offenbare Dich / zeige Dich / Lass Dein Licht leuchten. – Sende uns Deinen Engel Uriel / den Engel, der nur Licht ist / den Engel mit den sieben Farben des Regenbogens / das warme und das kalte Licht: / die Sonne / und den Mond und die Sterne / Mache die Nacht zum Tag / und den Tag zum Lied: / Heilig, heilig, heilig ...

Dein Reich komme / die Liebe vertreibe den Haß / das Leben den Tod / Küssen sollen sich / der Friede und die Gerechtigkeit. – Sende uns den Engel Gabriel / den Engel der Freude / des Lebens und der Kraft / den Engel, der Leben zeugt / den Heiligen Geist verkündet / einen neuen Menschen schafft / Lass den Menschen erstehen, in dem Du wohnst / die Gemeinschaft, in der Du die Mitte bist / Sei Du ein Gott, der uns nahe ist / in menschlichen Worten / Gebärden / Taten: / Ehre sei Gott in der Höhe.

Dein Wille geschehe / Dein Friede komme / Deine Gerechtigkeit breite sich aus / Deine Liebe setze sich durch / Deine Liebesmacht erfülle / Tag und Nacht / Morgen und Abend / jung und alt / gestern und heute. – Sende deinen Erzengel Michael / den Engel, der das Gute will / den Engel mit dem Schwert in der Hand / den Engel, der Mut macht und zum Ziel führt / Richte den auf, der gefallen ist / Stärke den Rücken denen, die gebeugt sind / Lass uns aufstehen / in Leben und Kraft / in Zuversicht und Freude: / Die Himmel rühmen die Herrlichkeit Gottes.

Gib uns heute unser tägliches Brot / Heute / täglich / immer / Gib uns Brot / einen Kuß, eine Hand / ein Lächeln / heute / täglich / immer / unser Brot. – Sende uns Deinen Engel Rafael / den Engel, der uns rettet / den Engel, der uns heilt / Verwandle den Stein in Brot / in Wasser und Wein / in ein Lachen, einen Kuß, eine Umarmung: / Menschen, die schenken, künden von Gott.

Vergib uns unsere Schuld / wie auch wir vergeben unseren Schuldigern / Kein Versagen soll andauern / Kein Fehler Folgen haben / keine Schuld soll zur Last werden / Zerreiße die Kette des Versagens / verbrenne den Strafzettel / blase den Fluch in den Wind. – Sende uns Deinen heiligen Engel Sariel / den Engel, der vergibt und neues Leben schafft / Lass uns unsere Sünde bekennen / unsere Schuld anerkennen / unseren Schatten bejahen / Und nimm uns auf in Dein Erbarmen: Lamm Gottes, der Du hinwegnimmst die Schuld der Welt.

Führe uns nicht in Versuchung / sondern erlöse uns von allem Bösen / Nimm uns die Angst vor der Zukunft / die Angst vor Hölle und Tod / die Angst vor Gewalt und Zerstörung / die Angst, dass die Grundfesten der Erde zerfallen / und alles verschlingen / die Angst, dass der Himmel einstürzt und alle zermalmt / Verschone uns vor Katastrophen / vor verpestetem Öl und dem tödlich kalten Winter. – Sende uns Deinen Engel Remiel / den Engel der Auferstehung / den Behüter der Seelen zwischen Tod und Leben / den Freund des aufrechten Ganges / und der unzerstörbaren Würde: / Denn Dein ist das Reich / die Kraft / die Herrlichkeit / in alle Ewigkeit / Amen / Amen / Amen.

Anton Rotzetter OFMCap (* 1939)

Du unser Leben
(nach dem Vaterunser)

Du
Du Leben
Du unser Leben
Du

Du
Du Leben über den Wolken
Du unser Leben in den Tiefen
Du
Du, Leben, nach dem wir uns sehnen
Du

Du
Lass dich sehen, spüren, greifen
Zwinge uns in die Knie
Wo immer Du aufleuchtest
Du Leben
Du Leben der Welt
Lass uns Dich anbeten
Im Stein
In der Blume
Im Tier
Und in jedem Menschen

Lass den Tag kommen
An dem die ganze Welt dein Haus ist
An dem das Kind mit der Schlange spielt
An dem niemand mehr weinen muss
An dem es kein Gesetz mehr gibt
Nur noch Liebe, Frieden, Freude

Setze Deinen Willen durch
Stürz die Mächtigen vom Thron
Und gib den Kleinen das Sagen
Mach stark das Schwache
Und gib Mut den Verzagten und Verängstigten
Lass keinen Willen mehr gelten als den Willen zur Liebe

Gib uns, was wir Tag für Tag zum Leben brauchen
Einen gedeckten Tisch
Das Lachen eines Kindes
Ein Wort, das aufrichtet
Eine zärtliche Hand

Vergib uns, was wir falsch gemacht haben
Lass uns neu anfangen können
Gib uns die Kraft, ebenso zu sein wie Du:
Barmherzig, langmütig, geduldig
Nimm uns an der Hand
Und gib uns das Gespür für deine Nähe
Führ uns durch alle Gefahren hindurch

Befrei uns aus der Angst
Aus dem Gefühl, nichts zu können und niemand zu sein
Erlöse uns von all dem Bösen

Anton Rotzetter OFMCap (* 1939)

Du, mein Grund
(nach dem Vaterunser)

Du
Mein Grund, aus dem ich lebe
Mein Halt und Boden
Mein Vater, von dem ich bin und alles habe
Ich danke Dir
Dass Du mich kennst
Als Sohn als Tochter
Dass mein Name eingeschrieben ist
In deine Hand
Dein Name sei geheiligt in meiner Hand
Deine Welt komme, Dein Leben, Deine Gerechtigkeit
Dein Wille geschehe
Das große Bild, das Du vom Menschen hast
Erstrahle aller Welt
Unverlierbar, unzerstörbar
Jetzt schon und immer

Anton Rotzetter OFMCap (* 1939)

Das Gebet unseres Herrn für Kranke

Unser Vater!

Auch die Kranken dürfen dich wie die Gesunden Vater nennen, denn du bist aller Menschen Vater. Besonders nennen dich die Kranken Vater, denn sie fühlen es gewöhnlich mehr als die Gesunden, wie sehr sie deine Hilfe nötig haben. Wer dich anruft, für den bist du reich an Vaterhilfe, denn du segnest gar oft ungebeten. Wie könntest du auf das Gebet deiner Kinder ihnen deinen Segen entziehen?
Unser Vater! Denn du bist und bleibst ewig unser Vater. Lass es auch mich erfahren, dass du unser Vater bist.

Der du im Himmel bist

Du bist überall, auch bei den Kranken. Und, um menschlich mit dir zu reden: Du bist nahe, recht nahe bei uns Kranken. Wir suchen dich und suchen dich mit mehr Vertrauen als in gesunden Tagen, weil wir ohne dich keine Hilfe finden können. Wer dich redlich sucht, der findet dich gewiß, denn du bist denen nahe, die dich suchen, und nicht nur nahe: wir leben alle in dir.

Geheiligt werde dein Name

Der Kranke kann seine Werke nicht mehr vor den Menschen leuchten lassen, dass sie sie sehen und deinen Vaternamen dafür preisen. Aber er kann seine Geduld vor den Menschen leuchten lassen, und wer sie wahrnimmt, kann angerührt werden, den zu loben, der Leiden sendet und Kraft zur Geduld verleiht. Er denkt etwa bei sich: Wie gut muss unser Vater sein, da seine Güte auch von Leidenden gepriesen wird und das Andenken daran ihre Leiden mildert. Dass doch alle Menschen seine Güte kennen und durch Gehorsam gegen seine Gebote und Geduld in seinen Fügungen verherrlichen lernten. Dein Name werde verherrlicht, er ist aller Verherrlichung wert.

Dein Reich komme zu uns

Es ist ein Streit im Menschen, weil zwei Gesetze in ihm sind. Das Gesetz des Geistes will nur Gutes, das Gesetz der Sinnlichkeit will nur Angenehmes. Wer wird dem Streit ein Ende machen? Bis Gottes Geist nicht in uns herrscht, wird der Streit immer fortdauern.

So komm denn, du guter Heiliger Geist, regiere du in uns! Dein Reich komme, und Krankheit, Schmerz und alle Bitterkeit des Todes werden dir deine Herrschaft und uns den Mut nicht rauben können. Dein Reich komme und mit ihm Freude und Frieden. Denn ich glaube mit Paulus und der ganzen christlichen Kirche an einen Frieden, der größer ist, als alle Vernunft ahnen kann, und an einen Heiligen Geist, dessen Frucht dieser Friede ist.

Dein Wille geschehe, wie im Himmel so auf Erden

Dein Wille, Vater, ist es, dass der Kranke leidet. Leidet, weil es dein Wille ist; leidet, solange es dein Wille ist; leidet mit stiller Ergebung, wie es dein Wille ist. Das ist des Kranken Pflicht, das seine Tugend, das sein Gottesdienst. Wer still leidet, weil es Gottes Wille ist, dass wir leiden, der erfüllt durch Leiden Gottes Willen, wie ihn die Engel im Himmel durch Tun erfüllen.

Unser tägliches Brot gib uns heute

Das Brot der Erde kann mich jetzt nicht mehr stärken, denn ich bin krank. Gib es meinen Verwandten (Kindern) und allen Gesunden, dass sie Freude an dir haben und deine Gabe dankbar genießen.
Je weniger ich Geschmack am Brot der Erde finden kann, desto mehr hungert mich nach dem Brot des Himmels, nach dem ewigen Leben.
Dich, Vater, und deinen Sohn erkennen und sich in ihm verherrlichen, das ist das rechte, ewige Leben. Gib es mir, dieses Brot des Himmels!

Vergib uns unsere Schuld

Wer mag das aushalten, wenn die Leiden des Leibes noch durch die Angst wegen der Sündenvergebung vergrößert werden? Aber diese Angst hast du mir von der Seele genommen, Vater. Ich atme frei, denn du vergibst mir alle Sünden. Ich seufzte lange: Vergib! Aber nun bin ich ruhig, und ich glaube an den Nachlass meiner Sünden und rufe vor aller Welt: Mir sind die Sünden nachgelassen.

Und vergib uns unsere Schuld

Wie auch wir vergeben unsern Schuldigern

Ja, ich liebe alle, die mich je betrübt haben, und wünsche ihnen das Beste, was ich wünschen kann: die Ruhe und den Frieden in ihrem Innern, den Trost, recht gehandelt zu haben, die lebendige Erkenntnis des Vaters und dessen, den er gesandt hat, und das ewige Leben.
Wenn ich in diesem Augenblick von diesem Schauplatz abtreten müßte, so nähme ich keine Bitterkeit mit mir in die Ewigkeit, denn mein Herz ist rein davon. Warum sollte ich das Wenige nicht verzeihen, nachdem mir Gott so vieles verziehen hat?

Führe uns nicht in Versuchung

Die Krankheit selbst kann für den Kranken zu einer Versuchung zum Unrecht werden. Nach deinem Willen aber, Vater, soll sie mir eine Läuterung meiner Liebe zu dir, eine Bewährung meiner Standhaftigkeit im stillen Leiden, eine Stärkung meines noch schwachen Sinnes für Tugend und Ewigkeit, eine Wohltäterin für mich werden. Leite du mich, dass meine Krankheit mich nie zur Sünde verführe und mir niemals zum Verführer werde.

Sondern erlöse uns von dem Bösen. Amen

Du hast diesen Leib, den Sitz der Krankheit, gebildet; du hast mir die Nerven geflochten; du hast dem Blut geboten, in den Gefäßen umherzulaufen. Du hast die Krankheit über mich kommen lassen. Du kannst mich also auch von dieser Krankheit erlösen.
Doch erlöse mich – darum darf ich inständig flehen – nur zuerst von aller Herrschaft der Sünde, dann kann mir keine Krankheit schaden. Dann erlöse mich auch von diesem und jedem anderen Übel. Amen.

Bischof Johann Michael Sailer (1751–1832)

Das Vaterunser des Kranken

Wenn ich kein Wort mehr sprechen kann, und es tritt mir eine Bitte des *Unser Vater* in die Seele, so ist es mir, als wenn mir Christus die Flügel des Geistes zurechtmachte und das ganze Vaterunser ausdrücklich und besonders für meine Umstände gemacht worden wäre.

Unser Vater, der Kranken wie der Gesunden, der Sterbenden wie der Lebenden Vater bist du.

Im Himmel bist du das Licht der Heiligen, auf Erden die Zuversicht der Kämpfenden. Dein Name verherrliche sich auch an dieser Krankheit! Möge sie zum Tode oder zur Genesung ausschlagen: nur dein Name soll durch sie verklärt werden. Wer mich leidend sieht, preise deine Huld, denn sie ist es, die mich stärkt zur Geduld. Und wenn sie meinen Leib zum Hause hinaus- und zum Grabe hintragen werden, so sei dein Name gepriesen, denn du nimmst den Geist zu dir und gibst den Staub der Erde wieder.

Dein Reich komme! Du allein machst dem Kriege zwischen Geist und Fleisch ein Ende auf immer – wenn du die Seele von den Banden des Leibes lösest: auf eine Weile, wenn du mit göttlicher Streitkraft den müden Kämpfer salbst. O, salbe ihn! Dein Wille geschehe! Nicht der meine, denn der ist irdisch, der ist zeitlich. Der deine geschehe, denn der ist ewig, heilig wie du.

Gib mir heut das Brot des Lebens, gib mir den Trank des Himmels, dass mein Geist nicht verschmachte – in dem Lande der Not und der Dürre. Vergib mir die Sünde der Ungeduld und alle Früchte der Selbstsucht! Vergib mir alle meine Schulden und schenke mir ein versöhnliches Herz; dann spreche ich kühn: Vergib, wie ich vergebe! Lass mein Herz in deinem Herzen ruhen, dann rührt mich keine Versuchung an, oder, eins mir dir, schlage ich sie mit deinem starken Arm zurück! Und dann die letzte Bitte: Erlöse mich von mir, von allem Bösen, von allem Übel! Amen.

Bischof Johann Michael Sailer (1751–1832)

pater noster – für alle

pater noster
lateinisch
dahingeplappert
von jedem verstanden?

oder nur
als mystisches
fremdsprachliches
lippenbekenntnis
zu dir
gebetet

oder doch
noch
mehr?

verbindende sprache
unter allen nationen
über sprach-
und altersgrenzen
hinweg
bleibst du

unser
pater noster

Claudia Schäble (1968)*

Elfchen zum Vater unser

offen
zugewandtes DU
barmherzig – gütig – liebevoll
DIR kann ich vertrauen
Vater!

Claudia Schäble (1968)*

Du Naher und Ferner – Vater!

Du naher
und doch so ferner
Gott!

Du bist uns nahe gekommen
in der Offenbarung
Deines Namens,
der Versprechen ist für uns:
Ich bin der »Ich-bin-da!«

Du bist uns nahe gekommen
in Deinem Sohn,
der Dich liebevoll »Abba« nennt
und uns einlädt,
Dich als Vater anzusprechen.

Und doch
bist Du so fern,
manchmal

nur wenig spürbar
und kaum sichtbar
Deine Vaterliebe
bei all dem Leid und aller Not
in dieser unserer Welt.

Bleib uns nicht fern!
Komm uns immer wieder nahe
in Deinem Wort
mit Deiner Zuwendung
und in der Gemeinschaft aller,
die Dich Vater nennen!

Claudia Schäble (1968)*

Vater unser durchbuchstabiert

V   vertrauensvoll komme ich zu dir
A   auf dich hoffe ich
T   täglich neu bist du meine Kraft
E   erbarme dich meiner Schwäche
R   richte mich auf, wenn ich kraftlos, müde und verzagt bin!

U   und vergib mir, was ich nur halbherzig oder lieblos getan
N   nimm deinen liebenden Blick nicht von mir
S   sprich nur ein Wort
E   ein Wort des Trostes, ein Wort, das Kraft schenkt
R   richte mich wieder auf!

Claudia Schäble (1968)*

Vater Unser 2011

Vater unser im Himmel

Du, den wir unseren Gott und Vater nennen:
Du bist der Grund, aus dem alles strömt,
was ist und lebt und sich entfaltet.
Aus Dir kommt der Atem, der die Schöpfung trägt.
Du bist die mütterliche Liebe, die das Leben bejaht,
auf unserer kleinen Erde
wie auch in den unermesslichen galaktischen Systemen,
die uns so fern, aber Dir so nahe sind wie wir.
Du bist der göttliche Funke,
der das Innerste eines jeden Menschen erleuchtet,
und das wärmende Feuer, das Heimat schenkt
und freundliche Geborgenheit.

Geheiligt werde Dein Name

Alles, was wir wahrnehmen,
was wir erforschen oder auch nur erahnen,
ist ein Abbild Deiner Schönheit,
Deiner unbegrenzten schöpferischen Phantasie,
Deiner Verliebtheit in das, was schon ist,
aber auch in alles, was noch werden,
sich entwickeln und an sein Ziel kommen soll.
Deine Namen sind Leben, Entwicklung und Freiheit.
Menschen aller Zeiten, Religionen und Kulturen hast Du berufen,
in Deinem Namen mitzuwirken an einer Schöpfung,
die noch auf dem Weg ist,
damit sie eine Heimat werde für alles, was lebt.

Dein Reich komme. Dein Wille geschehe,
wie im Himmel so auf Erden

Auf zahlreiche und vielfache Weise hast Du, Gott,
gesprochen und kundgetan,
wer Du bist und wie Du wirkst.
Wir danken für die Schätze an Wissenschaft,
Weisheit und Erkenntnis
in allen Kontinenten und Kulturen.
In Jesus aber hast Du auf uns auf einzigartige Weise gezeigt,
wie Du Dich unter uns heute zur Geltung bringst:
verborgen und doch sichtbar.
In der Mühsal derer, die unter Tränen säen.
In der Freude aller, die dankbar ernten.
In Projekten intelligenter Forschung,
die den Geheimnissen des Kosmos
und des Lebens nachspüren.
In der Melodie der Galaxien.
Im stummen Glück derer,
die einander heilen und verzeihen.
Im selbstlosen Dienst aller,
die den Armen eine frohe Botschaft bringen.
Im öffentlichen oder verborgenen Dienst aller,
die unruhigen und wachen Herzens
damit rechnen und darum beten,
dass Du Dich auch heute und in Zukunft zur Geltung bringst
und alles, was Du ins Leben gerufen hast,
durch alle Krisen und Katastrophen hindurch
weiterführen und vollenden wirst.

Unser tägliches Brot gib uns heute

Rüttle uns auf aus Trägheit und Schläfrigkeit.
Wecke in den Menschen Verantwortung und Fürsorge
füreinander und für alles,
was Du uns als Lebensgrundlagen geschenkt hast,

das Wasser und die Luft und die Erde,
alle Schätze und Elemente, die sie birgt.
Schärfe unser Gewissen,
damit die Schöpferkraft
und die Freiheit der Entscheidung,
die Du den Menschen geschenkt hast,
dem Aufbau und der Entwicklung dienen,
nicht aber der Zerstörung und der Vernichtung
der gerechten Verteilung der Güter
und nicht länger der Aufteilung der Menschheit
in Reiche und Arme, in Mächtige und Schwache.
Du hast den Tisch für alle gedeckt
mit dem Brot für den Leib,
aber auch mit dem Brot des Wohlwollens,
der freundlichen Wahrnehmung und der Achtsamkeit.
Vor allem aber danken wir Dir für Jesus,
der uns gezeigt hat,
wie wir auch heute leben können und beten sollen.
Der uns im Zeichen des gebrochenes Brotes gesagt hat,
dass Du ein Gott des Lebens bist,
dass Zerbrochenes heil werden kann
und dass die Vision von einer versöhnten Schöpfung
kein Trugbild ist.
In ihm hast Du vorgezeichnet,
wohin wir unterwegs sind
und dass wir unseren Weg im Vertrauen gehen können,
so wie er ihn selber gegangen ist.

Und vergib uns unsere Schuld,
wie auch wir vergeben unsern Schuldigern

Uns bedrückt die eigene Vergangenheit,
das eigene Versagen und die Selbstgerechtigkeit,
die Verletzung der Biosphäre, unserer Mutter Erde,
und die Wunden, die wir einander zugefügt haben.
Schwer lasten auf unserem Volk die Erinnerungen

an Rassenhass, Kriege und Völkermord.
Die Gemeinschaft derer, die die Erinnerung an Jesus wach hält
und wie er Deinen Namen anruft,
trägt an der Schuld der Kleingläubigkeit, der Intoleranz,
des Verrates am Evangelium und an den Armen.
Gib uns allen die Chance eines neuen Anfangs.
Lass uns die Spiralen
der Vorurteile und der Gewalt durchbrechen.
Lehre uns, ohne Herablassung Vergebung zu schenken,
wo wir verletzt wurden,
lehre uns aber nicht weniger,
demütig um Vergebung zu bitten,
wo wir selber die Täter waren.

Und führe uns nicht in Versuchung,
sondern erlöse uns vom dem Bösen

Gott, guter Vater,
Deine Schöpfung trägt die Spuren
Deiner Schönheit, Weisheit und Güte.
Der Auferstandene ist ihr Urbild und ihr Zielpunkt,
Alpha und Omega im Prozess des unablässigen Werdens,
in dem Du Dich immer neu manifestierst.
Wir aber sind versucht, uns außerhalb
dieses universalen Stroms von Lebens zu stellen,
den status quo unserer je eigenen kleinen Geschichte
zum Maßstab unseres Denkens und Handelns zu machen.
Reiße die begrenzten Horizonte unseres Glaubens auf,
jene kleinen Himmel, die wir uns selber erdacht haben.
Schenke uns Augen und offene Herzen für Dein wahres Kommen.
Zeige uns die wahre Weite Deiner einen Kirche.
Lass uns die Freiheit, die Du uns geschenkt hast,
zum Aufbauen gebrauchen und nicht zum Niederreißen.
Nimm uns aber, die wir Deinem Sohn Jesus Christus vertrauen,
die Angst vor den Brüchen und Verwandlungen,
die sein lebendiger Geist bewirken will,

und auch vor den Schmerzen, die der Preis sind für
neues Leben, für Wandlung in Treue und Vertrauen
auf Deinen Geist.

Denn Dein ist aller Ursprung.
Dein ist das Sterben und Werden aller Evolution.
Dein ist alle Schönheit und Vollendung.

Amen.

Hermann Schalück OFM (* 1939)

unser ja
vater nein
der du bist ja und nein
geheiligt nein
werde dein name ja
dein wille geschehe nein und ja
auf erden ja
wie im himmel (?)
gib uns heute unser tägliches brot ja und nein
und vergib uns unsere schuld ja
und führe uns nicht in versuchung nein
sondern erlöse uns von dem bösen ja ja
denn dein ist das reich (?)
und die kraft (?)
und die herrlichkeit ja
in ewigkeit (?)
amen ja und nein

Dieter Olaf Schmalstieg (* 1942)

Vater – Unser

1. Vater unser im Himmel

Unser Vater, mit Jesus Christus dürfen wir dich Abba, lieber Vater, nennen. Danke, dass du uns diesen Zugang zur Vertrautheit und Kindschaftsbeziehung gibst. Wir sind von dir geliebt und erwünscht. Wir sind eingeladen zu dir zu kommen, so wie wir sind. Du holst uns in das Kraftfeld deiner Liebe, schenkst uns heilende Nähe und Geborgenheit. Dein Angesicht leuchtet über uns. Aus deinem liebenden Blick empfangen wir immerfort Leben und Gaben zum Weitergeben. Lass uns dein Angesicht suchen, den Bund mit dir halten und dankend deine Wohltaten empfangen. Mache uns füreinander zu Boten deiner Freude, die geschwisterlich, achtsam und freilassend den Mitmenschen begegnen, die du uns anvertraust. Du, unser Vater und Geber aller guten Gaben, lehre uns einander Gabe zu sein und immer mehr das zu werden, was wir von dir her sind: Abbild Gottes – Ikone deines geliebten Sohnes. Darum bitten wir durch Jesus Christus unseren Herrn und Bruder. Amen.

2. Geheiligt werde dein Name

Ewiger Vater, heilig ist dein Name, unaussprechlich herrlich dein Wesen. Du allein bist der Heilige, der Quell aller Heiligkeit. Du ursprungloser Ursprung des Lebens und der schöpferischen Liebe, nichts kommt dir gleich! Aus dem brennenden Dornbusch hast du dem Mose deinen heiligen Namen geoffenbart: **ICH BIN DER ICH BIN DA**. Du bist der Da für uns, immer ganz da, wo wir sind. Du sehnsüchtig liebender Gott suchst unsere Nähe und willst eine vertraute Beziehung mit uns eingehen. Öffne uns, zieh uns an dich, wirf dein göttliches Feuer in unsere Herzen, entfache in uns die Glut deiner Liebe, reinige und heilige uns, damit wir deine Herrlichkeit anerkennen, dich loben und preisen und den Menschen in Ehrfurcht dienen. Gib, dass wir in allen Situationen deine verborgene Gegenwart glaubend erkennen und dich mutig bekennen als den allein Heiligen und beziehungsreichen Gott. Lass uns in dir, du Quell der Liebe und des Lebens, du unsagbare Schönheit, uns selbst und unsere Mitmenschen in Ehrfurcht annehmen, kraft deines heiligen Namens die Hindernisse überwinden und deine Herrlichkeit in der Welt bezeugen durch Christus, unseren Herrn. Amen.

3. Dein Reich komme

Allmächtiger Vater, öffne unsere Sinne für die Schönheit deiner Schöpfung, erleuchte unseren Verstand, damit wir deine Herrschaft als lebenspendende Macht der Liebe bejahen. Bewege unseren Willen, dein Reich der Gerechtigkeit und des Friedens zu ersehnen und mutig uns dafür einzusetzen. Erfülle uns mit deinem Geist, damit wir aus der Kraft der Liebe dir und dem Leben dienen und unsere Mitmenschen würdigen. Mache uns zu Werkzeugen deines Friedens und lasse dein Reich unter uns sichtbar werden durch Christus unseren Herrn. Amen.

4. Dein Wille geschehe wie im Himmel so auf Erden

Guter Vater, du hast Gedanken des Heils für deine Schöpfung. Dein Liebesentwurf enthält für jeden Menschen Leben in Fülle, Vollendung in der Liebe und vertraute Gemeinschaft mit dir und untereinander. Du willst uns Hoffnung und Zukunft geben, Freiheit und Freude bereiten. Schon vor Erschaffung der Welt hast du jeden von uns persönlich gewollt, in Liebe erwählt und als dein Ebenbild auserkoren. Lass uns erkennen, dass dein Wille Liebesherrschaft bedeutet, die sich durch hingebende Zuwendung, in Treue und im Kraftfeld des Segens und Wohlwollens offenbart. Dein Heilsplan ist durchwirkt von schöpferischer Liebesdynamik. Alles willst du zum Guten wenden, wenn wir **dir mehr** vertrauen als unserer menschlichen Einsicht und bisherigen Lebenserfahrungen. Du forderst unsere Freiheit heraus, rufst uns in die Verantwortung und würdigst uns, als Mitwirkende und Mitliebende deinen Heilsplan in unserer Zeit zu fördern, damit dein Wille hier und heute geschehe. Amen.

5. Unser tägliches Brot gib uns heute

Himmlischer Vater, Quell des Lebens, du willst, dass wir leben. Du nimmst unsere leibliche Verfasstheit ernst. Wir können nicht existieren ohne den nötigen Lebensunterhalt. Du weißt, was wir zum Leben brauchen. Schenke uns ein festes Vertrauen in deine göttliche Vorsehung. Bewahre uns vor den ängstlichen Sorgen und den unersättlichen Sicherheitsbedürfnissen. Lass uns erkennen, was du uns bereits geschenkt hast, und dankbar bekennen, dass du auch heute und morgen für uns sorgen wirst. Lehre uns, die Bedürfnisse der Notleidenden zu sehen und im miteinander Teilen dich zu ehren. Wir danken dir, dass du auch durch das Wenige, was wir dir anbieten, viele sättigen willst. Denn du bist der immer da für uns, du treu sorgender Gott-mit-uns. Amen.

6. Und vergib uns unsere Schuld, wie auch wir vergeben unsern Schuldigern

Erbarmender Vater, du Quell des Erbarmens, deine Liebe ist schöpferisch wirksam. Sie erhält uns am Leben, bewirkt immerfort Leben und will unser Leben gelingen lassen. Du Liebhaber des Lebens willst uns zu ungeahnter Lebensfülle führen. Deine Liebe zeigt sich im Erbarmen. Du hast ein Herz für unsere Nöte, Gebrechen und Verbrechen, für Fehler und Irrwege. Erbarmend vergibst du uns nach deinem göttlichen überfließenden Maß. Immer wieder öffnest du dunkle Verließe, befreist uns aus Sackgassen und bietest die Chance zur Umkehr an.
Deine Liebe kennt keine Grenzen.
Wir aber sind oft blind und verschlossen. Wir setzen dir Grenzen durch Misstrauen und Unglauben. Wir verweigern unserem Nächsten Erbarmen und Vergebung, stellen Bedingungen und pochen auf unsere Rechte. Oft verzeihen wir auch uns selbst nicht die eigenen Fehler, reagieren hart und verletzend gegen uns und gegen andere. Ohne zu wollen vergiften wir so unsere Umwelt.
Rüttle uns wach, brich ein mit dem glühenden Licht deiner Wahrheit. Sprenge die Schutzmauern von Groll, Bitterkeit und Rache. Wirf uns herab vom hohen Ross der Selbstgerechtigkeit. Bewirke in uns heilsames Erschrecken!
Weh mir, wer bin ich, anderen, die an mir schuldig geworden sind, nicht zu vergeben, dein Erbarmen gar nicht oder nur so spärlich und zögernd weiter zu schenken! Befreie mich von Stolz und Herzenshärte! Erfülle mich mit deinem Erbarmen, damit auch ich meinem Schuldner und Gegner erbarmend begegne und ihm vergebe wie du mir vergibst!
Dann singt dein Geist in mir das neue Lied deiner Erbarmungen und preist die schöpferische Kraft deiner Huld und Treue. Amen.

7. Und führe uns nicht in Versuchung, sondern erlöse uns von dem Bösen.

Gnädiger Vater, halte deine schützende Hand über uns und bewahre uns in der Versuchung. Führe uns mit starker Hand durch die dürren Zeiten der Prüfung und der Läuterung. Forme uns, doch lass uns nicht zu Fall kommen, denn ohne deine Hilfe sind wir schwach und erliegen den vielfachen Gefährdungen und Bedrängnissen. Entreiße uns der Macht des Bösen. Gib uns einen starken Glauben, der, tief verwurzelt in dir, die Zuversicht festhält und deiner Liebe vertraut. Darum bitten wir durch Jesus Christus, deinen Sohn, der die Macht des Bösen durch seinen Tod am Kreuz besiegt und uns überreiche Erlösung geschenkt hat. Amen.

8. Denn dein ist das Reich und die Kraft und die Herrlichkeit in Ewigkeit. Amen.

Großer Gott, unser Vater, du wohnst im Lobpreis deiner Kinder und freust dich bei uns zu sein. Gieße aus deinen Geist, damit wir brennenden Herzens dich loben und preisen als den Schöpfer des Himmels und der Erde, als den Herrn und Gebieter der sichtbaren und unsichtbaren Schöpfung. Du hast uns berufen, zum Lob deiner herrlichen Gnade zu leben und in Wort und Tat deine Güte zu bezeugen. Strahle auf in uns und durch uns, damit die Welt an deine Liebe glaube und dein Reich unter uns sichtbar werde! Darum bitten wir durch Jesus Christus, deinen geliebten Sohn, unseren Herrn und Bruder. Amen.

Lucida Schmieder OSB (* 1927)

Gegengebet

Mein Bruder
Der du bist im Himmel der Erde
Leiser gehe dein Name
Dein Reich sterbe
Dein Wille vergehe
In Kalkutta und auf den griechischen Stränden
Unsern täglichen Schmerz lass uns heute
Vergib deinem Herzen
Dass auch wir vergeben
Und führe uns nach den Wegen der Irre
Dass wir erlöst werden von deiner Straße
Mein Bruder

(denn alle unworte doch bist du)

Robert Schneider (* 1961)

Vater unser, der du bist im Himmel

Wo bist du mit deinem Himmel, Gott, * ist er wirklich aus den Wolken gefallen?
Wie ist das, * wenn du in diese Welt kommst?
Verlass dich auf uns, * wir werden für Gerechtigkeit sorgen
und die Hungernden * werden Brot haben durch uns.
Heilig sind uns die Menschen * mit ihren zitternden Herzen,
die sie in den Wind hängen * um zu spüren, dass dein Geist über uns weht.
Und uns durcheinander beutelt, * wie eine Katze ihre Jungen,
die sie versteckt * vor dem Mörder.
Dein Wille sei unser Wille * durch uns sei dein Wille in der Welt,
zum Entsetzen der Mächtigen * und zur Freude der Ohnmächtigen.
Erde und Himmel sind eins * wie ein belebender Wassertropfen
und die Vergebung * haben wir auswendig gelernt wie ein Gedicht.
Seither sagen wir sie immer auf, * wenn einer kommt,
    um einen schuldig zu sprechen.
Niemals verlässt du uns, * und du trägst uns,
damit wir nicht versinken im Selbstmitleid * und in den Verlockungen
    des Geldes und der Macht.
Wir sind dein * für immer!
Aus deiner Kraft kommt uns Hilfe * wir sind stark gegen den Untergang
    und unsere Tränen.
Nichts Böses kann uns berühren * denn deine Hand ist schützend um uns gelegt,
wie ein herrlicher Heiligenschein * hier in dieser Ewigkeit.

Vater unser, der du bist im Himmel

Helmut Schriffl (* 1941)

Vater unser

Vater unser
　der du bist
Nicht-Vater
Nicht-Du
nicht-unser:
Geheiligt und ungeheiligt
geschehe
dein tausendundein
Name:
Inmir Außermir
Übermir Nebenmir
Ummich Inmich
Inmich Inmir
Ausmir in Ewigkeit
Amen

Helga Schultes-Piccon (1942)*

An die andere Seite der Gottheit

Mutter unser,
die du kein Ende findest auf Erden,
dein Werden entheilige alle unsere Namen,
deine Niedrigkeit unterwandere uns,
dein Name geschehe
wie im Kochtopf
so in geschlossenen Heilanstalten.

Unseren täglichen Mangel
lass uns heute fühlen,
und vergib uns die Unschuld,
mit der wir uns Bilder machen,
wie auch wir dir vergeben,
dass du nicht abbildbar bist.
Und erlöse uns weiterhin nicht,
sondern lass es uns selber versuchen,

denn dein ist das Fleisch
und der Tod
und die Möglichkeit,
dass wir uns wandeln in Ewigkeit.

Helga Schultes-Piccon (1942)*

Du unser lieber Vater,
Erhabener:
Groß sollst du sein, Gott alles in allem!
(Darum haben wir nur einen Wunsch:).
Komm bald, mach alles neu,
und herrsche überall und für immer.
(In Erwartung dessen bitten wir dich:)
Gib zu leben denen, die dir dienen;
und vergib, wir haben schwer und viel gesündigt, –
doch sieh: mit unseren Brüdern haben wir uns ausgesöhnt;
und lass uns nicht zu Fall kommen,
sondern halte uns vom Satan fern.

Heinz Schürmann (1913-1999)

Das Vaterunser Christi

Vater unser, der Du bist in dem Himmel: geheiligt werde Dein Name. Zukomme uns Dein Reich. Dein Wille geschehe wie im Himmel also auch auf Erden. Gib uns heute unser tägliches Brot. Vergib uns unsere Schulden, wie auch wir vergeben unsern Schuldigern. Und führe uns nicht in Versuchung, sondern erlöse uns von dem Übel.
– Ich könnte noch nicht so beten.
– Dann sprechen Sie folgendes Gebet:

Das Vaterunser des Ungläubigen:

Vater unser, wenn Du bist, wage ich es, mich an Dich zu wenden. Wenn Du bist, ist Dein Name heilig; er werde geheiligt. Wenn Du bist, ist Dein Reich die Ordnung und die Herrlichkeit: zu uns komme Dein Reich. Wenn Du bist, ist Dein Wille das Gesetz der Welten und der Seelen: Dein Wille geschehe in uns allen und in allem, wie im Himmel also auch auf Erden. Gib uns, wenn Du bist, unser tägliches Brot, das Brot der Wahrheit, das Brot der Weisheit, das Brot der Freude, das übernatürliche Brot, das dem versprochen ist, der es erkennen kann. Wenn Du bist, stehe ich tief in Deiner Schuld: Vergib mir meine Schulden, wie auch ich gerne vergebe meinen Schuldigern. Überlasse mich in Zukunft nicht der Versuchung, sondern erlöse mich von allem Übel.

Frage: Nun gut. Aber habe ich wirklich das Recht, mich so auszudrücken?
Antwort: Sie sind dazu verpflichtet. Man kann zweifeln; aber welche aufrichtige Seele, die sich tief erforscht, kann Gott mit voller Gewissheit leugnen? Das bedingte Gebet ist also sowohl eine Pflicht als auch eine nützliche Anrufung.

Antonin D. Sertillanges OP (1863–1948)

Antonin D. Sertillanges OP hat diesen Text an den Anfang seines 1920 in Paris erschienenen »Catéchisme des incroyants« (»Katechismus der Ungläubigen«) gestellt.

Das Gebet des Herrn

Vater unser im Himmel,
Geheiligt werde dein Name.
Dein Reich komme.
Dein Wille geschehe, wie im Himmel so auf Erden.
Unser tägliches Brot gib uns heute.
Und vergib uns unsere Schuld,
wie auch wir vergeben unsern Schuldigern.
Und führe uns nicht in Versuchung,
sondern erlöse uns von dem Bösen.

Denn dein ist das Reich und die Kraft
und die Herrlichkeit in Ewigkeit. Amen.

Vater unser
Du bist der Schöpfer der Welt, größer als alle Sternenweiten, wunderbarer als die Welt der Atome. Der Mensch ist weniger als ein Sandkorn in der Wüste, das der Wind verweht. Und doch dürfen wir dich Vater nennen, denn du bist nicht nur unnahbar, du bist uns auch ganz nah. Es ist unbegreiflich, dass du uns liebst, aber es ist wahr. Jesus Christus, dein Sohn, ist unser Bruder. So dürfen wir dich im Heiligen Geist Vater nennen.

Vater unser im Himmel
Du bist im Himmel, nicht über den Wolken, nicht irgendwo hinter den Sternen. Dein Himmel ist dort, wo du da bist. Da, wo Menschen Anteil haben an deinem Leben und an deinem Glück, da ist der Himmel. Verborgen tragen wir ihn durch die Taufe in uns, aber wir werden ihn durch deine Güte erleben, wie die Engel und Heiligen; du guter Vater, der uns ewige Freude bereitet.

Geheiligt werde dein Name
Dich lobt die ganze Schöpfung, die du so wunderbar geschaffen hast. Dich soll auch der Mensch loben. Du hast ihm die Freiheit gegeben, dir die Ehre zu verweigern. Du hast ihm aber auch deinen Sohn geschenkt, der ihn noch

wunderbarer erneuert hat. So soll der Mensch, dein Geschöpf und dein Kind, dich in seinem ganzen Leben verherrlichen. Wir, die wir den Namen deines Sohnes tragen, wollen deinen Namen heiligen.

Dein Reich komme
Wir können uns selbst nicht helfen, Vater. Keiner kann sich retten. Unsere ganze Hoffnung richten wir auf dich, dass kommt, was du verheißen hast, dein Reich des Friedens und der Liebe, dein Reich der Gerechtigkeit und Wahrheit, dein Reich, das niemals untergeht, in dem es keinen Tod mehr gibt und keine Trauer. Dein Reich komme.

Dein Wille geschehe, wie im Himmel so auf Erden
Schwer wird uns diese Bitte, wenn wir sie ganz ernst nehmen. Wir wissen, dass du nur Gutes wollen kannst. Wir wissen aber auch, dass dein Wille zugelassen hat, dass Jesus gequält und gekreuzigt wurde. Gib uns die Kraft zu dieser Bitte, wenn wir selbst in der dunklen Nacht des Ölbergs sind. Wir wollen daran glauben, dass dein Wille an uns auch im Himmel geschieht.

Unser tägliches Brot gib uns heute
Diese Bitte kommt drohend auf die Menschheit zu. Schon jetzt verfolgen uns die Bilder hungernder Kinder. Herr, sie sagen vorher, dass eine unvorstellbare Hungersnot droht in der Zeit, in der wir bereits gestorben sind. Vater, erbarme dich der Menschen, deiner Kinder. Hilf ihnen, die Kräfte der Erde so zu nutzen, dass alle satt werden können.

Und vergib uns unsere Schuld, wie auch wir vergeben unsern Schuldigern
Soviel hängt davon ab, dass uns vergeben wird, dass wir vergeben können. Du bist bereit, uns zu vergeben. Nur unser hartes Herz ist das Hindernis. Rühre uns mit deiner Güte immer wieder an, dass wir bereiter werden. Denn sonst verschlingen wir einander in Rache und Haß. Nimm die verlorenen Kinder an dein Vaterherz und hilf uns, deine Versöhnung zu verbreiten.

Und führe uns nicht in Versuchung
Ohne deine Kraft kann niemand gerettet werden. Denn die Verführung wäre zu stark, selbst wie Gott sein zu wollen. Wir zerbrechen bei dem Versuch, unser

eigener Gott zu sein. Darum, Herr, bewahre uns in der Demut des Geschöpfes. Lass nicht zu, dass wir uns von dir trennen.

Sondern erlöse uns von dem Bösen
Das Böse hat viele Gesichter: Einsamkeit, Krankheit, Hunger, Krieg, Tod. Aber das Böseste ist das, was wir den ewigen Tod nennen. Vater, bewahre uns vor dem Bösen. So hat dein Sohn für seine jünger gebetet. Erhöre dieses Gebet und erfülle deine Verheißung an uns, damit deine Kinder dort sind, wo der Vater ist. Mach uns gut, damit wir zu dir gehören, guter Vater.

Denn dein ist das Reich und die Kraft und die Herrlichkeit in Ewigkeit. Amen.

Josef Seuffert (* 1926)

Andacht über das Gebet des Herrn

ANREDE

V	Wir haben den Geist der Kindschaft empfangen, in dem wir rufen können: Abba, lieber Vater.
A	Vater unser im Himmel.
V	Ein Gott hat uns geschaffen, wir haben alle einen Vater.
A	Vater unser im Himmel.
V	Herr, du bist unser Vater. Wir sind der Ton, du bist der Töpfer; das Werk deiner Hände sind wir alle.
A	Vater unser im Himmel.
V	Ihr sollt euch nicht Vater nennen lassen; denn einer ist euer Vater.
A	Vater unser im Himmel.
V	Gott, unser Vater, liebt uns. In seiner Gnade hat er uns ewigen Trost und sichere Hoffnung geschenkt.
A	Vater unser im Himmel.

ERSTE BITTE

V	Geheiligt werde dein Name.
A	Geheiligt werde dein Name.
L	Daher beuge ich meine Knie vor dem Vater, nach dessen Namen jedes Geschlecht im Himmel und auf Erden benannt ist. –
	Christus spricht: Vater, ich habe ihnen deinen Namen kundgetan. Ich habe dich auf Erden verherrlicht und das Werk vollendet, das du mir aufgetragen hast. – Ein neues Gebot gebe ich euch: Liebet einander. Darin verherrlicht sich mein Vater, dass ihr reiche Frucht bringt und euch erweist als meine Jünger.

STILLE

V	Vater im Himmel, hilf deiner Kirche, dich vor der Welt zu verherrlichen.
A	Geheiligt werde dein Name.

V	Lass alle Menschen dich als ihren Gott und Vater erkennen.
A	Geheiligt werde dein Name.
V	Verherrliche dich im Erbarmen an den Armen und Schwachen.
A	Geheiligt werde dein Name.
V	Gib, dass unser Leben und Werk dich verherrliche.
A	Geheiligt werde dein Name.

ZWEITE BITTE

V	Dein Reich komme.
A	Dein Reich komme.
L	Das Reich Gottes ist nahe. Bekehrt euch und glaubt an das Evangelium. –
	Sucht zuerst das Reich Gottes und seine Gerechtigkeit. Das Reich Gottes ist mitten unter euch. –
	Wer das Reich Gottes nicht annimmt, als wäre er ein Kind, wird nicht hineinkommen. –
	Kommt her, die ihr von meinem Vater gesegnet seid, nehmt das Reich in Besitz, das am Anfang der Welt für euch geschaffen worden ist.

STILLE

V	Vater im Himmel, hilf deiner Kirche, immer deutlicher das Zeichen unter den Völkern zu sein.
A	Dein Reich komme.
V	Lass die Mächtigen der Erde deine Gesetze anerkennen.
A	Dein Reich komme.
V	Gib den Menschen Kraft durch die Hoffnung, dass dein Reich anbricht.
A	Dein Reich komme.
V	Mach uns zu glaubwürdigen Zeugen deines Sohnes.
A	Dein Reich komme.

DRITTE BITTE

V	Dein Wille geschehe wie im Himmel, so auf Erden.
A	Dein Wille geschehe wie im Himmel, so auf Erden.
L	Mein Vater, wenn es möglich ist, gehe dieser Kelch an mir vorüber. Aber nicht wie ich will, sondern wie du willst. –
	Wer meine Gebote hat und sie hält, liebt mich. Wer den Willen meines Vaters tut, der ist mir Bruder, Schwester und Mutter.

STILLE

V	Vater im Himmel, hilf deiner Kirche, dass sie deinen Willen in Liebe tut.
A	Dein Wille geschehe wie im Himmel, so auf Erden.
V	Lenke das Schicksal der Völker zu Frieden und Heil.
A	Dein Wille geschehe wie im Himmel, so auf Erden.
V	Lass uns auch in Not und Tod ja sagen zu deinem Willen.
A	Dein Wille geschehe wie im Himmel, so auf Erden.
V	Gib uns Freude an der Erfüllung deines Willens.
A	Dein Wille geschehe wie im Himmel, so auf Erden.

VIERTE BITTE

V	Unser tägliches Brot gib uns heute.
A	Unser tägliches Brot gib uns heute.
L	Jesus sprach: Mich erbarmt des Volkes. Schon drei Tage harren sie aus bei mir und haben nichts zu essen. –
	Verweigere dem Hungrigen nicht deine Gabe. – Denn ich war hungrig, und ihr habt mich gespeist; ich war durstig, und ihr habt mich getränkt. –
	Das Brot, das ich gebe, ist mein Fleisch für das Leben der Welt. Wer von diesem Brot isst, wird ewig leben.

STILLE

V	Vater im Himmel, hilf der Menschheit, die Erde so zu bebauen, dass alle satt werden.
A	Unser tägliches Brot gib uns heute.
V	Bewahre die Völker vor Krieg und Hungersnot.
A	Unser tägliches Brot gib uns heute.
V	Lehre die Reichen, auszuteilen an die Armen.
A	Unser tägliches Brot gib uns heute.
V	Gib uns Hunger nach dem Brot des Lebens.
A	Unser tägliches Brot gib uns heute.

FÜNFTE BITTE

V	Vergib uns unsere Schuld, wie auch wir vergeben unsern Schuldigern.
A	Vergib uns unsere Schuld, / wie auch wir vergeben unsern Schuldigern.
L	Der Herr wurde zornig und übergab den Knecht der Folter, bis er alles bezahlt hatte, was er schuldig war. So wird mein Vater mit jedem von euch verfahren, wenn nicht ein jeder seinem Nächsten von Herzen verzeiht. –
	Seid barmherzig, wie euer Vater barmherzig ist. Richtet nicht, und ihr werdet nicht gerichtet. Verurteilt nicht, und ihr werdet nicht verurteilt. Vergebt, und euch wird vergeben. Denn mit dem Maß, mit dem ihr messt, wird auch euch gemessen. –
	Geh zuvor hin und versöhne dich mit deinem Bruder. Dann komm und opfere deine Gabe.

STILLE

V	Vater im Himmel, hilf den Christen, ihre Schuld zu bekennen, und führe sie durch Versöhnung zur Einheit.
A	Vergib uns unsere Schuld, / wie auch wir vergeben unsern Schuldigern.
V	Führe die Völker zur Versöhnung und schenke ihnen Frieden.
A	Vergib uns unsere Schuld, / wie auch wir vergeben unsern Schuldigern.

V	Schenk den Opfern der Rache und Vergeltung die Kraft, ihren Verfolgern zu verzeihen.
A	Vergib uns unsere Schuld, / wie auch wir vergeben unsern Schuldigern.
V	Gib uns den Willen, auch die Folgen der Schuld zu tilgen, soweit es in unseren Kräften steht.
A	Vergib uns unsere Schuld, / wie auch wir vergeben unsern Schuldigern.

SECHSTE BITTE

V	Führe uns nicht in Versuchung.
A	Führe uns nicht in Versuchung.
L	Der Geist ist willig, aber das Fleisch ist schwach. Wachet und betet, dass ihr nicht in Versuchung kommt. – Der Satan verlangt, euch zu sieben wie Weizen. Aber ich habe für dich gebetet, dass dein Glaube nicht wanke. –

Gott ist treu; er wird nicht zulassen, dass ihr über eure Kraft hinaus versucht werdet. Er wird euch in der Versuchung einen Ausweg schaffen, so dass ihr sie bestehen könnt.

STILLE

V	Vater im Himmel, leite deine Kirche in allen Versuchungen auf den Weg des Heils.
A	Führe uns nicht in Versuchung.
V	Bewahre die Herrschenden vor der Versuchung, ihre Macht zu missbrauchen.
A	Führe uns nicht in Versuchung.
V	Lass die Reichen nicht den Gefahren des Reichtums erliegen.
A	Führe uns nicht in Versuchung.
V	Bewahre uns vor Verzweiflung.
A	Führe uns nicht in Versuchung.

SIEBTE BITTE

V	Erlöse uns von dem Bösen.
A	Erlöse uns von dem Bösen.
L	Vater, ich bitte dich nicht, dass du sie fortnimmst aus der Welt, sondern dass du sie bewahrst vor dem Bösen. –
	Jeder, der Sünde tut, ist Sklave der Sünde. Wenn der Sohn euch frei macht, werdet ihr in Wahrheit frei sein. –
	Die Liebe Gottes ist ausgegossen in unsere Herzen durch den Heiligen Geist. Wo der Geist des Herrn wirkt, da ist Freiheit.

STILLE

V	Vater im Himmel, bewahre die Völker vor Hunger, Krankheit und Krieg.
A	Erlöse uns von dem Bösen.
V	Befreie die Menschen von Streit und Spaltung.
A	Erlöse uns von dem Bösen.
V	Nimm von uns alle Bosheit des Herzens.
A	Erlöse uns von dem Bösen.
V	Hilf uns, dich und den Nächsten zu lieben.
A	Erlöse uns von dem Bösen.

DOXOLOGIE (LOBPREIS)

V	Meine Seele preist die Größe des Herrn, und mein Geist jubelt über Gott, meinen Retter.
A	Denn dein ist das Reich und die Kraft und die Herrlichkeit.
V	Ehre sei Gott in der Höhe und Friede auf Erden den Menschen seiner Gnade. Wir loben dich, wir preisen dich.
A	Denn dein ist das Reich und die Kraft und die Herrlichkeit.
V	Heilig, heilig, heilig Gott, Herr aller Mächte und Gewalten. Erfüllt sind Himmel und Erde von deiner Herrlichkeit.
A	Denn dein ist das Reich und die Kraft und die Herrlichkeit.

VATER UNSER

V	Lasset uns beten, wie der Herr uns gelehrt hat:
A	Vater unser im Himmel, / geheiligt werde dein Name. / Dein Reich komme. / Dein Wille geschehe, wie im Himmel so auf Erden. / Unser tägliches Brot gib uns heute. / Und vergib uns unsere Schuld, / wie auch wir vergeben unsern Schuldigern. / Und führe uns nicht in Versuchung, / sondern erlöse uns von dem Bösen.
	Denn dein ist das Reich und die Kraft und die Herrlichkeit in Ewigkeit. Amen.

Josef Seuffert (* 1926)

Gebet

Herr, dein Name soll geheiligt werden. Wie geschieht das? So, dass wir die Welt vor dir vergessen und nur dich alleine heiligen, oder so, dass wir die Welt gestalten nach den Impulsen, die von dir ausgegangen sind? Wir werden dabei leicht mehr an die Welt als an dich denken, Herr. Ist dir das recht?

Alle: Befreie uns, Herr.
Lass uns nachdenken, Herr.
Gib uns Mut gegen falsche Tradition.

Dein Reich soll kommen, Herr, wie kommt es? Ist es ein Reich, das du allein bringst, ein fernes jenseitiges Reich, das uns und unser Tun nichts angeht? Dein Wort sagt uns, dass man schon hier in diesem Reich sein kann, dass es zu kommen begann. Was ist dein Tun dabei und was das unsere?

Alle: Befreie uns, Herr.
Lass uns nachdenken, Herr.
Gib uns Mut gegen falsche Tradition.

Dein Wille soll geschehen, Herr, auf Erden wie im Himmel. Er geschieht nicht von selbst; sonst brauchten wir ja nicht darum zu bitten. Du bist kein Zauberer, der über unsere Köpfe weg die Welt verwandelt. Du willst unsere Mitarbeit, du willst unser Werk.

Alle: Befreie uns, Herr.
Lass uns nachdenken, Herr.
Gib uns Mut gegen falsche Tradition.

Unser tägliches Brot sollen wir erbitten, Herr. Unser Brot ist gefährdet – nicht durch Mißernten mehr, denn es gibt ja den Weltmarkt. Es wächst genug auf dieser Erde, übergenug für alle. Unser Brot ist gefährdet durch falsche Politik.

Alle: Befreie uns, Herr.
Lass uns nachdenken, Herr.
Gib uns Mut gegen falsche Tradition.

Wir sollen dich bitten, uns nicht in Versuchung zu führen. Aber was ist die Versuchung, Herr? Ist es Versuchung, zuviel an Politik zu denken, zuviel uns um die Welt zu kümmern? So hat man uns gelehrt. Oder ist es nicht umgekehrt Versuchung, dies alles zu wenig zu tun?

Alle: Befreie uns, Herr.
Lass uns nachdenken, Herr.
Gib uns Mut gegen falsche Tradition.

Alle: Vater unser...

Dorothee Sölle (1929-2003) / Fulbert Steffensky (* 1933)

Berliner Vaterunser

Gebet im Hinterhaus! Gebet im Kabelwerk! Gebet im Hospital! Gebet im Gefängnis! Gebet im Wochenende!

»Vater unser!«
Gibt es das? Bis heute war noch niemand gut zu mir! Mein Vater trank! Meine Mutter starb in Wittenau! Ich bin in der Alten Jakobstraße erzogen! In Moabit erhielt ich Bewährungsfrist! Nur in der Sonne fühle ich gelegentlich eine streichelnde Hand! Zu dir also darf ich Vater sagen! Das ist für mich ein neues Gefühl! Die andern sind Brüder? Ich hatte einen Bruder und eine Schwester! Sie liegen in Weißensee begraben! Beim Begräbnis war es eisig kalt! Diese Kälte bin ich nicht losgeworden.

»Der du bist im Himmel!«
So fern ist dieser Himmel über unserer Stadt! Anderswo deckt er mit seiner goldenen Wärme Hof und Haus. Greift er mit warmen Händen bis in die Keller und umfaßt kosend die Welt. In Berlin aber ist er so sternenfern! Ein ander Land! Mit dem wir keine Postverbindung haben! Die Heiligen, die hinaufstiegen, sind wie kühne Piloten! Wir aber schauen ihnen nach! O, dass du uns nahe wärest! Du ferner, du großer, du ewiger Gott!

»Geheiligt werde dein Name!«
In meiner Umgebung ist alles unheilig! Ich kenne nur ein paar Kinder! Die sind unschuldig geblieben! Aus ihren Augen lacht das Paradies! Sie sind wie Blumen im Frühling! Wie bald werden sie welken! Ich kannte ein paar Jahre meine Mutter! Die hat mich lieb gehabt! In heiliger Liebe! Aber die Mutter umschattete der Irrsinn! Die andern haben schmutzige Hände! Geschäftsmenschen! Weltmenschen! Auch fromme Menschen! Wieviel Selbstsucht wohnt in ihren Seelen! So flüchte ich, im frierenden Grau dieser Asphaltstadt, zu deiner Heiligkeit! Ich will sie mit beiden Händen über mein Schicksal erheben! Ich will bei dir sein! In deiner ätherblauen Reinheit! Auf deinen schneeweißen Gipfeln! In dem Atem deiner Gerechtigkeit! Ueber alle Namen dieser Welt will ich deinen Namen heilig halten!

»Zu uns komme dein Reich!«
Lass aus diesen Höhen einen Klang zu mir niedersteigen! Lass zwischen die Pfähle dieser Stadt ein Stück deines Reiches sich niederlassen! Zwischen das Geröll dieser

Spree binde deine Anker! Auf deinem Schiffe, o Herr, lass mich sonntäglich über die Fluten des Werktages fahren! Alles in mir brennt nach Licht und Leben! Wir versuchen vergeblich den Himmel mit unseren Träumen zu bevölkern! Du musst mit deiner Wirklichkeit zu uns niedersteigen! Dein Reich muss vom Himmel bis zur Erde reichen! Bis nach Berlin! Sonst sind die Gärten um diese Stadt verdorrende Wüste.

»Dein Wille geschehe!«
Ich weiß es! Diese Gärten blühen nur, wenn sie dein Gesetz befruchtet! Alles andere ist Surrogat! Ist Kurpfuscherei! Ist blöder Ersatz! Es gibt kein System, aus dem die Welt leben könnte, als deinen Willen! Der über alle Triebe, über alle Reformen, über alle Parlamentsprogramme die Urschönheit der Welt ist.

»Wie im Himmel, also auch auf Erden!«
Im Lichte deiner Ozeane schweigen die Stürme! Kein Luzifer erhebt sein gewappnetes Haupt wider dich! Dein Dekalog ist Innenstruktur der himmlischen Welt! Sie lebt in seiner Erfüllung! Sie jauchzt in seinem Glanz! Das Geheimnis der Erde aber ist Freiheit! In der Freiheit der Widerspruch! Das Geheimnis dieser Stadt die Perversität! Die Kraft zum Heiligen und zum Verbrecher! Beides wohnt in dieser Stadt! Sie erprobt dein Gesetz im Streit! Sie will es mit blutiger Stirn erkennen.

»Unser tägliches Brot gib uns heute!«
So sind wir an die Bedingtheit der Wirtschaft gefesselt! Vom hellen Morgen bis zur braunen Nacht quälen wir uns um Brot! Um die schmale Kammer! Um den Lohn des Freitags! Mit zerkrampften Händen erwerben wir die nackte Existenz! In tausend Menschen zerfrisst der Hunger allen Geist! Wer ist kleiner als wir! Wer erdgebundener! In den Gefilden Galiläas stehen die goldenen Lilien! Eleganter gekleidet als Salomon! Über den Halden des Tabor hängen die Falken! Sie finden ihr Korn! Wir aber stoßen uns wund! Im Kampf um die Futterkrippe! O Herr, gib uns das tägliche Brot!

»Vergib uns unsere Schuld!«
Wir sind keine Deterministen! Wir wissen, dass Rousseau irrte! Auch diese Stadt ist nicht nur Schicksal! Nicht nur Zustand! Nicht nur Milieu! Auch hier flackert die Gemeinheit! Auch wir tragen Verantwortung in schmalen Händen! Auch uns ziemt die Erforschung des Gewissens! Nicht zu allem zwang uns der Asphalt dieser Stadt! Wir hätten ihn zerschlagen können! Wir hätten in das aufgebrochene Erdreich dieser Straßen Lilien pflanzen können! Die Keller und Kapellen wölben! Den Rhythmus der

Maschinen zu gregorianischem Choral komponieren! Dass wir unsern Glauben verloren, o Herr, lässt sich begreifen! Lässt sich nicht letzthin entschuldigen! Verzeihe!

»Wie auch wir vergeben unsern Schuldigern!«
So steht es in der Parabel vom ungetreuen Knecht! Ihm sind vom Herrn Millionen erlassen! Er soll dem Mitknecht Pfennige erlassen! Aber er würgt ihn! Er bedrängt ihn! Bis er die Schuld bezahlt habe! So ist unsere Bitte furchtbares Gericht! Du wirst uns messen nach unserm Maß! Wir dürfen nicht mit leeren Händen kommen! Auch in Berlin gilt die Arbeit am innern Menschen! Die Selbstdisziplin! Der Verzicht! Das Training! Der Erweis der Nächstenliebe! Das zweite Gebot ist dem ersten gleich. Du willst keine religiöse Hingabe an dich ohne soziale Hingabe an die andern!

»Führe uns nicht in Versuchung!«
Wir wollen Christen sein! Auch in dieser Stadt! Auch im Lawinensturm ihres Heidentums! Auch in der Gletscherkälte ihrer Skepsis! Auch in der Not ihres Irrsinns! Wir wollen stark sein! Wirf, o Herr, auf unsere Schultern nicht zu schwere Last! Wäge sie an unserer Schwäche! Wir tragen weniger als Andalusien! Als Palästina! Als das ferne Indien! Tausendfache Bedingtheit ist dort dem Christentum des einzelnen, der Familie, des Volkstums gefälliger! Nirgends ist, wie in unserer Stadt, der Kampf abgrundschwer! Übersteigere dein Gesetz nicht! O Starker!

»Sondern erlöse uns von dem Übel!«
Öffne den Schoß deiner Güte! Die Knospen an unsern Zweigen brauchen Wärme! Die Seelen in unsern Gefängnissen Liebe! Das trockne Land deinen Tau! Diese Welt hat die Elternliebe verloren. Sie hat gegen den Vater den Organisator, den Kaufmann, den Staatsanwalt eingetauscht! Im Lichtfeld ihrer Psalmen steht der Richter des Alten Testamentes! Über der Stadt hängt sein Gericht! Du aber bist endloses Verstehen! Du bist tausendfaches Verzeihen! Du bist der Gott der Güte! Du bist unser Vater! Amen.

Carl Sonnenschein (1876–1929)

Das Vaterunser poetisch aufgesetzt

Eingang.

Ach, Vater, hoch entwohnet
Ob allen Lüften weit,
Allda dir Sonn' und Monet
Gar tief zu'n Füßen leit,
Nimm auf von mir Geringen,
Ja, nimm die Seufzer an,
So mir von Herzen dringen
Durch leere Wolkenbahn.

Die erste Bitte.

Ach, würd' nur stets gepriesen
Nur dein so schöner Nam',
Wann spät sich hat gewiesen
Der nächtlich' Sternenkram,
Wann früh dann auch erschienen
Der täglich' Glanz und Glast
Und uns mit Freuden dienen
Sonn', Mond ohn' Ruh' und Rast.

Dich alle Stund' und Uhren,
Ich wollt' von Herzen mein,
All deine Kreaturen
Recht lobten insgemein.
O Gott, lass dir zu Ehren
Erd', Himmel springen auf,
Will ja mich nicht beschweren,
Ich's mit dem Hals erkauf'.

Die zweite Bitte.

Nun stinket mir auf Erden
Die Welt und weltlich' Pracht,
Nach Wagen, Kutsch' und Pferden,
Gold, Geld nicht geizig tracht'.
Ach, nur das Reich dort oben,
Die runden Tempel dein,
Uns räum' doch unverschoben
Nach diesem Leben ein.

Die dritte Bitte.

Weil unterdes wir nießen
Den süßen Sonnenschein,
Wollt' ich, wir nie verließen
Den mind'sten Willen dein.
Gar oft ich wünsch' von Herzen,
Gestrenger Herr und Gott,
Nie keiner woll' verscherzen
Auf Erden dein Gebot.

Die vierte Bitte.

Dich auch wir weiters bitten
Um Nahrung, Speis' und Brot,
Dass je doch bleib' vermieden
Die saure Tafelnot.
Aus deiner Hand ja prasset
Die nackend' Rabenzucht
Und weiß, auf dich gepasset,
Von keiner Mangelsucht.

Die fünfte Bitte.

Nicht ruck zu Sinn und Grimmen
Die Sünd' und Sündenschuld,
Uns mach in Zähren schwimmen,
Hab wenig noch Geduld.
O Gott, so du mit Augen
Die Sünd' wollt'st schauen an,
Würd' gar für uns nicht taugen,
Nie könnten wir bestahn.

Die sechste Bitte.

Das Fleisch mit süßen Pfeilen
Uns trifft in süßem Blick,
Die Welt von seiden Seilen
Uns macht gar sanfte Strick';
Der Satan uns mit Ehren,
Mit Kron' und Zepter lad't,
Versuchung tut sich mehren,
Hilf, hilf, gib Rat und Tat!

Die siebte Bitte.

Ja, mild und frommer Vater,
Ja, Vater, Vater fromm,
Der höllisch' Drach' und Natter,
Schaff, nie zu Kräften komm'.
Vor seinem Gift und Flammen,
Vor Seel- und Leibsgefahr
Erhalt' uns allesammen
Ohn' Übel immerdar.

Friedrich von Spee SJ (1591-1635)

Vater unser, der Du bist im Himmel

Vater! Unser Vater!
So rufen wir Gott.

Groß ist Gott:
Im Himmel ist er,
Er ist auf der Erde.
Droben und drunten ist er,
Er ist drinnen und draußen.
Er ist überall da.

Er hat alles gemacht:
Die Sonne, den Mond, die Sterne,
Die Wolken, das Land, das Wasser,
Die Bäume, die Tiere, die Menschen.
Dich und mich.

So groß ist Gott.
Und ist doch unser Vater,
Wir Menschen seine Kinder.

Jesus, sein Sohn, den er lieb hat,
Er hat gesagt, so sollen wir beten:
Unser Vater im Himmel.

GEHEILIGT WERDE DEIN NAME

Unser Vater heißt Gott,
Das ist sein Name.

Sein Name sagt:
Der Himmel ist hoch,
Er ist höher.

Die Erde ist tief,
Er ist tiefer.
Die Engel sind stark,
Er ist stärker.

Die Welt ist schön,
Er ist schöner.
Nichts ist ihm gleich,
Er ist anders als alles.

Mehr schafft Gott,
als alle Menschen schaffen.
Mehr liebt Gott,
als alle Menschen lieben.

Heilig ist Gott.
So sagt sein Name.

Jesus, sein Sohn sagt,
So sollen wir beten:
Unser Vater, komme und zeige Dich uns,
Lass uns sehen und hören, singen und sagen:
Du bist der Heilige,
Du, Gott, unser Vater!

ZU UNS KOMME DEIN REICH

Gott, unser Vater, ist der König.
Himmel und Erde sind sein Reich.
Den Engeln sagt er:
Kommt, und sie kommen!
Der Sonne sagt er:
Geh auf und geh unter!
Den Bäumen sagt er:
Wachset und blühet!

Der Schwalbe sagt er:
Flieg und maure dein Nest!
Sie tun, was er sagt:
Das ist sein Reich.

Den Menschen sagt er:
Tut dies und lasst jenes!
Wenn alle tun, was er sagt,
Kann kommen sein Reich.

Wenn Gottes Reich kommt,
wird alles anders und neu:
Dann hungern die Hungernden nicht mehr.
Dann weinen die Weinenden nicht mehr.
Dann wird kein Mensch mehr krank.
Dann muss kein Mensch mehr sterben.
Alles ist gut:
Das ist sein Reich!

Jesus, sein Sohn sagt,
Wir sollen beten:
Unser Vater und König,
mache,
dass Dein Reich zu uns kommt.

DEIN WILLE GESCHEHE,
WIE IM HIMMEL ALSO AUCH AUF ERDEN

Gott unser Vater, der König will:
Alles, was er will, soll geschehen.
Im Himmel geschieht sein Wille.
Ihm folgen die Engel,
Sie hören, was er sagt,
Sie tun, was er will.

Auch auf Erden soll geschehen sein Wille.

Sein Wille ist, wir sollen ihn lieben.
Sein Wille ist, wir sollen lieben wie er:
Alle hat Gott, unser Vater lieb.
Er liebt die Kleinen und die Großen,
Die Schwarzen liebt er und die Weißen.
Er liebt die Guten.
Er liebt auch die Bösen.

Denn seine Kinder sind alle.

Wir tun, was er will,
Wenn wir lieben wie er.

Das ist sein Wille.

Jesus sagt, wir sollen beten:
Gott, unser Vater, mache Du,
dass überall geschehe Dein Wille,
Im Himmel und auf Erden.

UNSER TÄGLICHES BROT GIB UNS HEUTE

Groß ist der Tisch unseres Vaters.
Er ist so groß wie die Welt.
Alle brauchen das Brot,
Die Kleinen und die Großen,
Tag um Tag.
Woher kommt das Brot?

Es wächst aus der Erde,
Gott lässt es wachsen.
Der Halm trägt die Ähre,
Gott füllt sie mit Korn.
Das Korn wird reif in der Sonne,

Gott macht, dass die Sonne es reift.
Das Brot wird gemacht aus dem Korn.

So gibt uns Gott das Brot,
So deckt uns der Vater den Tisch.
Aber,
Wenn der Halm nicht wächst,
Aber,
Wenn die Sonne nicht scheint,
Aber,
Wenn die Ähre nicht reift:
Dann gibt es kein Korn,
Dann gibt es kein Brot,
Dann müssen wir hungern.

Menschen hungern in fernen Ländern,
Ihre Kinder weinen nach Brot.

Darum sagt Jesus, wir sollen beten:
Unser tägliches Brot gib uns heute.

UND VERGIB UNS UNSERE SCHULD,
WIE AUCH WIR VERGEBEN UNSEREN SCHULDIGERN

Wenn wir nicht tun, was Gott will,
machen wir, dass das Reich Gottes nicht kommt.

Wenn wir einander wehe tun,
Wenn wir lügen und stehlen,
Wenn wir neidisch sind aufeinander,
Wenn wir die Kleineren plagen und schlagen,
Wenn wir quälen die Tiere:

Dann kann das Reich Gottes nicht kommen zu uns.
Dann sind wir schuldig, dass es nicht kommt.

Verzeihe uns, Vater, bitten wir dann,
Vergib uns, beten wir, unsere Schuld!
Aber, der Vater vergibt sie uns nicht,
Wenn wir nicht selber dem andren vergeben.

Dann, wenn uns wehtut der andere,
Dann, wenn er über uns lügt,
Dann macht sich der andere schuldig an uns.

Dann müssen wir ihm vergeben,
Sonst vergibt der Vater uns nicht.

Darum, sagt Jesus, wir sollen beten:
Vergib uns unsere Schuld,
Wie auch wir vergeben unseren Schuldigern.

UND FÜHRE UNS NICHT IN VERSUCHUNG,
SONDERN ERLÖSE UNS VON DEM ÜBEL

Die Engel loben den Vater im Himmel:
Ja – Du bist unser Herr!

Die Sonne, der Mond und die Sterne loben:
Ja – Du hast uns gemacht!

Und Menschen loben:
Ja – unser Vater bist Du!

Wer aber nein sagt zu Gott:
Nein – Gott liebt uns ja nicht!
Nein – Gott sieht uns ja nicht!
Nein – Gott ist gar nicht da!

Wer nein sagt zu Gott, in dem ist das Böse.
Das Böse geht um in der Welt:

Komm, sagt das Böse, komm folge mir!
Komm, ich mach es dir schöner als Gott!
Komm, ich mach dir mehr Freude!
Komm, sagt es, ich bin ja nicht böse,
Komm, ich tu dir ja gut!

So spricht das Böse:
Es lockt und lügt,
Es probiert und versucht uns,
Ob wir tun, was es will:

Weg von Gott will das Böse uns haben,
Weg vom Reich Gottes die Versuchung uns ziehen.

Fridolin Stier (1902-1981)

Und führe uns nicht in Versuchung

18. Juni 1970

(...)

Säkulares »Vater unser«.
(...)

Mensch, der du auf Erden (bist),

mache wahr deinen Namen,
erzeige dich als den, der du bist.

Schaffe dein Reich.
Verwirkliche deinen Willen,
wie auf der Erde, so auch im All.

Sorge für das tägliche Brot aller Menschen,
Wüsten, Tundra, Taiga urbar machend,
die Algen der Meere nutzend,
Nährpillen synthetisierend.

Lass fahren den Aggressionstrieb,
erforsche den Frieden,
führ alle Menschen und Völker
zur Gemeinschaft Gleicher mit Gleichen
in Frieden und Freiheit zusammen.

Und lass dich nicht in die Versuchung führen,
an der Macht des Menschen zu zweifeln.
denn dein, o Mensch, ist das Reich,
und dein ist die Kraft und die Herrlichkeit.
Amen.

Fridolin Stier (1902-1981)

Vater/Mutter unser im Himmel
Wage echte Beziehungen
damit es dir wohl ist in deiner Haut
denn Gott ist da wo
Begegnungen wachsen
Geheiligt werde Dein Name
Wage deine Einzigartigkeit zu entdecken
und gestehe sie auch jedem anderen zu
denn Gott will keine Marionetten
Dein Reich komme
Wage zu träumen von einer gerechteren
und menschenfreundlicheren Welt
denn Gott verwirklicht mit dir diese bessere Zukunft
Dein Wille geschehe, wie im Himmel so auf Erden
Wage zu finden
was du wirklich willst
auch im Austausch mit anderen
denn Gottes Wille zeigt sich
wenn Menschen einander aufrichten
Gib uns heute unser tägliches Brot
Wage Brot und Rosen zu teilen
damit du und die anderen glücklich werden
denn Gott hat eine Welt für alle geschaffen
Und vergib uns unsere Schuld,
wie auch wir vergeben unseren Schuldigern
Wage deine Fehlschritte einzugestehen
und verzeihe diejenigen der anderen
denn für Gott ist ein Neuanfang immer möglich
Führe uns in der Versuchung
Wage deiner inneren Stimme
deiner Intuition zu trauen
denn Gott begleitet dich in der Versuchung
Und erlöse uns von dem Bösen
Wage gegen den Strom zu schwimmen
um die Spirale der Gewalt zu durchbrechen

denn Gott befreit dich von der Angst zu kurz zu kommen
Denn Dein ist das Reich und die Kraft und die Zärtlichkeit. Amen.
Wage das Leben zu feiern
und dich an der Schöpfung zu freuen
denn Gott ist mit dir.

Pierre Stutz (* 1953)

Vater unser

Vater unser!
Vater deines eingeborenen Sohnes
Jesus Christus,
Vater auch für uns alle,
die du in deinem Sohn vor dir siehst.

Vater,
ich darf als dein Kind vor dir stehen.
Es ist so wichtig,
dass ich das weiß
und auf dich schaue,
mich an dich anlehne,
damit das Licht,
das von dir
in mein kleines Ich hineinstrahlt,
mich aufwärts schauen lässt,
mich adelt
und mein ganzes Wesen emporbildet.

Vater unser,
unser Vater!
Wenn ich so bete,

fühle ich mich als Glied
einer großen Gottesfamilie.
Ich stehe dir nicht allein gegenüber,
ich bin Glied einer Familie,
viele sprechen mit mir zusammen: Vater.

Vater unser im Himmel!
Voller Geheimnisse ist dieses Wort:
im Himmel.
Du bist im Himmel;
das heißt, du stehst *über* allem,
was die irdische Wirklichkeit umfasst
und für uns begreifbar ist.
Du bist der allmächtige Gott,
vor dem ich mich in Ehrfurcht beuge.

Aber es gibt noch eine weitere große,
unfaßbare Wirklichkeit:
Du wohnst auch in mir.
Vater unser
im Himmel meines Herzensheiligtums,
du bist mir unvorstellbar nahe;
jede Faser meines Seins
ist mit dir verbunden,
ist an dich gebunden.
Vater unser im Himmel,
ich bete zu dir,
indem ich einfach verharre
im Bewußtsein dieser Wirklichkeit:
Ich bin seinsmäßig mit dir verbunden.
In der innersten Wohnung meiner Seele
kann ich dich finden und dir begegnen,
Vater unser im Himmel.

Geheiligt werde dein Name!
Um deine Ehre geht es, großer Gott,

um deine Ehre, Vater.
Nicht ob es mir gut geht, ist wichtig,
darauf kommt es nicht an,
sondern nur auf das eine,
ob es dir »gut geht«, ob du von den Menschen anerkannt wirst.
Das ist ja der letzte Sinn und das Ziel
der Schöpfung. Meine Arbeit, mein Gebet und Opfer
sollen diesem Zweck dienen:
dass dein Name geheiligt werde.
Das muss erreicht werden:
Du sollst anerkannt, geehrt werden,
großer Gott und Vater,
auch in mir.

Zu uns komme dein Reich,
das Vaterreich,
in dem du,
nur du,
über allem du
geehrt, anerkannt und geliebt wirst.
Zu uns komme dein Reich,
das Vaterreich:
zu den Völkern,
zu den Familien,
zu den Alleinstehenden, Alten, Kranken,
zu den Armen und Reichen,
zu den Verfolgten und den Verfolgern,
zu Freunden und Feinden,
zu allen Menschen,
auch zu mir.

Dein Wille geschehe
wie im Himmel so auf Erden!
Dein göttlicher Wille über alles!
Denn nur so kann deine Ehre
vermehrt werden.

Um deine Ehre,
deinen Willen gehe es allezeit
wie im Himmel so auf Erden.
Deswegen, lieber Vater:
Lass doch meinen Willen die Form deines
göttlichen Willens annehmen!

Unser tägliches Brot gib uns heute!
Gib uns, was wir brauchen zur gesunden
Entfaltung unserer Kräfte.
Gib uns das Notwendige,
gib uns nicht zuviel,
denn Überfluss ist für uns
ebenso gefährlich wie Armut.
Gib uns soviel,
dass wir leichter leben
und leichter Herz und Augen zu dir,
Vater, erheben können.
Gib uns, was wir brauchen,
um das Ziel unseres Lebens zu erreichen.

Vergib uns unsere Schuld,
wie auch wir vergeben unseren
Schuldigern.
Schuldig werden, wie oft geschieht mir das!
Und doch ist dies das größte Übel.
Schuldig werden
und schuld sein an der Schuld des andern.
Darum die Bitte:
Führe uns nicht in Versuchung,
sondern erlöse uns von dem Übel
aller Sünde und Schuld.

Vater unser,
mein Vater,
lass mich in der Schule dieses Gebetes

geformt werden
und hineinwachsen in das Leben,
das du mitteilen willst.
Dann werde ich befreit
vom Kreisen um mich selber
und nehme teil an deinen Eigenschaften,
deiner Größe,
deinem Wesen,
Vater.

Schwester Maripetra Süß (1935-2001)

Vater unser im Himmel: Ach, Herr, wie sehr zeigst du dich als Vater eines solchen Sohnes und wie sehr zeigt sich dein Sohn als Sohn eines solchen Vaters! Sei auf immer und ewig gepriesen! Es wäre diese Gnade am Ende des Gebetes nicht so groß gewesen, Herr! Kaum, dass wir beginnen, füllst du uns die Hände und erweist uns eine so große Gnade, dass es genug wäre, den Verstand damit anzufüllen, um unseren Willen mit seinen Empfindungen derart in Beschlag zu nehmen, dass er kein Wort mehr sprechen könnte.

(...)

2. Du, Sohn Gottes, mein Herr! Wieso gibst du mit dem ersten Wort so viel? Da du dich in so extremer Weise demütigt zeigst, indem du dich bei dem, was du erbittest, mit uns verbindest und Bruder eines so unzulänglichen, erbärmlichen Wesens bist, warum gibst du uns dann im Namen deines Vaters alles, was man geben kann, denn du möchtest ja, dass er uns zu Kindern hat? Da dein Wort nicht trügen kann, muss es in Erfüllung gehen. Du machst es ihm zur Pflicht, es zu erfüllen, was keine geringe Aufgabe ist, denn da er Vater ist, muss er uns ertragen, wie schlimm auch immer die Verfehlungen seien. Wenn wir uns ihm wieder zuwenden, muss er uns in unseren Nöten trösten, wie es ein solcher Vater tut, denn er muss notwendigerweise besser sein als alle Väter dieser Welt, da in ihm nichts als alles Gute in Fülle sein kann. Er muss uns wohl verwöhnen, er muss für unseren Unterhalt sorgen – er hat die Mittel dazu – und uns nachher zu Teilhabern und Miterben mit dir machen.

3. Schau, mein Herr, da sich dir bei der Liebe, die du zu uns hast, und bei deiner Demut nichts in den Weg stellt (schließlich weilst du, Herr, auf Erden und bist mit ihr bekleidet, da du unsere Natur hast, und die Rolle, die du hast, so sieht es aus, verpflichtet dich, uns Gutes zu erweisen), dein Vater aber, schau, im Himmel weilt – wie du ja selbst sagst –, so ist es doch nur recht, Herr, dass du auf seinen guten Ruf bedacht bist. Da schon du an den Pranger gestellt bist, um unseretwegen in Verruf zu geraten, so lass deinen Vater frei. Lege ihm doch keine so große Verpflichtung auf gegenüber so erbärmlichen Leuten wie mir, die es ihm so schlecht danken werden, wo es sogar noch mehr gibt, die es ihm nicht besser danken.

4. Du guter Jesus, wie klar hast du gezeigt, dass du eins mit ihm bist und dein Wille der seine und seiner der deine ist! Was für ein klares Bekenntnis, mein Herr! Was

ist es doch um die Liebe, die du zu uns hast! Du bist umhergezogen und hast dabei dem Bösen verborgen, dass du der Sohn Gottes bist, aber bei dem sehnlichen Wunsch, den du um unser Wohl hegst, stellte sich dir nichts in den Weg, um uns eine so überaus große Gnade zu erweisen. Wer, wenn nicht du, mein Herr, könnte uns die erweisen? Ich verstehe nicht, wie der Böse durch dieses Wort nicht ohne jeden Zweifel erkannt hat, wer du bist. Zumindest sehe ich deutlich, mein Jesus, dass du als Lieblingssohn für dich selbst und für alle gesprochen hast, und dass du die Macht hast, dass im Himmel geschieht, was du auf Erden sagst. Sei für immer gepriesen, mein Herr, der du so sehr Freund des Gebens bist, dass sich dir nichts in den Weg stellt!

(...)

Mein Herr, wenn wir dich wirklich kennen würden, würden wir uns aus niemandem etwas machen; viel gibst du denen, die sich dir wirklich hingeben wollen. Glaubt nur, Freundinnen, dass es etwas Großes ist, diese Wahrheit zu erkennen, um einzusehen, dass die Dinge und Gunsterweise von hier Lügen sind, sobald sie in einem Punkt von dieser Wahrheit abweichen. Lieber Gott, gäbe das doch jemand den Sterblichen zu verstehen! Ich gewiß nicht, Herr, denn obwohl ich dir mehr schulde als irgendeiner sonst, bringe ich es nicht fertig, sie so zu verstehen, wie man sie verstehen sollte.

(...)

Aber ist dein Antlitz, Herr, denn so, dass man es nicht anschauen möchte, wenn es uns so nahe ist? Bei den Menschen haben wir nicht den Eindruck, dass sie uns hören, wenn wir mit ihnen sprechen, sofern wir nicht sehen, dass sie uns anschauen. Wollen wir dann die Augen schließen, um nicht zu sehen, dass du uns anschaust? Wie sollen wir dann erkennen, ob du gehört hast, was wir gesagt haben?

(...)

Hättest du, mein Herr, nicht mit einem Wort schließen und sagen können: Gib uns, Vater, was für uns gut ist, wo doch bei einem, der alles so gut versteht, mehr nicht nötig zu sein scheint?

Du Weisheit der Engel! Dir und deinem Vater reichte das, denn so hast du im Garten zu ihm gebetet; du tatest ihm deinen Willen und deine Angst kund, überließest es aber dem seinen. Von uns aber, Herr, weißt du, dass wir in den Willen deines Vaters nicht so ergeben sind, wie du es warst, und dass es nötig war, um bestimmte Dinge zu bitten, damit wir ein wenig innehielten, um zu schauen, ob uns das, worum wir bitten, etwa gut tut; und wenn nicht, dass wir dann nicht darum bitten. Denn wie wir nun einmal sind, würden wir bei dem freien Willen, den wir haben, das, was der Herr uns gibt, nicht annehmen, wenn man uns nicht gibt, was wir wollen. Denn mag jenes auch besser sein, so meinen wir doch nie, uns als reich einzuschätzen, sofern wir nicht gleich das Geld auf der Hand sehen.

O mein Gott, was macht es doch aus, wenn der Glaube sowohl für das eine wie auch für das andere so eingeschlafen ist, dass wir nicht bis ins letzte erkennen, wie gewiß wir die Strafe, und wie gewiß wir den Lohn erhalten werden!

(...)

»Dein Wille geschehe, und so wie er im Himmel geschieht, geschehe er auch auf Erden.« Du hast gut daran getan, guter Meister und Herr, die vorhergehende Bitte auszusprechen, damit wir erfüllen können, was du ihm in unserem Namen zusagst, denn wenn es nicht so wäre, Herr, käme es mir gewiß unmöglich vor, dass wir das erfüllen könnten. Wenn aber dein Vater macht, worum du ihn bittest, dass er uns hier sein Reich gibt, dann weiß ich, dass wir dich als wahrhaftig erweisen werden, indem wir geben, was du in unserem Namen gibst. Denn wenn die Erde zum Himmel geworden ist, wird es auch möglich, dass in mir dein Wille geschehe. Aber ohne das und bei einem so erbärmlichen, unfruchtbaren Erdreich wie dem meinen, wüßte ich nicht, wie es möglich sein sollte,– es ist großartig, was du da anbietest. Darum möchte ich, Töchter, dass ihr es versteht.

(...)

Du mein Herr, welch große Wonne ist es für mich, dass du die Erfüllung deines Willens nicht einem so erbärmlichen Wollen wie meinem überlassen hast! Sei für immer gepriesen, und es möge dich alles preisen. Dein Name werde für immer verherrlicht. Es stünde schön um mich, mein Herr, wenn die Erfüllung oder Nichterfüllung deines Willens in meinen Händen läge. Ich gebe dir jetzt aus freien

Stücken den meinen hin, auch wenn das seit einiger Zeit nicht ohne Eigeninteresse geschieht; dem ich habe schon erprobt und viel Erfahrung damit gemacht, welchen Gewinn es bedeutet, meinen Willen freiwillig dem deinen zu überlassen.

(...)

Es erfülle sich, mein Herr, an mir dein Wille, in jeder Art und Weise, wie du, mein Herr, nur möchtest. Willst du es durch Prüfungen, dann gib mir Kraft und lass sie kommen; wenn durch Verfolgungen, Krankheiten, Ehrverluste und Nöte, hier bin ich, ich werde mein Gesicht nicht abwenden, mein Vater, noch wäre es recht, die kalte Schulter zu zeigen. Da dein Sohn im Namen aller diesen meinen Willen hingegeben hat, wäre es nicht recht, wenn ich meinerseits versagte. Mögest du mir die Gnade erweisen, mir dein Reich zu geben, damit ich ihn erfüllen kann, weil er mich darum gebeten hat, und dann verfüge nach deinem Willen über mich wie über deine Sache.

(...)

Aber gibt es wohl einen Vater, Herr, der seinem Sohn gestatten würde, bei uns zu bleiben, um Tag für Tag weiterzuleiden, nachdem er uns diesen – und was für einen! – geschenkt und dazu noch so hatte zurichten lassen? Gewiß keiner, Herr, außer deinem. Du weißt gut, wen du bittest.

O mein Gott! Welch große Liebe des Sohnes, und welch große Liebe des Vaters! Ich wundere mich nicht einmal so sehr über den guten Jesus, denn da er nun einmal gesagt hatte »fiat voluntas tua«, musste er ihn bei dem, wie er ist, auch erfüllen. Jawohl, denn er ist nicht so wie wir, sondern weiß, dass er ihn erfüllt, indem er uns so liebt wie sich selbst, und so ging er auf die Suche, um dieses Gebot noch vollkommener zu erfüllen, und wäre es auf seine Kosten. Du aber, ewiger Vater, wie hast du da nur zugestimmt? Warum willst du deinen Sohn Tag für Tag in so erbärmlichen Händen sehen? Nachdem du einmal gewollt hattest, dass er dableibt, und darin zustimmtest, siehst du, wie sie ihn behandeln. Wie kann dein Mitgefühl tagtäglich zuschauen, wie ihm Beleidigungen zugefügt werden? Und wie viele werden heute diesem Allerheiligsten Sakrament zugefügt! In wieviel feindlichen Händen muss ihn der Vater sehen! Wie viele Ehrfurchtslosigkeiten von Seiten dieser Häretiker! –

Du ewiger Herr! Wie kannst du diese Bitte annehmen? Wie kannst du ihr zustimmen? Siehst du denn seine Liebe nicht, die sich täglich zerreißen lassen würde, um im Gegenzug deinen Willen ganz zu erfüllen und es für uns zu tun? Dir, mein Herr, kommt es zu, das zu beachten, wenn schon dein Sohn sich durch nichts abhalten lässt. Warum muss uns unser ganzes Heil denn auf seine Kosten zuteil werden? Warum schweigt er zu allem und vermag nicht, für sich einzutreten, sondern nur für uns? Darf es denn keinen geben, der für dieses allersanfteste Lamm eintritt?

Gib mir die Erlaubnis, Herr, dass ich für ihn eintrete – wenn du ihn schon in unsere Gewalt geben wolltest – und dich anflehe, weil er dir so genau gehorcht und sich uns in so großer Liebe hingegeben hat. Sogar mir fällt auf, wie er nur in dieser Bitte zweimal dieselben Worte gebraucht, denn zuerst sagt und bittet er, du möchtest ihm dieses Brot jeden Tag geben, und dann sagt er noch einmal *»gib es uns heute, Herr«*. Außerdem hält er dir vor Augen – wie wenn er sagen wollte, dass es nur recht sei, uns diese Gnade nicht wegzunehmen –, dass es schon *»unseres«* sei; dass du es uns schon einmal als Heilmittel gegeben hast und es uns daher nicht wieder nehmen darfst. Also schaut meine Schwestern, – und das möge euch das Herz erweichen, um euren Bräutigam zu lieben –, es gibt doch keinen Sklaven, der gern sagt, dass er einer ist, aber hier sieht es so aus, als sei es für den guten Jesus eine Ehre.

Du ewiger Vater, wieviel bringt doch diese Demut fertig! Um welchen Schatz erkaufen wir deinen Sohn? Ihn verkaufen, das wissen wir schon, dass das um dreißig Silberlinge geschah; aber um ihn zu kaufen, welcher Preis reicht da aus? Da sich der Herr hier aufgrund seiner Teilhabe an unserer Natur mit uns eins macht und als Herr über dessen Willen den Vater daran erinnert, dass er uns diesen, da er ja sein ist, geben kann, nennt er sich *»unser«*. Er macht keinen Unterschied zwischen sich und uns; aber wir machen einen, um uns nicht Tag für Tag für ihn hinzugeben.

(...)

Nun also, heiliger Vater, der du bist im Himmel! Wenn du es schon willst und annimmst – es war ja klar, dass du etwas, was uns so guttun würde, nicht verweigern würdest –, dann muss es doch jemanden geben – wie ich anfangs sagte –, der für deinen Sohn spricht, denn er hat es nie verstanden, für sich einzutreten. Daher bitte ich euch, Töchter, mir zu helfen, unseren heiligen Vater – in seinem Namen – zu bitten, denn da ihm doch wirklich nichts mehr zu tun übrig blieb, um den Sündern eine so große Wohltat wie diese zu erweisen, möge es Seiner Majestät zu Gefallen und Dienst sein, Abhilfe zu schaffen, damit er nicht so arg mißhandelt werde. Und da sein heiliger Sohn ein so wirksames Mittel eingeführt hat, damit wir ihn oftmals als Opfer darbieten können, möge diese kostbare Gabe helfen, damit die unermeßlichen Übel und Frevel, wie sie an Orten geschehen, wo das Allerheiligste Sakrament ist, nicht weiter um sich greifen. Denn es sieht so aus, als wollten sie ihn erneut aus der Welt hinauswerfen, da er aus den Kirchen entfernt ist, so viele Priester verlorengingen, so viele Kirchen profaniert wurden, sogar unter Christen, die manchmal dorthin gehen, mehr um ihn zu beleidigen als um ihn anzubeten.

Was ist das doch, Herr? Setze entweder der Welt ein Ende oder schaffe Abhilfe für so schwerste Übel, denn es gibt doch kein Herz, das dies erduldet, nicht einmal unter uns, die wir erbärmlich sind. Ich flehe dich an, ewiger Vater, dass du das nicht mehr duldest. Lösche diesen Brand, Herr! Schau, dein Sohn weilt noch in der Welt; aus Respekt vor ihm sollen so häßliche und schmutzige Dinge aufhören, denn in seiner Schönheit und Reinheit verdient er es nicht, da zu weilen, wo es so schrecklich stinkt. Unseretwegen brauchst du es nicht zu tun, Herr, denn wir verdienen es nicht; tue es für deinen Sohn. Denn ihn uns nicht hier zu lassen, das wagen wir dich nicht zu bitten, weil er von dir erlangt hat, dass du ihn für diesen heutigen Tag – was bedeutet, so lange die Welt währt – hier lassen mögest, und auch, weil dann alles aus wäre. Denn wenn etwas dich besänftigt, dann dieses Unterpfand, das du hier hast. Da es doch irgendeine Abhilfe geben muss, Herr, möge Eure Majestät sie anwenden, denn wenn du willst, vermagst du es.

Ach Herr, könnte ich dich doch inständig bestürmen und hätte ich dir doch ein wenig gedient, um als Belohnung für meine Dienste eine so große Gnade von dir erbitten zu können, da du niemanden unbelohnt lässt! Aber ich habe das nicht getan, Herr; im Gegenteil, vielleicht bin ich es, die dich so arg erzürnt hat, dass diese großen Übel wegen meiner Sünden auftreten. Was soll ich denn machen, Herr, außer dir dieses heilige Brot anzubieten, und es dir wiederzugeben, obwohl du es uns gegeben hast, und dich um seiner Verdienste willen anzuflehen, mir diese Gnade zu gewähren, da er es auf so vielfach Weise verdient hat? Komm, Herr, mach endlich, dass sich dieses Meer beruhigt; lass das Schiff der Kirche nicht immerfort diesen Stürmen ausgesetzt bleiben, und rette uns, mein Herr, denn wir gehen zugrunde!

(...)

Letzten Endes habe ich nichts, mein Herr, was ich dir aus diesem Grund anbieten könnte, um dich dann zu bitten, mir meine vielfache Schuld zu vergeben. Es möge mir dein Sohn vergeben, denn es hat mir kein Mensch unrecht getan, und so habe ich dir zugunsten nichts zu vergeben gehabt. Nimm dafür meinen guten Willen, Herr, denn ich glaube, dass ich alles, was auch immer es sein möge, vergeben würde, damit du mir vergibst, oder auch, um deinen Willen bedingungslos zu erfüllen. Doch weiß ich nicht, was ich bei gegebener Gelegenheit täte, wenn sie mich schuldlos verurteilen würden. Jetzt erlebe ich mich in deiner Augen so schuldig, dass sie alle dahinter zurückbleiben, auch wenn diejenigen, die nicht so gut wissen, wie du es weißt, was ich für eine bin, meinen, mich zu beleidigen. Also, mein Vater, du wirst mir umsonst vergeben müssen; hier kommt dein Erbarmen sehr gelegen! Gepriesen seist du, da du mich in meiner großen Armut erträgst; denn darin, was dein heiligster Sohn im Namen aller gesagt hat, geht die Rechnung bei mir nicht auf, weil ich nun einmal so bin.

Aber, Herr, ob es wohl manche gibt, die mir Gesellschaft leisten und diesen Punkt nicht verstanden haben? Wenn es sie gibt, dann bitte ich sie in deinem Namen, doch daran zu denken und kein Aufhebens um ein paar lächerliche Kränkungen zu machen, wo es aussieht, als würden sie mit diesen Punkten des Ehrenkodexes nur Häuschen aus Strohhalmen bauen, die Kinder.

(...)

O mein Herr, mein Herr! Bist du unser Vorbild und Meister? Ja, gewiß. Worin bestand denn nun deine Ehre, mein König? Hast du sie vielleicht verloren, als du zu Tode gedemütigt wurdest? Nein, mein Herr, da hast du sie gewonnen zum Nutzen aller.

(...)

Gib ihnen zu verstehen, Herr, dass sie nicht wissen, was sie sagen, und dass sie mit genauso leeren Händen mit ihrer Bitte daherkommen, wie ich. Tue es aus Erbarmen, und weil du bist, wer du bist. Denn in Wirklichkeit, Herr, sehe ich nichts, das es verdiente, vor dich gebracht zu werden, damit du uns eine so große Gnade erweist – wo doch alles ein Ende hat, die Strafe aber ewig ist –, es sei denn um dessentwillen, der dich darum bittet. Er hat recht, denn immer ist es er, der beleidigt und dem unrecht getan wird.

(...)

Also, ewiger Vater, führe uns nicht in diese Versuchung. Offene Schwierigkeiten, die sollen mit deiner Hilfe nur kommen; aber diese hinterhältigen Machenschaften, wer wird dies durchschauen, mein Gott? Immer müssen wir um Abhilfe bitten. Nenne uns, Herr, doch ein Anzeichen, damit wir unseren Weg ohne ständiges Aufschrecken gehen können; du weißt ja, dass auf diesem Weg nicht die Mehrheit wandelt, und wenn man ihn unter solchen Ängsten gehen muss, werden es noch viel weniger sein.

(...)

Ach, mein Herr, erlöse mich von allem Bösen und führe mich doch, bitte, dorthin, wo es alle Wohltaten gibt! Was erhoffen wir uns denn hier noch, wir, die wir doch ein wenig aus Erfahrung wissen, was die Welt wert ist, und die wir doch ein bisschen Glauben haben an das, was uns der ewige Vater bereithält? Da sein Sohn darum bittet und uns darum zu bitten lehrt, glaubt, dass es nicht gut ist, am Leben zu bleiben, sondern wir uns danach sehnen sollen, von allem Bösen frei zu werden.

(...)

Sein Name sei für immer gepriesen, in den Himmeln und auf Erden; und es geschehe an mir sein Wille. Amen.

(...)

Er sei gelobt und gepriesen ohne Ende. Amen. Jesus!

Teresa von Ávila (1515-1582)

Wenn ich von meinem Vertrauen sprechen will, dann sage ich:
Vater unser im Himmel, geheiligt werde dein Name.
Wenn ich erlebe, wie friedlos die Menschen sind, dann hoffe ich:
Dein Reich komme.
Wenn ich manchmal mit dem Kopf durch die Wand will, dann spreche ich:
Dein Wille geschehe, wie im Himmel, so auf Erden.
Wenn ich merke, dass das, was ich zum Leben brauche, nicht selbstverständlich ist,
dann bitte ich:
Unser tägliches Brot gib uns heute.
Wenn ich andere spüren lasse »Das geht mich nichts an«, dann bete ich:
Und vergib uns unsere Schuld, wie auch wir vergeben unseren Schuldigern.
Wenn ich es mir zu leicht machen will und nur noch mich selbst sehe,
dann denke ich:
Und führe uns nicht in Versuchung, sondern erlöse uns von dem Bösen.
Wenn ich manchmal richtig froh bin und fest hoffe, dass alles gut wird,
dann glaube ich:
Dein ist das Reich und die Kraft und die Herrlichkeit.
Amen.

Johannes Thiele (1954)*

Das Vaterunser zur Hausweihe

Gott im Himmel, unser Vater,
unser Helfer, unser Rater,
segne uns und dieses Haus,
teile allen, die hier leben,
Deinem Namen Ehre geben,
Deine reiche Güte aus.

Dass dein Reich allhier erstehe
und dein Wille so geschehe,
ob wir wachen oder ruhn.
Gib uns Trank, und gib uns Speise,
gib dein Wort, und gib die Weise,
wenn wir reden oder tun.

Mach uns frei von allen Sünden,
dass wir nicht im Tod erblinden,
sondern fröhlich sind und klar,
hilfreich sind, im Frieden leben
und den Schuldigen vergeben,
tapfer sind auch in Gefahr.

Halte fern die Macht des Bösen,
dass vom Übel wir uns lösen,
treib die schlimmen Geister aus.
Komme zu uns, Gott und Vater,
sei uns Helfer, sei uns Rater,
bleibe da und halte Haus.

Georg Thurmair (1909-1984)

Vater des Lichtes, des Lebens und aller Wesen, Vater der Engel, der Heiligen und Gerechten, Vater aller Menschen. Vater des Wildes und allen Getiers, Vater auch der stummen und leblosen Geschöpfe. Vater des vor allem Dasein einzigen, wahren und ewigen Sohnes Jesus Christus, der uns zu einem Volke und einer Kindschaft verbunden hat. Mit seinem Munde, mit seinen Worten und in seinem Geiste erheben wir unser Gebet zu dir:

Vater unser, der du bist im Himmel
Nah bist du uns und gut, und doch wohnst du im unzugänglichen Lichte deiner majestätischen Heiligkeit. Makellos ist sie, unantastbar und vom inneren Leuchten deiner heiligen Gottheit lodernd. So bitten wir dich um deiner Ehre willen:

Geheiligt werde dein Name
Geheiligt, geehrt und angebetet von allen Geschöpfen. Geheiligt im Gehorsam, geheiligt in der Liebe, geheiligt in dem Bekenntnis, dass nur einer gut ist, du, Herr. Geheiligt von deiner heiligen Kirche, der du die Ehre deines Namens anvertraut hast und dein Lob und die Anbetung deiner Herrlichkeit im Geiste und in der Wahrheit.

Zu uns komme dein Reich
Zu uns komme die Wahrheit und die Erkenntnis, dass allein du würdig bist, alle Macht zu besitzen und Gott zu sein. Zu uns komme deine Herrschaft, über uns der Glaube an dich, die Unterwerfung und Anbetung. Zu uns komme deine Gnade und die Liebe, die Gemeinschaft und der Friede. Zu uns komme dein Heiliger Geist mit seiner Innigkeit und Güte. Zu uns komme dein Sohn, zu vollenden die Welt, zu vollenden die Erlösung und alles deiner Herrschaft zu unterwerfen, auf dass du alles in allem seiest.

Dein Wille geschehe wie im Himmel also auch auf Erden
Dein Wille ist der bessere. Ja, wie der Himmel über der Erde ist, so ist deine Weisheit über unserer Weisheit und sind deine Wege über unsern Wegen. Dein Wille geschehe, wie und wann und wo es dir gefällt. Denn dein Wille ist Heil, Rettung und Erbarmen, ob du schlägst oder schützest, richtest oder heilst. Nimm dir unsere Freiheit, wir geben sie dir, dass du waltest, frei aus der Weisheit deines göttlichen Ratschlusses. Dein Wille geschehe aber auch durch uns. Auf deinen Willen wollen wir hören, wie deine heiligen Engel es tun, ihn wollen wir ergreifen, ihn wollen wir

künden, ihn wollen wir verteidigen, für ihn wollen wir uns einsetzen, kämpfend, siegend in deiner Kraft. Dein Wille geschehe, der Wahrheit ist und Gerechtigkeit, Gutsein und Liebe. Dein Wille sei uns Speise, Weg und Ziel. Dein Wille sei unsere Sehnsucht und unsere Erfüllung.

Unser tägliches Brot gib uns heute
Denn unser Leib ist von der Erde genommen und bedarf der Nahrung, die du uns schenkst. Wie sollten deine Geschöpfe leben, wenn du nicht als der Spender der Speise und alles Guten ständig ihr Leben erhieltest? Preis sei dir für das Brot und jegliche Nahrung, die auf unserm Tisch steht. Lehre uns, sie denen zu geben, die ihrer bedürfen. Sättige die Hungrigen. Gib uns allen das tägliche Brot für Leib und Seele.

Und vergib uns unsere Schuld
Gibt es eine ernstere Bitte für das Heil der Seele, wenn wir begriffen haben, dass du heilig bist? O wallendes Gutsein, wie entleert ist unser Leben von dir! O überfließende, nie versiegende Liebe, wie können wir neben dir bestehen? Und wenn wir gar unsrer Sünden gedenken, wer könnte da bestehen? Erbarme dich unser, o Herr, nach deiner großen Barmherzigkeit, wie auch wir uns erbarmen wollen.

Wie auch wir vergeben unsern Schuldigern
Denn da wir verurteilt, entrechtet, arm und nur von deiner Barmherzigkeit lebend nichts haben, was wir von uns aus dir vorweisen könnten, so muss wenigstens dieses Zeichen des Begreifens und der Dankbarkeit vor dir sichtbar werden, dass wir das Erbarmen, mit dem du uns bedacht hast, weitergeben an unsere Brüder. Lehre uns, von Herzen zu verzeihen.

Und führe uns nicht in Versuchung
Ja, so müssen wir bitten, auch wenn wir deine Barmherzigkeit erhalten haben, von dir aufgenommen, deine Kinder geworden und in deiner Liebe geborgen sind. Denn keiner, der von dir gerufen ist, darf sagen, er sei schon gerettet. Führe uns nicht in die Versuchung, der dein Apostel Petrus erlegen ist und in der Judas zum Verräter wurde. Führe uns nicht in Versuchung durch ein Übermaß von Glück oder ein Übermaß von Schmerz, für die unser ungeläutertes und wankelmütiges Herz zu schwach ist.

Sondern erlöse uns von dem Übel
Von den Übeln des Leibes und der Seele, von allem Übel in Kirche, Familie, Volk. Erlöse uns von dem Übel, soweit es in dieser darnieder liegenden Welt möglich ist. Erlöse uns einmal von allem Übel in einem guten Tode. Erlöse uns vor allem in der heiligen Wiederkunft deines Sohnes, wenn die Welt gerichtet, der Satan verworfen, das Böse getilgt wird, wenn alles Gute erblüht, wenn die Schätze der Völker in deine heilige Stadt getragen werden, wenn du jede Träne abtrocknen wirst und es keine Trauer, noch Leid noch Schmerz geben wird. Wenn du alles unter deine selig machende Herrschaft nimmst und unser überaus großer Lohn sein wirst.

Amen. Ja, so soll es sein. Amen.

Klemens Tilman (1904-1994)

Vater unser im Himmel
Du bist da
Realität
hast Zeit
für uns
bist immer zu sprechen
hörst uns
hörst uns zu
nicht nur mit halbem Ohr
hörst auch
wofür wir keine Worte finden

geheiligt werde Dein Name
wir ehren Dich
heiligen Deinen Namen
richten uns aus auf Dich –
unsere wahre Mitte

wie gut tut uns das
das Schauen auf Dich
löst uns
von der Sorge um eigene Ehre,
von der Suche nach Anerkennung, Prestige, Bestätigung
lässt uns erkennen
wer Du wirklich bist
wer wir wirklich sind

Dein Reich komme
nicht unser Reich
Dein Reich
entfalte sich unter uns
in unserem Reich
geht es oft laut zu
immer mehr
immer schneller
und eigentlich sollte alles perfekt sein
in Deinem Reich
ist Platz für das Unvollkommene
für das Zerbrochene
Platz für die die Abgestürzten
die an den Rand Gedrückten
Platz für alle
die dich suchen
mit ehrlichem Herzen
in Deinem Reich sind alle willkommen
Dein Reich
lass es wachsen in uns

Dein Wille geschehe
schwirig
leichter scheint es doch
das Heft selbst in der Hand zu haben
was wir wollen, soll geschehen –
geschehen? Nein, es wird »gemacht«!

Du »machst« nicht
es geschieht
wo wir uns Dir ganz überlassen
uns der Stille Deiner Gegenwart aussetzen
wirkst Du
in uns
durch uns
wir
Zeichen Deiner lebendigen Gegenwart

wie im Himmel so auf Erden
wir sind verbunden
die sichtbare mit der unsichtbaren Welt
eine Wirklichkeit
eine Einheit
lebendige Realität

unser tägliches Brot gib uns heute
was wir zum Leben brauchen
was gut für uns ist
was uns weiterführt
auf dem Weg
zu Dir
zueinander
auch wenn es vielleicht ganz anders ist
als das
was wir meinen zu brauchen.

und vergib uns unsere Schuld
wie auch wir vergeben unseren Schuldigern
von Herzen verzeihen
wenigstens der Absicht nach
sonst bleibt das Leben stehen
wie das Wasser hinter einem Staudamm
die alten Verletzungen
in Deiner Gegenwart

anschauen
erleiden
erlösen lassen
uns mit unserer Mitte verbinden
Dir zuwenden
von dort kommt Versöhnung
alles was geschieht
und ebenso
wie es geschieht
ist uns geschenkt
damit wir auf dem geradesten Weg
zu Dir geführt werden.

und führe uns nicht in Versuchung
sondern erlöse uns von dem Bösen
Licht und Schatten
Begegnung
mit den Dunkelheiten
in uns
Liebe löst auf
erlöst
was im Schauen auf dich erlitten ist
ist erlöst
kommt nicht mehr zurück
ist heil
durch die Lebenskraft
die uns geschenkt ist
von Dir.

Denn Dein ist das Reich und die Kraft und die Herrlichkeit
in Ewigkeit
Amen.

Christine Treibel (1973)*

Mein Vater Unser

Mein Vater,
der du aber doch der Vater aller bist,
zu dir bete ich.
Egal wo ich bin und mit wem,
ich weiß, dass ich immer zu dir kommen kann.
Immer ... das gibt mir Sicherheit und Halt im Leben.
Obwohl du da oben im Himmel bist, wie wir so schön sagen,
habe ich doch das Gefühl, dass du mir ganz nahe bist
und mich nicht im Stich lässt.

Heiligen will ich deinen Namen,
ihn loben und preisen, bis dein Reich kommt und darüber hinaus.
Dein Reich ist zwar schon da, aber nicht immer kann ich das spüren.
Schenke mir öfter das Gefühl, dass du schon bei mir bist
und deine Hand schützend über mich hältst, auch wenn ich manchmal das Gefühl
habe, dass sowieso alles nach DEINEM Plan läuft und ich keinen Einfluss habe.
Vielleicht ist das gut so, damit ich vor Schlimmerem bewahrt werde, doch wenn ich
ehrlich bin, lässt du mich auch oft genug aus meinen eigenen Fehlern lernen,
ohne mich danach allein sitzen zu lassen.

Egal, ob ich jetzt noch hier auf Erden bin
oder ob du mir schon Wohnung bei dir gegeben hast.
Gib mir jeden Tag ausreichend von dem, was ich wirklich zum Leben brauche.
Ich weiß, dass du mich nicht verdursten lässt,
auch wenn ich manchmal Durststrecken überwinden muss.
Auf dich kann ich hoffen.
Da bist du manchmal sogar der einzige, dem ich noch vertrauen kann.

Du gehst mit gutem Beispiel voran und verzeihst mir jeden Tag,
jede Stunde und jede Minute neu meine Fehler.
Hilf mir, dass auch ich nicht über andere richten will
und so wie du vergeben kann.
Lass mich nicht allzuoft in Versuchung geraten,
damit ich ihr nicht gänzlich erliege.

Mach mich jeden Tag aufs Neue stark durch deinen Geist
und lass das Böse, den Unfrieden und die Ungerechtigkeit in der Welt
nicht Überhand nehmen, sonst kann die Menschheit dich
in ihrer Verzweiflung nicht mehr erkennen.
Denn nur in deiner Hand soll die Macht und Herrlichkeit liegen, für immer!

So halte und schütze uns in deiner Liebe,
bis wir dich voll und ganz erkennen können in deinem Reich.

Amen

Stefanie Trottmann (* 1991)

Vater im Himmel:
heilig sei uns der Name.
Dein Geist wehe und komme über uns,
Dein Wille geschehe und leite uns.
Bitte: Gib allen,
was sie zum Leben benötigen.
Alsdann: Vergib uns, wo wir schuldig geworden.
Auch wir wollen vergeben –
denen, die sich an uns verschuldet haben.
Doch bewahre uns vor zu schwerer Versuchung,
dass wir dem Bösen nicht wehrlos erliegen.
Denn alles vermagst du, Allmächtiger,
in der Kraft deiner Herrlichkeit.
Amen.

Ferdinand Urbanek (* 1926)

[Vater unser, der Du bist im Himmel...]

Vater unser, der Du bist im Himmel,
verlöse die Menschen nun endlich von den Menschen.
Diese Sippschaft ist nicht mehr viel wert
als dass Du sie vernichtest.
Sie wissen nichts anderes mehr zu tun
als Blut zu vergießen
indem sie sich gegenseitig abschlachten.
Mache Du nun endlich Schluß
mit den unseligen Kriegen
auf der ganzen Erde.
Du allein bist der Größte Feldherr.
Du brauchst keine Giftgase
und keine Kanonen
keine Tanks und keine Bomben.
Du brauchst nicht so grausame Waffen.
Lasse Du harmlose Schneeflocken vier Wochen lang
Tag und Nacht ununterbrochen auf die Erde fallen –
dann ist der wahre Friede auf Erden –
                                          Amen.

Karl Valentin (1882-1948)

Der Vater-unser-Psalm

MP	VATER UNSER, Gott, Lebendiger im Himmel!
W	Aber auch auf Erden, unter uns!

    1 Du hast uns nicht nur aus dem Nichts gerufen
       wie Stein und Kraut, Gestirne, Baum und Tier.
    2 In Jesus Christus, deinem Sohn, ist jeder Mensch
       nicht nur Geschöpf, er ist dein Kind.
    1 Vater dürfen wir dich nennen, Abba, lieber Vater!
       Dein Leben lebt in uns, wir sind aus dir.

MP	DEIN NAME, das bist du, Gott, Heiliger, im Himmel.
W	Er werde auch auf Erden angebetet und verherrlicht unter uns.

    1 Zum Lobpreis und zum Zeugnis deines Namens
       sind wir durch Taufe und Profess berufen,
    2 Von Tag zu Tag erklingt dir, Heiliger Gott,
       der Kirche reines Lob in Christus, auch durch uns.
    1 Im NAMEN JESUS ruht dein Wesen, dein Geheimnis,
       Gott, Dreifaltiger, er ist DEIN NAME, unser Heil.

MP	DEIN REICH, das immer kommt und kommen wird, deiner Herrschaft Friede, Wahrheit und Gerechtigkeit, die unsere Welt verändert,
W	– lass kommen auch durch uns, denn deine Schöpfung willst du auch durch uns vollenden

    1 Dein Reich, Dein Heiliger Geist, ist unter uns schon da
       und schafft uns neu, verwandelt unsre Herzen.
    2 Schafft Einheit unter uns, entfaltet unser Wesen
       durch Gaben, durch je eigne Kräfte, dass immer mehr
       wir Kleine Kirche sind,
    1 Und dieses Leben, Heiliger Geist,
       aus Christi Kreuz und Auferstehung,
       lass es strahlen, lass es dringen auch hinaus
       in unser Land.

MP	UND ES GESCHEH' DEIN WILLE, wie im Himmel!
W	– aber auch auf Erden, unter uns, in uns,
	in unsern Kirchen und Familien, im öffentlicher Leben,
	unserm Land und Volk.

    1 Dein Wille, Gott, ist Liebe, ist unser höchstes Gut.
       Lass uns, von ihm erfüllt, in ihm geborgen sein.
    2 Dann werden wir gehorchen,
       wie uns die heilige Regel lehrt,
       nicht zögernd, sondern freien Herzens,
       unter deinem Blick,
    1 Denn was du willst im Himmel und auf Erden, geschieht
       durch den Gehorsam Jesu überall und allezeit,
       ob mit, ob ohne uns.
       Du lässt uns selbst entscheiden –
       gib Einsicht uns und Kraft!

MP	GIB UNS BROT FÜR JEDEN TAG: Brot vom Himmel.
W	Und das Brot der Erde. Mach auch alle satt durch uns, die hungern in der Welt,

    1 Gib uns immer dieses Brot,
       das wir am Morgen essen beim heiligen Mahl,
       gib seine Kraft, sein Leben, sein Geheimnis
       uns durch unsern ganzen Tag.
    2 Es hole uns nach innen in die Stille, wo du wohnst,
       uns Anbetung lehrst und Demut und Geduld,
    1 Und wenn wir fröhlich, gerne und mit Lust genießen,
       was du uns schenkst zur Essenszeit,
       nimm unsern Dank als Bitte an:
       Gedenke, Herr, der Hungernden.

MP	UND VERGIB UNS UNSERE SCHULD, an dir –
W	– und unsern Schwestern, unsern Brüdern.

MP	WIE AUCH WIR VERGEBEN UNSERN SCHULDIGERN,
W	die wir befreien, wie du uns befreit hast:
	durch Verzeihen.

	1 Was Sünde ist vor dir, was wir an dir verschulden, kann kein Geschöpf, kann nie ein Mensch ermessen.
	2 Nimm unsern Reueschmerz wie den des Schächers an, wie Magdalenas Tränen, nimm uns wieder an, nimm jeden Abend uns von neuem auf in dein Erbarmen.
	1 Dann kann sich unser leichter oder schwer gekränktes Herz der Schwester, die uns weh tat, wieder gütig öffnen, wie könnten wir ihr zürnen, wenn du uns verzeihst?
MP W	IN DER VERSUCHUNG, uns selber zu genügen – und von dir zu lassen, bewahre uns in deiner Gegenwart.
	1 Sie liegt in uns, wir kennen die Gefahr, dich, unsern Gott, dich, Jesus, zu vergessen, und nur uns zu sehn, als wärest du nicht da;
	2 zu wollen und zu tun, was uns beliebt und freut, uns zu verlieren in die eigne Sicht und Lust,
	1 Lass uns nicht los, o ewige Liebe, Lockung, Licht, uns, jeder, zugewendet, als wäre niemand anders da!
MP W	UND ERLÖSE UNS VOM BÖSEN, – in uns und in der Welt, durch JESUS CHRISTUS, unsern Herrn, im Heiligen Geist.
	1 Befreie uns aus allen innern Zwängen, aus Traurigkeit und Angst, die unser Leben lähmt.
	2 Befreie uns von unserer Selbstsucht, Herr, mach unser Herz selbstlos und ruhig, sanft und klug wie deins.
	1 Und lass uns in der Freude deines Heiligen Geistes die Nacht der Prüfung hier auf Erden glaubensstark durchlaufen.

MP	DENN DEIN IST DAS REICH UND DIE KRAFT UND DIE HERRLICHKEIT,
W	immer, allzeit, auch heute und hier unter uns im Feier-Jahr unserer Heimat,
Alle	– die unsere Gemeinschaft in Lobpreis, fürbittend und voll Dankbarkeit mit ihr und auch für sie begeht, dass du, DREIFALTIGER, in ihr und in der ganzen Welt verherrlicht seist, VON EWIGKEIT ZU EWIGKEIT, AMEN.

Silja Walter OSB (1919-2011)

Vaterunser-Meditation

V	Vater unser im Himmel
L	Gott, Quelle des Lebens, / im Himmel und auf Erden, / unter uns.
A	Vater unser im Himmel.
V	Geheiligt werde dein Name.
L	Mach ihn bekannt, / dich selber, Gott, / auf dass du angebetet und gepriesen werdest / in der Welt.
A	Geheiligt werde dein Name.
V	Dein Reich komme.
L	Dein Reich, das immer kommt / und kommen wird, / dein Reich der Liebe, / der Wahrheit und Gerechtigkeit, das unsre Welt verändert, / lass kommen / auch durch uns.
A	Dein Reich komme.
V	Dein Wille geschehe.
L	Wie im Himmel / auch in uns, / in unseren Kirchen und Familien, / in Politik, / in Kultur und Wirtschaft unsrer Welt.
A	Dein Wille geschehe.
V	Gib uns heute unser tägliches Brot.
L	Brot vom Himmel / und das Brot der Erde. / Mach durch uns auch andre satt, die hungern.

A	Gib uns heute unser tägliches Brot.
V	Und vergib uns unsre Schuld.
L	An dir, / an deiner Schöpfung, / an unsern Schwestern, / unsern Brüdern.
A	Und vergib uns unsre Schuld.
V	Wie auch wir vergeben unsern Schuldigern,
L	die wir befreien können, / wie du uns befreit hast: / durch Verzeihen.
A	Wie auch wir vergeben unsern Schuldigern.
V	Und führe uns nicht in Versuchung.
L	Sind wir versucht, / von dir zu lassen / und uns selber zu genügen, / bewahre uns in deiner Liebe.
A	Und führe uns nicht in Versuchung.
V	Sondern erlöse uns von dem Bösen.
L	Von allen Todesmächten / in uns und in der Welt.
A	Sondern erlöse uns von dem Bösen.
V	Denn dein ist das Reich.
L	Immer / und auch heute, / unter uns, / auf unserem ganzen Planeten.
A	Denn dein ist das Reich und die Kraft und die Herrlichkeit in Ewigkeit. Amen.

Silja Walter OSB (1919-2011)

V	Vater unser im Himmel…
–	Schöpfer des Himmels und der Erde
A	erbarme dich unser
–	Ursprung allen Lebens
–	Gott und Vater Jesu Christi und aller Menschen
–	Ewiges unergründliches Geheimnis bist du
–	Du Gott ohne Anfang und ohne Ende
–	Unsichtbarer und zugleich naher Gott
–	Gott des Lichtes und der Lichtjahre
–	Du, in dem wir leben uns bewegen und sind
–	Verborgen und gegenwärtig bist du
–	Gott der Zeit und Ewigkeit
–	Von uns Menschen gesucht und geehrt
–	Gott von uns Menschen vergessen
–	Du unser Gott hier und heute
–	Du Gott allen Lebens und aller Lebewesen
–	Gott unserer Geschichte und Zukunft
–	Lebendiger und wahrer Gott gegen alle Götzen
V	Geheiligt werde dein Name
–	**von uns, deinen Kindern in allen Völkern**
A	geheiligt werde dein Name
–	durch uns, deine geliebten Ebenbilder in der Welt
–	von allen, die atmen in Sehnsucht nach dir
–	von allen, die deinen Namen anrufen
–	durch alle, die sich auf dich berufen
–	mit allen, die in Ehrfurcht zu dir aufschauen
–	in allem, was wir denken und planen
–	bei allem, was wir anfangen und beenden
–	durch alles, was wir empfangen und teilen
–	in der Gestaltung unseres Lebens
–	von allen, die du ins Dasein gerufen hast
–	durch alles, was du in Weisheit geschaffen hast
–	in allem, was deine Fingerabdrücke trägt

–		mit allen, die guten Willens sind
–		in unseren Gebeten und Liedern

V		**Dein Reich komme**
–		**in unserer heutigen globalen Welt**
A		**dein Reich komme**
–		in die Armenhäuser und Elendsviertel unserer Welt
–		in das himmelschreiende Unrecht dieser Erde
–		in die Kriegs- und Krisengebiete unserer Tage
–		zu den Menschen, die auf der Straße geboren werden
–		zu denen, die kein Dach über dem Kopf haben
–		zu denen, die verlassen und vereinsamt sterben
–		in die sichtbaren und unsichtbaren Gefängnisse der Welt
–		in die Bemühungen um Versöhnung und Frieden
–		wo immer Menschen ihrer Würde beraubt werden
–		überall dort, wo Menschen ihre Macht missbrauchen
–		überall dort, wo Menschen an ihrem Leben leiden
–		in die wachsende Bedrohung und Verrohung des Lebens
–		in die unversöhnten Zusammenhänge des Lebens
–		zu denen, die der Verzweiflung nahe sind
–		zu denen, die übergangen oder verachtet werden
–		überall dort, wo wir zu wenig Hoffnung hoben
–		überall dort, wo wir die Liebe vernachlässigen
–		in die vielfach verborgene Armut der Menschen
–		in die ausgebrannten und lebensmüden Herzen

V		**Dein Wille geschehe, wie im Himmel so auf Erden**
–		**heute und an jedem Tag**
A		**dein Wille geschehe**
–		in den leuchtenden Tagen des Glücks
–		in guten und in bösen Tagen
–		wo Himmel und Erde sich berühren
–		im Eintreten für die Werte und Würde der Menschen
–		im weltweiten Kampf gegen Hunger und Ausbeutung
–		bei unseren Beratungen und Überlegungen
–		durch unsere Pläne und Entscheidungen

–	in den Belastungen und Prüfungen des Lebens
	in den für uns unlösbaren Situationen
–	bei unserem Beten und Arbeiten
–	in unseren Begegnungen und Gesprächen
–	in unseren geteilten Sorgen und Erwartungen
–	überall wo Menschen sich um dich versammeln
–	wo Menschen mit dem Leben und Sterben ringen
–	in den Verlusten und Niederlagen des Lebens
–	im Leiden und in den Qualen unseres Menschseins
–	in den Geburtswehen und auf den Trauerwegen
–	in unseren Ölberg- und Taborstunden
–	an unseren Karfreitagen und Ostermorgen
V	**Unser tägliches Brot gib uns heute,**
–	**damit wir nicht verhungern im ärmlichen Überfluss**
A	**unser tägliches Brot gib uns heute**
–	damit wir es dankbar von dir empfangen
–	damit wir es gerechter teilen
–	damit wir einander nicht Steine geben, sondern Brot
–	wo Menschen um ihren Arbeitsplatz bangen
–	wo sie ihn verloren haben
–	damit wir lernen noch solidarischer zu leben
–	damit wir nicht stecken bleiben im Kreisen um uns selbst
–	wo Menschen Mangel leiden am Einfachsten
–	wo ihnen das Notwendigste zum Leben fehlt
–	wo ihnen das Menschenwürdige vorenthalten wird
–	als Stärkung und Nahrung für Leib und Seele
–	als Zeichen deiner Fürsorge und Treue
–	damit wir nicht in falscher Sorge um Übermorgen leben
–	damit wir das Geschenk des Lebens schätzen
–	damit wir die Aufgaben des Lebens bewältigen
–	damit wir Mitverantwortung übernehmen
–	in die unversöhnten Zusammenhänge des Lebens
–	zu denen, die der Verzweiflung nahe sind
–	zu denen, die übergangen oder verachtet werden
–	überall dort, wo wir zu wenig Hoffnung haben

–	überall dort, wo wir die Liebe vernachlässigen
–	in die vielfach verborgene Armut der Menschen
–	in die ausgebrannten und lebensmüden Herzen
V	**Und vergib uns unsere Schuld,**
	wie auch wir vergeben unseren Schuldigern
–	**wo wir sie auf andere schieben, anstatt zu bekennen**
–	**wo wir uns im Kleinkrieg aufreiben**
A	**vergib uns unsere Schuld**
–	wenn wir zu oberflächlich und gleichgültig leben
–	wenn wir gedankenlos daherreden
–	weil wir manchmal so hartherzig und gnadenlos sind
–	weil wir zu unbarmherzig mit uns selbst und anderen sind
–	wo wir einander in den Rücken fallen
–	wo wir einander nicht gerecht werden
–	wenn wir übereinander den Stab brechen
–	wenn wir einander Übles nachreden
–	weil wir so wankelmütig und unentschlossen sind
–	weil wir einander nicht geschwisterlich behandeln
–	wo wir einander das Glück nicht gönnen
–	wo wir zu stolz sind, uns helfen zu lassen
–	wenn wir einander zu wenig aufmerksam zuhören
–	wenn wir uns herausreden oder davon stehlen
–	weil wir uns zu wenig am Evangelium orientieren
–	weil wir einander zu wenig Wohlwollen entgegenbringen
–	wo wir aneinander achtlos vorbeigehen
–	wo wir zu wenig aufeinander geachtet haben
V	**Und führe uns nicht in Versuchung**
	in unserer konsum- und profitorientierten Welt
A	**und führe uns nicht in Versuchung**
–	damit wir nicht unter die Räder kommen
–	damit andere durch uns nicht auf der Strecke bleiben
–	in unserer kurz- und schnelllebigen Zeit
–	in einer Gesellschaft, in der nur Leistung zählt
–	wo wir gefährdet sind, uns verlocken zu lassen

–	wo wir zu wenig kritisch prüfen und unterscheiden
–	wenn wir geneigt sind, den bequemeren Weg zu gehen
–	wenn wir es uns selbst zu schwer machen
–	in einer sexistischen Gesellschaft
–	im Überangebot der unbegrenzten Möglichkeiten
–	wo wir Schuld verteilen und Sündenböcke jagen
–	wo wir uns die Hände nicht schmutzig machen wollen
–	wenn wir uns feige zurückziehen und billig heraushalten
–	wenn wir uns einmischen, wo es uns nichts angeht
–	in den Verwirrungen und Verirrungen von heute
–	in den oft falschen Vorgaben und Idealen unserer Zeit
–	wo wir uns neu orientieren und entscheiden müssen
–	wo wir klar Position beziehen sollen
–	wenn wir unsere Meinung deutlich vertreten wollen
–	wenn uns der Gegenwind ins Gesicht peitscht
V	**Sondern erlöse uns von dem Bösen**
–	**damit wir frei werden von falscher Angst**
A	**erlöse uns von dem Bösen**
–	das uns lähmt und blockiert
–	damit wir uns von ihm nicht bestimmen lassen
–	damit es in unserem Leben nicht das Sagen hat
–	wo wir in Gefahr sind, das Gute zu übersehen
–	wo wir zu wenig an das Gute in uns und anderen glauben
–	wo wir zu wenig Gutes zueinander sagen
–	wenn Kleingeister uns in Beschlag nehmen
–	wenn wir verdrossen und phantasielos sind
–	das manchmal so versteckt und raffiniert auftritt
–	das oft unter dem Anschein des Guten daherkommt
–	das uns gute Ideen raubt und wertvolle Energie frisst
–	wo wir uns blenden und täuschen lassen
–	wo es uns an frischem Mut und Klarheit fehlt
–	wo wir zu verschlossen und engstirnig sind
–	wenn wir nicht mehr offen genug füreinander sind
–	wenn wir dem Hl. Geist zu wenig Raum geben
–	wenn wir ihm zu wenig zutrauen und um ihn bitten

V	Denn dein ist das Reich und die Kraft und die Herrlichkeit, in Ewigkeit. Amen.
–	Ja, Gott, dir gebührt die Ehre und die Anbetung
A	in Ewigkeit. Amen.
–	Ja, Gott, du allein erhältst uns am Leben
–	Ja, Gott, du erschaffst immerfort alle guten Gaben
–	Du Gott, bist einzig, dreifaltig und wahrhaftig
–	Du Gott, bist die Liebe, die Quelle allen Lebens
–	Dir, Gott, weihen wir unser Leben
–	Dir, Gott, gehört letztlich die Welt
–	Dich, Gott, sollen alle Geschöpfe verherrlichen
–	Dich, Gott, wollen wir Menschen loben und preisen
–	Ja, Gott, dir wollen wir singen und spielen
–	Ja, Gott, du bist der Freund der Menschen
–	Du Gott, vollbringst all die großen Taten und Werke
–	Du Gott, bist ursprünglich und letztendlich
–	Dir, Gott, wollen wir die Ehre erweisen und dienen
–	Dir, Gott, verdanken wir unser ganzes Leben
–	Dich, Gott, beten wir an aus ganzem Herzen
–	Dich, Gott, wollen wir feiern, besingen und erheben
–	Ja, Gott, du bist über alles erhaben
–	Ja, Gott, du allein hast uns gerettet und erlöst
–	Du Gott, bist, der du bist
–	Du Gott, bist da für uns
–	Du Gott, so fern und so nahe

So wollen wir immer wieder unsere Augen und Hände, unsere Herzen und Seelen zu dir, dem wahren Gott, erheben. Aus deiner Fülle werden wir auch in Zukunft alles empfangen, Gnade über Gnade. Dafür danken wir dir, heute und an jedem Tag, bis in Ewigkeit. Amen.

Paul Weismantel (* 1955)

Betet betet
betet ihn an
Satan der du bist in der Hölle
dein Reich komme
dein Wille geschehe
wie in der Hölle also auch auf Erden
Vergib uns unsre Unschuld
erlöse uns von allem Guten
Führe uns
führe uns in Versuchung
in Ewigkeit
Amen

Peter Weiss (1916-1982)

Zu Gott sprechen, wie zu Vater und Mutter, ist ermutigend:

Vater und Mutter unser!
Du bist im Himmel, aber auch auf Erden.
Dir begegnen wir auf unseren Straßen, im Alltagsleben,
überall dort, wo wir zu kämpfen haben.

Wir hoffen,
Dein Name und Deine Botschaft werden erkannt
und allen widerfährt Gerechtigkeit.

Wir hoffen,
dass wir miteinander teilen, wie Du es uns zeigtest,
damit kein Mensch Hunger und Durst leiden muss
und alle Menschen in Würde leben können.

Gib uns die Kraft, fortzusetzen, was Du begonnen hast.
Zeig uns, wie wir eine Neue Welt aufbauen können.
Eine Welt, die es Männern und Frauen ermöglicht,
ihre Beziehungen zueinander neu zu gestalten.
Erlöse uns von unserem Individualismus und unserem Machthunger.
Mach, dass unsere Hände mit anderen teilen
und solidarisch mitanpacken wie Jesu Hände.
Möge sein Blick den unseren über unsere Grenzen hinaus richten.

Gib uns den Mut,
der Anziehungskraft materieller Güter
und Privilegien jeder Art zu widerstehen.
Gib uns die Kraft,
der Verbrauchergesellschaft
und ihren falschen Gewissheiten zu widerstehen.
Wappne uns mit einer Solidarität,
die allen Belastungen gewachsen ist.
Amen.

Weltbewegung Christlicher Arbeitnehmer/innen (WBCA)

Gedanken zum Vaterunser

Vater unser im Himmel!
Großer, verborgener, geheimnisvoller Gott!
Sei nicht fern von uns!
Sei täglich bei uns und mit uns!

Geheiligt werde dein Name!
Heilige du, o Herr, selber deinen Namen unter uns!
Lass leuchten dein Licht!
Lass uns spüren deinen heiligen und heilig machenden Geist
in unserem täglichen Leben!

Dein Reich komme!
Ja, lass es kommen!
Lass es jetzt schon Wirkung haben für uns dürftige Menschen!
Lass deine Gabe des Friedens und der Liebe wachsen
und alles Trennende überwinden!

Dein Wille geschehe, wie im Himmel so auf Erden!
Ja, mache hell deinen Willen in unseren Herzen!
Und lass dieses dein helles Licht mächtiger sein unter uns
als das täuschende Gerede und den billigen Markt der Meinungen!

Unser tägliches Brot gib uns heute!
Vergiss nicht die Hungernden und das Brot, das sie brauchen!
Erleuchte auch die Reichen, die Mächtigen und Wissenden
dass sie willens werden,
Armut und Hunger zu überwinden auf dieser Erde
und allen Brot zu geben zur Nahrung und Wein für die Freude!

Und vergib uns unsere Schuld, wie auch wir vergeben unsern Schuldigern!
Vergib uns unseren Egoismus!
Unsere Blindheit für die Not der anderen.
Und lehre uns Worte der Vergebung und der Versöhnung.

Und führe uns nicht in Versuchung, sondern erlöse uns von dem Bösen!
Befreie uns aus den Verwirrungen unserer eigensinnigen Interessen
und aus dem betäubenden Spiel der Kräfte des Hochmuts
und der Herrschaft und der Angst, die in unserer Welt umgehen!

Denn dein ist das Reich und die Kraft und die Herrlichkeit in Ewigkeit!
Du allein bist groß! Denn dein ist das Reich.
Du allein kannst uns und die Welt erlösen und erneuern.
Wirke dein versöhnendes Reich unter uns!
Entfalte deine Kraft unter uns, denn dein ist die Kraft,
dass wir nicht schwach werden im Glauben und in der Liebe!
Und lass leuchten über uns deine Herrlichkeit,
Denn Dein ist die Herrlichkeit,
dass wir Menschen ein wenig heller und ein wenig fröhlicher werden.

Amen.

Bernhard Welte (1906–1983)

Ursprung und Wegmitte und Ziel der Schöpfung.
Du unser Gott!
Wir alle, die wir Deinen Namen anrufen, wir vertrauen auf Dich!
Ob Du uns wohl hörst?
In ökumenischer Verbundenheit stellen wir Dir
die gesamte von Menschen bewohnte Erde vor Augen.
Du wirst auch die nicht vergessen, die ohne Dach unterwegs sind.
Alle Geschöpfe mögen einst bei Dir im Himmel sein!
Du hast uns in der Zeit gerufen zum Dienst an der Heilung
Deines Namens.
Du bist das Leben. Du allein. Du!

Lebendiger,
Du!
Gib uns die Gabe, das richtige Maß zu finden bei Langmut und Ungeduld,
bei Gelassenheit und Eifer,
beim Hoffen und Bangen.
Wir trauen Dir.
Dein Reich ist angebrochen.
Frohe Kunde möchten wir davon geben.
Sei Du bei uns!

Geheimnisvoller,
Du unser Gott.
Wir wissen oft nicht, um was wir in rechter Weise bitten sollen.
Schenke Du uns die Glaubenskraft,
auch ohne Antworten auf unsere Lebensfragen
bei Dir auszuharren.
Zeige Du Dich auf Deine Weise.

Gott,
in Jesus Christus bist du für uns das Brot des Lebens geworden.
Im Heiligen Geist werden wir dessen gewahr:
wenn wir unser Brot teilen,
wenn wir unser Leben für Andere geben.
wenn wir in aller Not aushalten in Liebe
– wie Du.
Sei du unser Brot in jedem Lebenshunger!

Ach Gott,
so viel Unrecht steht uns allen vor Augen.
Ist es wirklich wahr, Dich um Deine Vergebung bitten zu dürfen?
Öffne Du uns die Augen für die Größe der Schuld, die wir verantworten!
Zeige uns die Angesichter der geschundenen Menschen und Tiere
und Pflanzen und Meere!
Sollen wir nicht erschrecken im Anblick der Not?
Doch, wir sind gewiss: Dein Erbarmen darf nicht folgenlos bleiben.
Wenn es nicht anders sein kann,
sollen auch wir – wie Du – in die tiefsten Abgründe gehen,
mit schuldig gewordenen Menschen in Liebe verbunden bleiben,
sie zur Umkehr zu bewegen.
Steh´ Du uns dann bei!

Gott,
Undurchschaubarer, Du!
Möchtest Du Deine Geschöpfe in Versuchung führen?
Hast Du die Erwartung,
dass Menschen durch bestandene Versuchungen
mehr zur Mitte ihres Lebens finden?
Auf die Leiden der Geschöpfe finden wir keine letzte Antwort.
Schritte im Guten führen aus Versuchungen heraus.
Zeige Du uns diese Wege!
Und erweise Dich doch als das Ziel unserer Hoffnung!
So flehen wir zu Dir!

Friedliebender,
Du, unser Gott!
Lenke unsere Schritte auf Wege des Friedens!
Feindschaft unter Deinen Geschöpfen richtet sich auch gegen Dich.
Lass uns durchschauen, was wir an Bösem verursachen!
Schenke uns Einsicht und tätige Umkehr!

Ewiger und Einziger,
Du!
Dir allein gebührt unser Lobpreis.
Bleibe bei uns auf unserer Suche
nach sichtbarer und erlebbarer Gemeinschaft
im Glauben an Dich!

Der Text wurde vom Arbeitskreis »Pastorale Grundfragen« des Zentralkomitees der deutschen Katholiken am 18. September 2008 verabschiedet und vom Präsidium des ZdK zur Veröffentlichung freigegeben.

Wie der Spießer (in uns) das Vaterunser betet

Lieber Gott,
du bist doch mein Vater. Dann sorg bitte dafür, dass es mir gut geht.

Sorg dafür, dass ich beliebt bin und einen geachteten Namen bekomme.

Sorg dafür, dass ich gut abschneide und in meinem Beruf vorwärtskomme.

Ich will mir noch einmal ein kleines Reich leisten können. Ein Häuschen und eine Familie.

Sorg dafür, dass ich erreiche, was ich mir vornehme. Ich will dann auch hin und wieder etwas tun, was du willst.

Vom Brot allein kann niemand leben, das weißt du. Gib mir immer das nötige Geld, dass ich so leben kann wie die andern, die sich auch alles leisten können.

Ich weiß zwar nicht, was an mir nicht recht sein soll. Ich bin immer anständig gewesen.

Aber wenn das eine oder andere nicht ganz in Ordnung war, dann wirst du mir das schon verzeihen. Und sorg auch dafür, dass die anderen mir nichts zuleide tun, denn das hätte ich nicht um sie verdient.

Manchmal, das weißt du, möchte ich schon gerne etwas Verbotenes tun. Sorg dafür, dass ich es nicht tue. Es liegt doch an dir, ob ich es tue oder nicht. Die Versuchung machst ja doch du.

Noch eines, das ist ganz wichtig, lieber Gott, dafür musst du sorgen: Dass ich nie krank werde, dass ich nie ein Unglück erlebe, z. B. einen Unfall mit meinem Fahrrad. Dass ich keine Schmerzen habe und dass ich einmal, wenn ich sterbe, nichts davon merke.

Du bist doch Gott. Sie sagen: der liebe Gott. Dann sorg dafür, dass es mir gut geht. Denn sonst habe ich Angst vor morgen und vor dem nächsten Jahr und vor dem Tod und vor den Schmerzen und vor den anderen Leuten. Sorg dafür, denn es gibt ja auch für dich nichts Wichtigeres als mich.

Amen.

Jörg Zink (* 1922)

sondern erlöse uns von dem Bösen

Über die AutorInnen

Abraham a Sancta Clara (1644-1709), eigentlich Johann Ulrich Megerle, Augustiner-Barfüßer, Kaiserlicher Hofprediger in Wien, sprachgewaltiger Prediger, fabulierfreudiger Satiriker und Meister des volkstümlichen-derben Wortwitzes und moralisierender Schriftsteller, verfasste zahlreiche Schriften, die große Popularität erlangten.

Adolphsen, Helge (* 1940), emeritierter Hauptpastor, Studium der Theologie in Kiel, Tübingen und Marburg, war ab 1987 Hauptpastor an St. Michaelis zu Hamburg und Dozent im Hamburger Predigerseminar, zahlreiche Veröffentlichungen zu theologischen und kirchlichen Fragen, seit September 2005 im Ruhestand.

Albertus Magnus (um 1200-1280), Naturforscher, Philosoph und Theologe, Dominikaner, lehrte an verschiedenen deutschen Ordensschulen und der Universität Paris, war von 1260 bis 1262 Bischof von Regensburg. Er wurde am 16. Dezember 1931 von Papst Pius XI. heilig gesprochen und zum Kirchenlehrer erklärt.

Alferink, Elisabeth (* 1936), war Sekretärin bei der Staatlichen Kurverwaltung Bad Brückenau, Gründungsmitglied der fränkischen St. Jakobus-Gesellschaft Würzburg im Jahre 1988 und Leiterin deren Arbeitskreises Spiritualität, Pilgerbegleiterin auf dem Jakobsweg für das Bayerische Pilgerbüro und Autorin spiritueller und praktischer Pilgerführer.

Alves, Rubem (* 1933), brasilianischer Theologe, Philosoph, Psychoanalytiker, war Professor an der Universität Campinas im brasilianischen Bundesstaat São Paulo, Mitbegründer der Befreiungstheologie, Autor von zahlreichen Werken und Artikeln über Erziehung, Psychologie, Philosophie.

Ausländer, Rose (1901-1988), eigentlich Rosalie Scherzer-Ausländer, war eine aus der Bukowina stammende Lyrikerin. Sie emigrierte 1946 in die USA, kehrte 1965 nach Deutschland zurück und lebte in Düsseldorf. Ausgezeichnet wurde sie 1984 mit dem Großen Literaturpreis der Bayerischen Akademie der schönen Künste und dem Großen Verdienstkreuz des Verdienstordens der Bundesrepublik Deutschland. 1986 erhielt sie den Evangelischen Buchpreis.

Betz, Felicitas (* 1926), war über viele Jahre Katechetin in Münchner Schulen, publizistische Tätigkeit, Referentin in Bildungshäusern in Deutschland, Österreich und der Schweiz (Schwerpunkt: meditativer Umgang mit Märchen).

Betz, Otto (* 1927), Studium der Philosophie und Theologie, der Germanistik und Pädagogik in Frankfurt am Main, München und Bonn, nach Jahren als Berufsschullehrer in München Promotion zum Dr. theol. an der Universität München, war Professor für Allgemeine Erziehungswissenschaft und Religionspädagogik an der Universität Hamburg bis 1985, seither publizistische Tätigkeit und Arbeit in Bildungshäusern und Akademien in Deutschland, Österreich und der Schweiz.

Block, Detlev (* 1934), evangelischer Pfarrer im Ruhestand, Professor (h.c.), Schriftsteller, Lyriker und Kirchenlieddichter. Er veröffentlichte über 80 Bücher und ist in über 300 Anthologien und Sammelwerken mit Liedtexten, geistlicher Lyrik, Prosa und Meditationen vertreten.

Blyton, Enid (1897-1968), eine der bekanntesten Kinderbuchautorinnen des 20. Jahrhunderts. Sie ist bis heute mit über 600 Millionen verkauften Büchern international eine der erfolgreichsten Jugendbuchautorinnen. Ihre Bücher wurden in über 100 Sprachen übersetzt.

Boff, Leonardo (* 1939), brasilianischer katholischer Theologe und einer der Begründer und Hauptvertreter der Befreiungstheologie. 1964 erhielt er die Priesterweihe. 1970 Promotion zum Dr. theol. in München, 1970-1991 Professor für Systematische Theologie an der Philosophisch-Theologischen Hochschule (Instituto Teológico Franciscano) in Petrópolis im brasilianischen Bundesstaat Rio de Janeiro. Seine Kirchenkritik führte zu Konflikten mit der Amtskirche. Im Juni 1992 verließ er den Franziskanerorden, dem er seit 1958 angehörte, und beantragte seine Laisierung. Nach der Aufgabe des Priesteramtes übernahm er 1992 einen eigens für ihn geschaffenen Lehrstuhl für Ethik und Spiritualität an der Universität Rio de Janeiro. Er ist einer der Verfasser der Earthcharter und Träger des alternativen Nobelpreises für Frieden des schwedischen Parlaments, verfasste bislang über 70 Bücher; viele davon sind übersetzt in die deutsche Sprache.

Breitenbach, Roland (* 1935), Priesterweihe in Würzburg 1963. Nach Kaplanstellen in Retzbach und Bad Kissingen, Religionslehrer und Studentenseelorger in Schweinfurt. Seit 1974 Pfarrer in St. Michael/Schweinfurt, Autor zahlreicher Bücher. Sein bekanntestes Buch ist das Buch »Der kleine Bischof«.

Bulkowski, Hansjürgen (* 1938), deutscher Schriftsteller, Verfasser von Kurzprosa, Lyrik, Hörspielen und seit 1972 Mitglied des Verbandes Deutscher Schriftsteller. Von 1966 bis 1977 Herausgeber der Literatur- und Kunstzeitschrift PRO (Erstdrucke von etwa 140 Autor/inn/en und Künstler/inne/n). Ab 1969 lebte er als freier Schriftsteller in Meerbusch bei Düsseldorf. Von 1968 bis 1978 nahm er Lehraufträge zu den Themen »Literatur« und »Medienkunde« an der Fachhochschule Düsseldorf wahr und lebt seit 2008 wieder in seiner Geburtsstadt Berlin.

Cardenal, Ernesto (* 1925), nicaraguanischer, seit 1985 suspendierter katholischer Priester, Politiker und Poet. Er ist Mitbegründer der christlichen Kommune von Solentiname und ein religiös, politisch und sozial engagierter Lyriker (»Gebet für Marilyn Monroe«). Im Jahre 1980 erhielt er den Friedenspreis des Deutschen Buchhandels.

Casaldáliga CMF, Bischof Pedro (*1928), Mitglied des Ordens der Claretiner, 31. Mai 1952 Priesterweihe in Barcelona, erster Bischof der Territorialprälatur São Félix (Brasilien) von 1971 bis 2005, ein wichtiger Vertreter der Theologie der Befreiung in Lateinamerika. Er ist einer der bekanntesten religiösen und politischen Dichter Lateinamerikas. Seine Gedichte in portugiesischer, spanischer und katalanischer Sprache haben weltweite Verbreitung und zahllose Übersetzungen gefunden.

Chudzinski, Johannes (* 1933), Studium der Philosophie und Theologie in Münster/Westfalen und Mainz, von 1969 bis 1989 Gemeindepfarrer in Mainz, von 1990 bis 2003 Klinikseelsorger, psychotherapeutische Ausbildung und beratende Tätigkeit für Seminaristen, Priester und Ordensleute, 1990 Mitbegründer des Mainzer Hospizes und bis zur Stunde dort Hospizpfarrer.

Copray, Norbert (* 1952), Dr. phil., Studium der Philosophie, Theologie, Psychologie, Sozial- und Religionswissenschaften, Gründer und geschäftsführender Direktor der Fairness-Stiftung gemeinnützige GmbH sowie Gründer und Leiter des Netzwerkes ctc personal improvement, arbeitet als Coach, Dozent, Trainer, Berater und als Experte für Leadership und angewandte Ethik (Organisations- und Unternehmenskultur), breite publizistische Tätigkeit und ehrenamtlicher Herausgeber von Publik-Forum sowie von www.spiritletter.de.

Cornelius, Peter (1824-1874), deutscher Komponist und Dichter, debütierte in Mainz am Theater und wurde bereits mit 19 Jahren 1843 zum Hofschauspieler ernannt. Nach einigen Misserfolgen gab er den Beruf des Schauspielers auf und studierte von 1845 bis 1849 Komposition. Bereits in dieser Zeit entstanden einige seiner kammer- und kirchenmusikalischen Werke sowie auch weltliche Lieder. Am 21. Mai 1865 kam seine zweite Oper »El Cid« in München mit Erfolg zur Uraufführung. Der »Dichterkomponist«, wie Peter Cornelius sich selbst gern bezeichnete, wird heute noch als Liedkomponist geschätzt.

Coryllis, Peter (1909-1997), deutscher Schriftsteller, wurde während des Dritten Reiches mehrfach verhaftet und verbrachte fünf Jahre in Konzentrationslagern. Nach dem Ende des Zweiten Weltkriegs war er als Wirtschafts- und Steuerberater tätig. Seit 1952 lebte er in Dülmen/Westfalen, wo er seit 1958 Mittelpunkt des »Kreises der Freunde« war, der ihn bei der Veröffentlichung seiner literarischen Werke unterstützte. 1983 zog er ins emsländische Walchum, wo er bis zu seinem Tode lebte. Sein literarisches Werk umfasst erzählende Werke, Essays, Aphorismen, Gedichte und Dramen. Er erhielt 1989 den Graphikum-Literaturpreis.

Dante Alighieri (1265-1321), größter Dichter Italiens und einer der bedeutendsten Dichter des europäischen Mittelalters. Seine »Commedia«, in späterer Zeit auch »Divina Commedia« (»Göttliche Komödie«) genannt, ist sein Hauptwerk. Sie wurde wahrscheinlich um 1307 begonnen und erst kurze Zeit vor seinem Tod vollendet. Sie gilt als bedeutendstes Werk der italienischen Literatur und als eines der größten Werke der Weltliteratur überhaupt.

Dexelmann, Albert (* 1947), Studium der Philosophie, Kunstgeschichte und Theologie in Frankfurt am Main, Basel und München, 1971 Priesterweihe in Limburg, seit 2003 Pfarrer in Runkel und Arfurt, KJG-Seelsorger, Krankenseelsorge, Sterbebegleitung, Trauerarbeit, Lokalpolitik, Offene Jugendarbeit, Fotografie, Grafik, Pressearbeit, Lyrik, Gebrauchstexte.

Domke, Karin (* 1942), Diplom-Theologin (ev.), tätig als Arzthelferin und Leiterin biblischer Gesprächsgruppen in der Gemeinde.

Drewermann, Eugen (* 1940), Dr. theol. habil., wurde 1966 zum Priester geweiht und arbeitete als Studentenseelsorger und Subsidiar in der Gemeinde St. Georg in Paderborn. Am 20. Juni 2005, seinem 65. Geburtstag, trat er aus der römisch-katholischen Kirche aus. Der bekannte Kirchenkritiker ist heute als Schriftsteller, Redner, Psychotherapeut und Lehrbeauftragter tätig. Er gilt ferner als ein wichtiger Vertreter der tiefenpsychologischen biblischen Exegese.

Falkenburger, Carina (* 1980), erstes Studium mit Abschluss zur Diplom-Religionspädagogin (FH) von 2000 bis 2004 an der Katholischen Universität Eichstätt-Ingolstadt, zweites Studium ebenfalls dort für das Lehramt an Realschulen mit den Fächern Englisch und Katholische Religionslehre von 2004 bis 2006, Referendariat an der Realschule am Judenstein in Regensburg und an der Georg-Büchner-Realschule München, derzeit tätig an der Johann-Winklhofer-Realschule in Landsberg am Lech.

Federbusch OFM, Stefan (* 1967), Diplomtheologe (Studium in Münster und Jerusalem), Franziskaner, derzeit tätig als Schulseelsorger am Franziskanergymnasium Kreuzburg in Großkrotzenburg.

Fick, Ulrich (* 1923), Studium der Theologie in Tübingen, Berlin und Bonn, von 1952 bis 1961 Vikariat und Repetent am Evangelischen Stift in Tübingen, von 1961 bis 1967 Rundfunkarbeit in Addis Abeba, der Hauptstadt Äthiopiens, bei »Radio Voice of the Gospel« (RVOG), der internationalen Radiostation des Lutherischen Weltbundes, von 1967 bis 1972 tätig als Oberkirchenrat in Stuttgart und von 1973 bis 1988 beim Weltbund der Bibelgesellschaft (ab 1977 als Generalsekretär), seit 1989 im Ruhestand.

Fietkau, Wolfgang (* 1935), Ausbildungen als Verlagsbuchhändler, Diakon, Journalist. In den 60er und 70er Jahren freiberuflicher Rundfunk und Fernsehautor, leitete von 1982 bis 2000 den Wichern-Verlag in Berlin. Daneben seit 1959 Schriftsteller, Liedtexter, Herausgeber von literarischen Anthologien und Inhaber eines kleinen literarischen Verlages.

Foucauld, Charles de (1858-1916), französischer Forscher, Offizier des französischen Heeres, Priester und Eremit. Sein geistliches Ideal war es, »Nazaret« zu leben und so unter den Ärmsten der Armen »präsent« zu sein und deren Leben zu teilen. Ab 1905 lebte er vornehmlich unter den Tuareg. Am 13. November 2005 wurde »Bruder Karl« von Papst Benedikt XVI. selig gesprochen. Er gilt als eine der großen Gestalten der Spiritualität des 20. Jahrhunderts. Sein Gedenktag in der Liturgie der Katholischen Kirche ist der 1. Dezember.

Franz von Assisi (1181/82-1226), eigentlich Giovanni Battista Bernardone, Sohn einer wohlhabenden Kaufmannsfamilie. Eine wichtige Etappe seiner Bekehrungsgeschichte sind seine Begegnung mit dem Kruzifix von San Damiano, wo er der Überlieferung nach im Jahre 1205 vor dem Kreuz in der verfallenden Kirche San Damiano die Worte vernahm: »Franziskus, geh hin und stelle mein Haus wieder her, das, wie du siehst, schon ganz verfallen ist.« In das Jahr 1206 fällt sein Verzicht auf das väterliche Erbe, und im Frühjahr 1210 zieht er mit seinen ersten Gefährten nach Rom, um sich von Papst Innozenz III. die Bestätigung der Lebensweise ihrer kleinen Gemeinschaft zu erbitten. 1212 schließt sich ihm Klara von Assisi an. Im September 1224 erlebt er auf dem Berg La Verna die Stigmatisation. In den letzten Monaten seines Lebens dichtet er den Sonnengesang und verstirbt am 3. Oktober 1226 in dem Kirchlein Portiunkula bei Assisi. Er wurde von der Katholischen Kirche bereits 1228 heilig gesprochen. Sein Gedenktag in der Liturgie der Katholischen Kirche ist der 4. Oktober.

Gibran, Khalil (1883-1931), libanesisch-amerikanischer Maler, Philosoph und Dichter. Er emigrierte 1895 nach Boston in die USA, hatte 1904 erste Erfolge als Maler. Ab 1908 studierte er in Paris Kunst und europäische Literatur. 1912 zog er nach New York. Sein Werk wird als Bindeglied zwischen den philosophischen Richtungen des Orients und der westlichen, durch das Christentum beeinflussten Philosophien gesehen. »Der Prophet«, erschienen 1923, gilt als sein bekanntestes Werk und wurde, wie viele seiner Schriften, von ihm selbst illustriert.

Graber, Bischof Rudolf (1903-1992), Dr. theol. Dr. h.c., war der 75. Bischof des Bistums Regensburg. Die Priesterweihe empfing er bereits im Alter von 22 Jahren am 1. August 1926. Seit dem 25. August 1941 war er außerordentlicher Professor für Fundamentaltheologie, Aszetik und Mystik an der Katholischen Hochschule Eichstätt. 1946 wurde er in Eichstätt Ordinarius für Fundamentaltheologie und Kirchengeschichte. Papst Johannes XXIII. ernannte ihn am 28. März 1962 zum Bischof von Regensburg. Die Bischofsweihe spendete ihm am 2. Juni der Erzbischof von München und Freising Julius Kardinal Döpfner. Das Bistum Regensburg leitete er bis 1982 (von 1981 an als Apostolischer Administrator).

Greubel, Frank (* 1971), gelernter Bankkaufmann (IHK), ständiger Diakon, geistlicher Begleiter im Haus Volkersberg (Katholische Landvolkshochschule und Jugendbildungsstätte der Diözese Würzburg), Vorstandsmitglied und Amateur-Schauspieler der »Fränkischen Passionsspiele Sömmersdorf e. V.« und von »Kultur aus Passion Sömmersdorf e. V«, Autor spiritueller Texte.

Grillparzer, Franz (1791-1872), bedeutendster österreichischer Dramatiker. Seit 1815 Tätigkeit an der Hofkammer, dem späteren Finanzministerium, ab 1832 dort als Archivdirektor bis zu seiner Pensionierung im Jahre 1856. 1847 wurde er zum Mitglied der Wiener Akademie der Wissenschaften ernannt, 1859 wurde ihm von der Universität Leipzig anlässlich des Schiller-Jubiläums der Ehrendoktor verliehen, 1864 wurde er zum Ehrenbürger seiner Heimatstadt Wien erhoben.

Haak, Rainer (* 1947), deutscher Schriftsteller und Theologe, nach dem Studium der Theologie Tätigkeit als Gemeinde-Jugendpfarrer. Seit 1990 freier Schriftsteller, bekannt vornehmlich als Autor meditativer Geschenkbücher. Seine Werke wurden in 10 Sprachen übersetzt. Die Gesamtauflage seiner Bücher beträgt über 8 Millionen.

Haller, Hanne (1950-2005), bürgerlich Hannelore Haller, war eine deutsche Schlagersängerin, Komponistin, Texterin, Produzentin und Tonmeisterin. Nach dem Besuch der Schule studierte sie ab 1968 Sport, musste das Studium jedoch wegen einer schweren Krankheit aufgeben, machte dann eine Ausbildung zur Medizinisch-Technischen Assistentin (MTA). 1971 begann sie ihre musikalische Karriere. 1982 gründete sie mit Bernd Meinunger einen Musikverlag. In ihrem eigenen Tonstudio produzierte Hanne Haller seither alle ihre Titel selbst. Die Künstlerin erkrankte Mitte der 1990er Jahre an Brustkrebs. Nach dem Tod wurde eine CD mit dem Titel »Wir sind nur Gast auf dieser Welt« veröffentlicht, die eine ganze Reihe ihrer religiösen Lieder enthält.

Hamann, Johann Georg (1730-1788), deutscher Dichter, erhielt wegen seines Hangs zum Irrationalen und seiner mystisch-prophetischen Sprache den Titel »Magus des Nordens«. Zunächst betrieb er das Studium der Theologie, wechselte jedoch dann zur Rechtswissenschaft und verließ 1752 ohne Abschluss die Universität. Er geriet in eine schwere Lebenskrise und beschäftigte sich intensiv mit der Bibel. 1758 kam es zu einem Erweckungserlebnis. 1766 erhielt er durch Vermittlung Immanuel Kants bei der preußischen Zollverwaltung eine Stelle, die ihm genügend Zeit zum Schreiben und zu ausgedehnter Lektüre ließ. Er gilt innerhalb der Literaturgeschichte als Wegbereiter des Sturm und Drang, als dessen Prophet er bezeichnet worden ist, und der Romantik.

Hammarskjöld, Dag (1905-1961), parteiloser schwedischer Staatssekretär unter sozialdemokratisch geführten Regierungen und zweiter UN-Generalsekretär. Ihm wurde 1961, bald schon nach seinem Tode, der Friedensnobelpreis verliehen. Er starb bei einem ungeklärten Absturz seines UN-Flugzeuges und hinterließ ein vielbeachtetes spirituelles Tagebuch »Vägmärken« [deutsch: »Zeichen am Weg«], das erst nach seinem Tod bekannt und veröffentlicht wurde.

Häring CSsR, Bernhard (1912-1998), katholischer Moraltheologe, gehörte dem Redemptoristenorden an und lehrte von 1951 bis 1987 als Professor an der Accademia Alfonsiana in Rom, zusätzlich als Gast-Professor an der Yale Universität in New Haven und am Union Theological Seminary in New York. Weltweit nicht nur unter Moraltheologen wurde er bekannt durch seine zwei Standardwerke »Das Gesetz Christi« (1954) und »Frei in Christus« (1979-1981).

Hemingway, Ernest (1899-1961), einer der erfolgreichsten und bekanntesten US-amerikanischen Schriftsteller des 20. Jahrhunderts. 1953 erhielt er den Pulitzer-Preis und 1954 den Nobelpreis für Literatur. Seine Erlebnisse als Korrespondent und Kriegsberichterstatter, Abenteurer, Hochseefischer und Großwildjäger spiegeln sich verarbeitet in seinen Werken wider.

Hemmerle, Bischof Klaus (1929-1994), wurde am 25. Mai 1952 zum Priester geweiht, 1957 zum Dr. theol. promoviert und habilitierte sich 1967. Von 1970 bis 1973 war er Professor für Fundamentaltheologie in Bochum, von 1973 bis 1975 dann Professor für Christliche Religionsphilosophie in Freiburg im Breisgau. 1975 wurde er zum Bischof von Aachen geweiht. 1984 erhielt er das Bundesverdienstkreuz erster Klasse, 1988 die Ehrendoktorwürde der RWTH Aachen. Die Fokolar-Bewegung Deutschland vergibt alle zwei Jahre zu seinem Andenken den Klaus-Hemmerle-Preis.

Herring, Clyde Lee (* 1935), war Pastor verschiedener Baptisten-Gemeinden (u.a. der Calvary Baptist Church in Garland, Texas von 1966 bis 1975, der Southern Hills Baptist Church in Tulsa, Oklahoma von 1975 bis 1985, und der First Baptist Church oft The Woodlands, Texas von 1985 bis 1993) und entfaltete nebenbei eine rege Tätigkeit als geistlicher Schriftsteller. Nach fünfzig Jahren aktiven pastoralen Dienstes ist er derzeit, obgleich im Ruhestand, dennoch weiter tätig als »interim pastor«. Er lebt mit seiner Frau Betty Jo in Broken Arrow, Oklahoma.

Hies, Christian (* 1976), Diätassistent, schriftstellerische Tätigkeit und ehrenamtliches Engagement auf pfarrgemeindlicher Ebene.

Hövel, Willi (1922-2006), war beruflich lange Zeit als Vermessungsinspektor bei der Stadt Köln tätig und später Seelsorgehelfer in St. Alban in Köln.

Hornstein, Otto P. (* 1926), nach Kriegsdienst und US-amerikanischer Gefangenschaft Studium der Medizin in Erlangen, Würzburg und München, 1951 Promotion zum Dr. med., 1958 Habilitation (Fachgebiet Haut- und Geschlechtskrankheiten), Tätigkeit an den Universitätskliniken in Bonn, Zürich und Düsseldorf, ab 1967 Direktor der Dermatologischen Universitätsklinik Erlangen, 1995 Emeritierung, widmet sich vornehmlich medizinethischen Themen speziell zu Fragen des umfassenden Lebensschutzes.

Huber, Max (* 1929), nach Jahren priesterlichen Dienstes als Kaplan (1957-1967) und Pfarrer (1967-1983) Ernennung zum Domkapitular der Diözese Passau, von 1993 bis 2000 Leiter des Bischöflichen Seelsorgeamtes, dann von 2000 bis 2009 Polizeiseelsorger des Bistums Passau.

Karban Völkl, Kathrin (* 1982), Diplom-Religionspädagogin (FH), seit Februar 2010 in Elternzeit und Promovendin an der Graduiertenschule der Geisteswissenschaften in Würzburg.

Kaspar, Peter Paul (* 1942), Professor, Musik- und Theologiestudium in Wien und Innsbruck, seit 1966 Priester, zuerst Jugend- und Studentenseelsorger in Wien, dann Akademiker- und Künstlerseelsorger in Linz, lehrte am Gymnasium (Religion) und an der Anton Bruckner Universität (Musiktheorie), konzertiert als Organist und Cembalist, verfasste über 30 Bücher zu Themen der Religion, Kulturgeschichte und Musik.

Klaus von der Flüe (1417-1487), Schweizer Einsiedler, Asket und Mystiker. Er gilt als der Schutzpatron der Schweiz, war verheiratet mit Dorothea Wyss, mit der er zehn Kinder hatte. Er lebte als für damalige Verhältnisse wohlhabender Bauer, war Ratsherr des Kantons und Richter seiner Gemeinde. 1467 verließ er mit dem Einverständnis seiner Frau seine Familie, um Einsiedler zu werden, und ließ sich dann in der Ranftschlucht wenige Minuten von seinem Haus als Einsiedler nieder. Er erlangte weithin Bekanntheit als Seelsorger und auch als Ratgeber für europäische Staatsoberhäupter des 15. Jahrhunderts. Er wurde 1669 selig, doch erst 1947 heilig gesprochen.

Klopstock, Friedrich Gottlieb (1724-1803), deutscher Epiker, Lyriker und Dramatiker, begann 1745 das Studium der Theologie in Jena und nahm nach der Sitte aller Theologiekandidaten in Langensalza eine Hauslehrerstelle an. Von 1759 bis 1762 lebte er in Quedlinburg, Braunschweig und Halberstadt, reiste dann nach Kopenhagen, wo er bis 1771 blieb und einen großen Einfluss auf das kulturelle Leben in Dänemark ausübte. Neben seinem biblischen Epos »Der Messias«, das endlich 1773 vollständig erschien, schrieb er nicht wenige Dramen und Oden.

Knapp, Andreas (* 1958), Priester, nach der Promotion langjährige Tätigkeit in der Hochschulseelsorge und Priesterausbildung, seit 2000 Mitglied der »Kleinen Brüder vom Evangelium« (Charles de Foucauld), lebt als Saisonarbeiter in Leipzig, veröffentlichte bislang mehrere Gedichtbände.

Knoch, Otto (1926-1993), Studium der Theologie und Philosophie, erhielt 1951 die Priesterweihe und wirkte in der Diözese Rottenburg. 1959 wurde er zum Dr. theol. promoviert und arbeitete bis 1972 als Direktor des Katholischen Bibelwerkes in Stuttgart. Seit 1968 war er Lehrbeauftragter an der Universität Tübingen und wurde danach erst außerordentlicher und 1974 dann ordentlicher Professor an der Philosophisch-Theologischen Hochschule Passau für Biblische Einleitungswissenschaft und Biblische Kerygmatik. Er war Autor zahlreicher Veröffentlichungen über Bibeltexte und hat maßgeblich an der deutschen Einheitsübersetzung der Bibel mitgewirkt.

Koeppen, Wolfhart (* 1940), Studium der Evangelischen Theologie, Kirchenmusik und Kunstgeschichte in Heidelberg, Göttingen, Zürich und Erlangen, Pfarrer in München, theologischer Referent (Geschäftsführer) des Evangelischen Arbeitskreises für Freizeit und Tourismus in der EKD, Pfarrer in Ortenburg / Niederbayern, 20 Jahre Mitarbeit in der ACK Bayern (zuletzt im Vorstand), langjährige Mitarbeit beim Deutschen Evangelischen Kirchentag, zahlreiche Veröffentlichungen zur kirchlichen Gemeindepraxis (Gottesdienst und Predigt) sowie zur Freizeit- und Tourismusethik, seit 2005 im Ruhestand in Passau.

Körner, Reinhard (* 1951), Dr. theol., Teresianischer Karmelit, seit 1990 Leiter des Exerzitienhauses am Karmelitenkloster Birkenwerder bei Berlin, zahlreiche Veröffentlichungen zu Fragen des geistlichen Lebens und der Spirituellen Theologie.

Krause, Vera (* 1970), studierte Katholische Theologie, Politikwissenschaft und Soziologie in Münster und Mumbai (Bombay)/Indien. Nach Tätigkeiten an der Universität und im Verlagswesen ist sie seit 2004 als Referentin für Bildung und Pastoral beim Bischöflichen Hilfswerk MISEREOR in Aachen tätig. Freiberuflich arbeitet sie als Autorin, Rundfunksprecherin sowie als Referentin bei Tagungen und (Exerzitien-)Kursen mit den Schwerpunkten Theologie des Gebets und des geistlichen Lebens, Bibel, Mystik und Kontemplation, (Welt-)Kirche, Spiritualität der Weltreligionen. Sie ist Mitglied in der Internationalen Kommission des Katholischen Deutschen Frauenbundes und wurde 2008 mit dem Deutschen Ökumenischen Predigtpreis ausgezeichnet.

Krotz, Werner (* 1941), Dr. phil., Analyse, Entwicklung und Wartung von industriellen EDV-Systemen als ausgeübte berufliche Tätigkeit, Mitglied der Initiativgruppe »Kirche und Menschenrechte« (IKUM) innerhalb der Bewegung »Wir sind Kirche – Österreich«, seit Ende November 2006 in Pension und als Autor religiöser Bücher tätig.

Lohfink, Gerhard (* 1934), Dr. theol., war Lehrstuhlinhaber für Exegese des Neuen Testaments an der Katholisch-Theologischen Fakultät der Universität Tübingen, lebt und arbeitet heute in der Katholischen Integrierten Gemeinde.

Lohfink SJ, Norbert (* 1928), Dr. in re bibl., Dr. theol. h.c., Professor em. für Exegese des Alten Testamentes, Jesuit seit 1947, Priesterweihe 1956, Studien in München, Frankfurt, Rom, Paris, Jerusalem, lehrte zeitweilig am Päpstlichen Bibelinstitut in Rom, sonst seit 1962 an der Hochschule Sankt Georgen in Frankfurt am Main, dort 1966 emeritiert. Hauptarbeitsgebiete: Deuteronomische Literatur, Kohelet, Psalmen. Enge Verbindung zur »Katholischen Integrierten Gemeinde«. Gründer oder Mitbegründer der Reihen »Stuttgarter Bibelstudien« und »Stuttgarter Biblische Aufsatzbände«, Mitherausgeber des »Jahrbuchs für Biblische Theologie« und der »Zeitschrift für altorientalische und biblische Rechtsgeschichte«.

Lombriser-Cavegn, Giusepina (* 1969), Ehefrau und Mutter.

Luther, Martin (1483-1546), theologischer Urheber der Reformation, 1505 Eintritt ins Augustiner-Eremitenkloster zu Erfurt, 1507 Priesterweihe und 1512 Promotion zum Doktor der Theologie. Am 31. Oktober 1517 veröffentlichte er in Wittenberg 95 Thesen über den Ablass. Der Bruch mit dem Papsttum war bald unvermeidlich. Vor dem Reichstag zu Worms am 17. und 8. April 1521 verteidigte er seinen Standpunkt, den er in seinen Hauptschriften »An den christlichen Adel deutscher Nation«, »Von der babylonischen Gefangenschaft der Kirche« und »Von der Freiheit eines Christenmenschen« dargelegt hatte. Den verlangten Widerruf lehnte er ab, worauf die Reichsacht über ihn verhängt wurde. 1525 heirate er Katharina von Bora und entfaltete eine umfangreiche schriftstellerische theologische Tätigkeit. Den Mittelpunkt seines theologischen Denkens bildet die Rechtfertigung des Sünders allein aus Glauben.

Makarowski, Klaus-Dieter (* 1944), Studium der Evangelischen Theologie in Bethel, Tübingen und Göttingen, Tätigkeit als Gemeindepfarrer in Brunkensen und Soltau (Hannoversche Landeskirche), war kirchlicher Umweltbeauftragter, Krankenhausseelsorger, Pastoraltherapeut, seit 2008 im Ruhestand in Neustadt in Holstein.

Marti, Kurt (* 1921), reformierter Schweizer Pfarrer und Schriftsteller, wirkt seit 1983 als freier Schriftsteller. In seinen Predigten und Aufsätzen, Gedichten und Aphorismen erweist er sich als ein engagierter und kritischer Literat. Er ist Träger verschiedener Preise – 1972 Johann-Peter-Hebel-Preis, 1997 Kurt-Tucholsky-Preis für literarische Publizistik, 2002 Karl-Barth-Preis der Union Evangelischer Kirchen, 2005 Predigtpreis des Verlags für die Deutsche Wirtschaft und 2010 Literaturpreis des Kantons Bern.

Mayer, Josef (* 1960), Diplomtheologe, Exerzitienbegleiter, Mediationsausbildung, Geistlicher Direktor der KLVHS Petersberg, Landvolkpfarrer in der Erzdiözese München und Freising, Geistlicher Beirat der KLB Dachau und Vorsitzender des Caritas-Kuratoriums Dachau und des Beirats der KDBH und Mitarbeit beim Bayerischen Landwirtschaftlichen Wochenblatt und in der MKZ.

Mies-Suermann, Irmela (* 1943), Volksschullehrerin und Diplom-Psychologin, Studiendirektorin im Ruhestand, ehrenamtliche Aktivitäten auf Pfarrei- und Dekanatsebene.

Misgeld, Hubert (* 1932), Studium der Germanistik, Katholischen Theologie und Philosophie in Bonn, München und Köln, bis 1966 Gymnasiallehrer in Brühl und Euskirchen in den Fächern Deutsch, Katholische Religionslehre, Philosophie und Musik, Tätigkeit als Organist und Chorleiter, Pfadfinderkurat, Mitglied des Pfarrgemeinderats.

Naegeli, Antje Sabine (* 1948), Studium der Evangelischen Theologie, psychotherapeutische Ausbildung zur Logotherapeutin und Existenzanalytikerin, lebt in St. Gallen (CH), arbeitet dort in ihrer eigenen Praxis, Verfasserin zahlreicher Veröffentlichungen zu spirituellen und psychologischen Themen.

Natus, Uwe Maria (* 1944), Lehrer, Kinder- und Jugendbuchautor, Schriftsteller und Lyriker. Er gehört zu den bekanntesten Puppenspielern Deutschlands und erhielt zahlreiche Auszeichnungen für sein Schaffen, arbeitet für Rundfunk und Fernsehen, war 13 Jahre lang Rektor von zwei katholischen Grundschulen in Soest und Paderborn. Lebt heute als freier Schriftsteller, Puppenspieler und Liedermacher in Bad Waldliesborn bei Lippstadt.

Oberröder, Wolfgang (* 1942), Dr. theol., Industriemanagerausbildung in England, Frankreich und Schweden, Theologiestudium in Münster und Augsburg, Priesterweihe 1972, Institutsleiter und Domvikar in Augsburg, von 1986 bis 1994 Praxisanleiter an der Fakultät für Religionspädagogik / Kirchliche Bildungsarbeit der Katholischen Universität Eichstätt-Ingolstadt, von 1994 bis 2007 dort dann Professor für Theorie und Praxis der Gemeindepastoral, seither verschiedene pastorale Einsatzfelder in München und an weiteren Orten.

Osterwalder, Josef (* 1940), von 1959 bis 1965 Studium der Philosophie und Theologie in Innsbruck mit einem Zwischenjahr in Rom, dann Tätigkeit in der Pfarreiseelsorge und Katechese. Ab 1973 nebenamtliche Mitarbeit beim St. Galler Tagblatt, ab 1982 bis 2006 hauptamtlicher Redaktor, Leiter der Stadtredaktion. Seit der Pensionierung freie Mitarbeit in verschiedenen – auch kirchlichen – Medien. Mitglied im Vorstand der Katholischen Internationalen Presseagentur (kipa). Katholischer Medienpreis 2002 (Medienkommission der Schweizerischen Bischofskonferenz), Ostschweizer Medienpreis 2001 und 2005.

Pabst, Veronika (* 1976), Diplom-Religionspädagogin (FH), Gemeindereferentin in der Diözese Eichstätt, Pfarrei St. Marien Gunzenhausen.

Pangels, Heinz (* 1931), ist von Geburt an spastisch gelähmt (Morbus Little). Nach dem Besuch einer privaten Handelsschule zwölfjährige berufliche Tätigkeit zunächst als kaufmännischer Angestellter (Buchhalter), dann in einer Bank und von 1967 bis 1990 im Öffentlichen Dienst. Sein Interesse gilt bis heute pädagogischen, philosophischen und theologischen Fragen sowie Behindertenproblemen. Aus der Beschäftigung mit all diesen Themen entstanden im Laufe der Jahre eine Reihe in verschiedenen Zeitschriften und Büchern erschienener Veröffentlichungen (Aphorismen, Gebete, Meditationen, Segenssprüche).

Parra, Nicanor (* 1914), Sohn eines Dorfschullehrers aus Chillán (Mittel-Chile), unterrichtete nach dem Studium Mathematik und Physik an verschiedenen Gymnasien und lehrte später auch an der Universität Santiago de Chile. Sein zweites Buch, das den Titel trägt »Poemas y antipoemas« und 1954 erschien, gilt als Markstein der lateinamerikanischen Lyrik. Immer wieder hat er als Autor seine LeserInnen mit schöpferischen Formen der poetischen Kommunikation überrascht.

Perestrello, Marialzira (* 1916), brasilianische Ärztin, Psychoanalytikerin und Dichterin. Sie wurde in Rio de Janeiro geboren als eine von vier Töchtern des Juristen Francisco Cavalcanti Pontes de Miranda und seiner ersten Frau Maria Beatriz Pontes de Miranda. Sie beendete 1939 ihr Medizinstudium an der Universidade do Brasil in Rio de Janeiro und ging 1946 nach Buenos Aires, um bei der Asociación Psicoanalítica Argentina (APA) eine psychoanalytische Ausbildung zu machen. Sie war Mitherausgeberin der Zeitschrift »Psychoanalysis and History« und veröffentlichte neben ihrem poetischen Werk zahlreiche Arbeiten zur Beziehung zwischen Psychoanalyse, Literatur und Kunst. 2005 wurde sie auf dem Internationalen Psychoanalytischen Kongress in Rio de Janeiro für ihre Verdienste als Pionierin, Historikerin und Lehrerin geehrt.

Pièro, Cosy (* 1937), Installationskünstlerin, 1952-1955 Kunstgewerbeschule Köln, 1955-1956 Königlich-Belgische Akademie Brüssel, 1956-1957 Picasso-Schülerwerkstatt in Vallauris (Südfrankreich), lebt und arbeitet in München und Kroatien, Mitglied im Bundesverband bildender Künstler (BBK).

Rahner SJ, Karl (1904-1984), einer der bedeutendsten und einflussreichsten Theologen des 20. Jahrhunderts. Im April 1922 trat er in den Jesuitenorden ein und wurde im Juli 1932 zum Priester geweiht. Er lehrte Dogmatik und Dogmengeschichte an den Universitäten Innsbruck (1937-1939 und 1948-1963), München (1964-1967) und Münster/Westfalen (1967-1971). Als Konzilstheologe (1962-1965) und als Berater auf der Würzburger Synode (1971-1975) sowie durch die Vielzahl seiner wissenschaftlichen Veröffentlichungen hat er maßgeblich zur Erneuerung von Kirche und Theologie beigetragen.

Rether, Hagen (* 1969), deutscher Kabarettist, studierte an der Folkwang-Hochschule in Essen, wo er auch heute lebt. Markanter Bestandteil seiner Auftritte ist ein Konzertflügel. Zu den von ihm behandelten Themenkreisen gehören durchgängig Politik und Religion. Er tarnt sich als Charmeur und bringt im Plauderton böse Wahrheiten unters Volk – ohne Rücksicht auf religiöse Glaubenssätze oder politische Korrektheit. Neben weiteren Auszeichnungen erhielt er 2008 den Deutschen Kleinkunstpreis in der Sparte Kabarett und 2010 den Schweizer Kabarett-Preis »Cornichon«. Er ist ein gern gesehener Gast in Kabarettsendungen wie »Mitternachtsspitzen« (WDR), »Neues aus der Anstalt« (ZDF) und »Satire Gipfel« (Das Erste).

Riebl, Maria (* 1947), Dr. theol., war nach ihrem Studium viele Jahre als Referentin bei den Wiener Theologischen Kursen tätig, mittlerweile arbeitet sie in freier Praxis als Psychotherapeutin, engagiert sich in der Erwachsenenbildung und als Autorin.

Rommel, Kurt (* 1926), Studium der Evangelischen Theologie, Tätigkeiten als Pfarrer der Württembergischen Evangelischen Landeskirche, Redakteur und später Chefredakteur beim Evangelischen Gemeindeblatt für Württemberg, zeitweilig Vorsitzender der Stadtjugendpfarrer-Konferenz Deutschlands, Verfasser vieler Neuer Geistlicher Lieder und Kanons. Heute lebt er in Weil der Stadt.

Rotzetter OFMCap, Anton (* 1939), Dr. theol., Dozent für franziskanische Theologie und christliche Spiritualität, Mitbegründer des Instituts für theologische Zoologie, Präsident Aktion Kirche und Tiere (AKUT).

Sailer, Bischof Johann Michael (1751-1832), wurde am 23. September 1775 in Augsburg zum Priester geweiht, war Professor für Theologie in Dillingen, Ingolstadt und Landshut. Bedeutsam ist seine klassische Übersetzung und Edition der »Imitatio Christi« des Thomas von Kempen aus dem Jahre 1794, die zahlreiche Auflagen erlebte. 1829 erfolgte seine Inthronisation als Bischof von Regensburg.

Schäble, Claudia (* 1968), Diplom-Religionspädagogin (FH), seit 13 Jahren hauptberuflich tätig als Ausbildungsleiterin für den Bereich der Gemeindeausbildung sowie als Seminarrektorin im Kirchendienst für die Ausbildung der Berufsgruppe der ReligionslehrerInnen im Kirchendienst und GemeindeassistentInnen in der Diözese Eichstätt. Nebenberuflich tätig als Ausbildungslehrerin mit Lehrauftrag »Unterrichtsbesuch und -beratung« an der Katholischen Universität Eichstätt-Ingolstadt. Ehrenamtlich tätig im Bereich der Kinder- und Familienpastoral sowie der Sakramentenkatechese in der Pfarrei Schelldorf.

Schalück OFM, Hermann (* 1939), trat nach dem Abitur 1959 in den Franziskanerorden ein und wurde 1965 im Dom zu Paderborn zum Priester geweiht. 1970 wurde er in München zum Dr. theol. promoviert. Von 1970 bis 1974 war er Dozent für Systematische Theologie an den Ordenshochschulen in München und Münster. 1973 wurde er zum Provinzial der Nordwestdeutschen Franziskanerprovinz (»Saxonia«) mit Sitz in Werl gewählt, ging 1983 als Generalsekretär des Franziskanerordens nach Rom. 1991 wurde er vom Generalkapitel zum Generalminister des Ordens gewählt. Von 1998 bis 2008 war er Präsident des Internationalen Katholischen Missionswerkes »missio« in Aachen. Am 14. Januar 2010 wurde er von Ministerpräsident Jürgen Rüttgers mit dem Verdienstorden des Landes Nordrhein-Westfalen ausgezeichnet.

Schmalstieg, Dieter Olaf (* 1942), Studium der Germanistik und Theologie in Tübingen, Hamburg und Wien, Doktorat und Habilitation in Systematischer Theologie an der Evangelisch-Theologischen Fakultät in Wien. Seit 1968 wohnhaft in der Schweiz (Kantone Bern, Genf und Tessin), tätig als Theologe, Journalist und Leiter von Kunstgalerien (gegenwärtig in der Sala Elfenau in Gerra-Gambarogno am Lago Maggiore).

Schmieder OSB, Lucida (* 1927), Missionsbenediktinerin von Tutzing, Lizentiat in Pädagogik (Recife, Brasilien), Dr. theol. (Paderborn). Exerzitienbegleiterin und Referentin, Leiterin von Seminaren zu geistlichen Themen im Katholischen Evangelisationszentrum Maihingen (Gemeinschaft Lumen Christi) und in Ordensinstituten.

Schneider, Robert (* 1961), österreichischer Schriftsteller, von 1981 bis 1986 studierte er Komposition, Theaterwissenschaft und Kunstgeschichte in Wien. Danach arbeitete er als Fremdenführer und Organist. Seit 1984 ist er literarisch tätig. Seinen Debütroman »Schlafes Bruder« veröffentlichte er 1992 im Reclam-Verlag. Das Buch wurde ein echter Bestseller und bislang in 24 Sprachen übersetzt. Als Auszeichungen erhielt er bislang 1993 den Dramatiker-Preis der Potsdamer Theatertage, 1994 den Eliette-von-Karajan-Literaturpreis der Salzburger Osterfestspiele, 1995 den Marieluise-Fleißer-Preis.

Schriffl, Helmut (* 1941), Buchdruckerlehre, 11 Jahre hauptamtliche Tätigkeit in der Katholischen Jungschar Österreichs, ab 1975 Diakon und Gemeindeleiter in Münchendorf 20 km südlich von Wien, seit 2001 Pensionist und Jakobspilger, aktives Mitglied in einer Gruppe von Atomgegnern.

Schultes-Piccon, Helga (* 1942), Studium der Pädagogik für den LehrerInnenberuf, Lehrerin und Katechetin, Jugendarbeit, Erwachsenenbildung, Pfarrgemeinde, nebenbei schriftstellerische Tätigkeit (Lyrik und Kurzprosa).

Schürmann, Heinz (1913-1999), Dr. theol. habil. und Dr. h.c. mult., wurde nach dem Studium der Philosophie und Theologie in Paderborn und Tübingen am 2. April 1938 in Paderborn zum Priester geweiht. Nach Promotion (1948) und Habilitation (1952) in Münster nahm er seine Lehrtätigkeit als Privatdozent auf. Als das neu gegründete Philosophisch-Theologische Studium Erfurt dringend einen Neutestamentler brauchte, folgte er 1953 diesem Ruf. 1978 wurde er emeritiert. Er war Consultor der Päpstlichen Bibelkommission, Peritus des Konzils und Mitglied der Internationalen Theologenkommission.

Sertillanges OP, Antonin-Gilbert (1863-1948), Ordensname Dalmatius, Dominikaner, Theologe, Philosoph, trat 1883 in Belmont (Spanien) in den Dominikanerorden ein, empfing 1888 die Priesterweihe und lehrte seit 1890 Theologie in Korbara (Korsika). Von 1900 bis 1922 war er Professor der Moralphilosophie am Institut Catholique Paris. 1918 wurde er als Philosoph in die Académie des Sciences Morales et Politiques aufgenommen. Er hat ein umfangreiches Werk von über 700 Titeln hinterlassen, das neben zahlreichen Veröffentlichungen zur Theologie und Philosophie auch Beiträge zur Spiritualität enthält.

Seuffert, Josef (* 1926), emeritierter Domkapitular der Diözese Mainz, Verfasser zahlreicher Bücher und Komponist.

Sölle, Dorothee (1929-2003), Studium der Evangelischen Theologie, Philosophie und Literaturwissenschaft in Köln, Freiburg und Göttingen, Habilitation im Jahre 1971. Als theologische Schriftstellerin und Rednerin war sie weltweit bekannt. 1994 erhielt sie eine Ehrenprofessur an der Universität Hamburg. Sie veröffentlichte zahlreiche Beiträge über religiöse und politische Themen. Sie war Mitbegründerin des so genannten Politischen Nachtgebets von 1968 bis 1972 in der evangelischen Antoniterkirche in Köln. Sie heiratete 1969 in zweiter Ehe Fulbert Steffensky, der später in Hamburg Professor für Religionspädagogik war und mit dem sie dort lebte.

Sonnenschein, Carl (1876-1929), katholischer Priester, »Zigeuner der Wohltätigkeit« (Kurt Tuchsolsky), »Großstadtapostel Berlins«, studierte in Bonn und am Collegium Germanicum in Rom Theologie. 1897 erwarb er den Doktorgrad der Philosophie und 1900 den Doktorgrad der Theologie. Am 28. Oktober 1900 wurde er zum Priester geweiht. 1908 gründete er das »Sekretariat Sozialer Studentenarbeit« (SSS) in Mönchengladbach, es folgte 1919 die Gründung des »Akademischen Arbeitsamtes« und 1922 die Gründung der »Katholischen Volkshochschule Berlin«. Er war Ansprechpartner für ungezählte in Not geratene Menschen und erzielte auch eine breite Wirkung in Wort und Schrift (vgl. seine »Weltstadtbetrachtungen«, 12 Hefte, Berlin 1925-1929).

Spee, Friedrich von (1591-1635), deutscher Jesuit, der sich als Moraltheologe, Lyriker und Schriftsteller betätigte. Bekannt wurde er als Kritiker der Hexenprozesse. Er gilt als der bedeutendste katholische Dichter des deutschen Barock. Berühmt sind bis auf den heutigen Tag seine Kirchenlied-Dichtungen. Einige dieser Lieder erfreuen sich bis heute großer Beliebtheit und befinden sich in den Gesangbüchern der beiden großen Konfessionen.

Steffensky, Fulbert (* 1933), deutscher Theologe, lebte 13 Jahre lang als Benediktinermönch in der Abtei Maria Laach. 1969 konvertierte er zum lutherischen Bekenntnis, heiratete die evangelische Theologin Dorothee Sölle und wurde in demselben Jahr wissenschaftlicher Assistent an der Pädagogischen Hochschule Ruhr. Er promovierte 1972 an der Ruhr-Universität in Bochum. Seine erste Professur für Erziehungswissenschaft hatte er von 1972 bis 1975 an der Fachhochschule Köln inne, eher er 1975 als Professor für Religionspädagogik am Fachbereich Erziehungswissenschaft an die Universität Hamburg wechselte, wo er bis 1998 tätig war. Er lebt heute in Hamburg.

Stier, Fridolin (1902-1981), war ein deutscher katholischer Theologe. Er studierte von 1922 bis 1926 in Tübingen Katholische Theologie und orientalische Sprachen. 1927 wurde er zum Priester geweiht und 1932 in Rom promoviert. Schon ab 1933 war er Lehrstuhlvertreter für Altes Testament an der Universität Tübingen und habilitierte sich 1937. Er publizierte neben seiner Bibelübertragung, der er fast 20 Jahre widmete, etwa 50 umfangreiche Werke vorwiegend über biblische Themen.

Stutz, Pierre (* 1953), katholischer Theologe, spiritueller Begleiter und Autor (www.pierrestutz.ch). Rege Kurs- und Vortragstätigkeit im ganzen deutschsprachigen Raum, lebt in Lausanne.

Süß, Schwester Maripetra (1935-2001), Grundschule und Lyzeum, dann kaufmännische Ausbildung und Erwerb der allgemeinen Hochschulreife, Studium für das Lehramt an Realschulen in den Fächern Englisch und Kunsterziehung und Referendariat, Eintritt in das Säkularinstitut der Schönstätter Marienschwestern. Als Schönstätter Marienschwester Arbeit als Referentin in der Familienbewegung der Diözesen Köln und Aachen und Redaktion der Familienzeitschrift der deutschen Schönstatt-Familienbewegung. Mitverantwortlich für die Planung und Durchführung pädagogischer Tagungen in der Bildungsstätte Marienland in Schönstatt, zudem Leitungsaufgaben innerhalb der Gemeinschaft und Verfasserin verschiedener Schriften.

Teresa von Ávila (1515-1582), eigentlich Teresa Sánchez de Cepeda y Ahumada, Karmelitin, Mystikerin, Kirchenlehrerin und Heilige. Am 2. November 1535 trat sie nach dreijährigem inneren Ringen in das Karmelitinnen-Kloster ihrer Heimatstadt ein. Die nach schwerer Krankheit mit langsamer Genesung einsetzende Lebenskrise endete 1554 mit ihrer endgültigen Bekehrung. Ihr Bekehrungserlebnis wurde für sie zur existentiellen Glaubenserfahrung, von Gott so, wie sie ist, geliebt zu sein. Sie gründete fünfzehn Frauenklöster und – gemeinsam mit Johannes vom Kreuz – sechzehn Männerklöster. In den Jahren 1566 und 1567 schrieb sie ihr Buch »Weg der Vollkommenheit« (»Camino de Perfección«), das bis auf den heutigen Tag als Klassiker der spirituellen Literatur gilt und ursprünglich als eine Einführung in die Praxis des »inneren Betens« für die Schwestern ihrer ersten Klostergründung gedacht war.

Thiele, Johannes (* 1954), Studium der Katholischen Theologie, Philosophie, Germanistik und Geschichte. Freier Autor und Publizist, ferner Verleger des Thiele Verlages. Zahlreiche Veröffentlichungen, lebt und arbeitet in München und Wien.

Thurmair, Georg (1909-1984), deutscher Schriftsteller, Redakteur und Dokumentarfilmer. Von 1969 bis 1973 war er Chefredakteur der Münchner Katholischen Kirchenzeitung. Als freier Schriftsteller verfasste er neben einer großen Zahl von bekannt gewordenen Kirchenliedern – zu den bekanntesten zählen die drei ökumenischen Lieder »O Herr, aus tiefer Klage« (Gotteslob Nr. 169), »Nun singt ein neues Lied dem Herren« (Gotteslob Nr. 262), »Lasst uns loben, Brüder, loben« (Gotteslob Nr. 637) und »Wir sind nur Gast auf Erden« (Gotteslob Nr. 656) – auch etliche Gedichte, die im Aventinus-Verlag seiner Tochter Elisabeth Thurmair erschienen sind.

Tilmann, Klemens (1904-1984), Priester und Publizist, Studium der Theologie und Philosophie in Innsbruck, 1928 Promotion zum Dr. phil., Priesterweihe am 20. Juli 1930. Hauptverfasser des 1955 eingeführten Katechismus der Bistümer Deutschlands. 1958 wurde ihm die Ehrendoktorwürde der Universität Innsbruck verliehen. Er galt als charismatischer Jugendseelsorger, Prediger, Katechet und fruchtbarer pastoral-spiritueller Schriftsteller, der zahlreiche volksliturgische und religionspädagogischer Werke verfasste, die in viele Sprachen übersetzt wurden.

Treibel, Christine (* 1973), Diplom-Religionspädagogin (FH), angehende Hospizbegleiterin.

Trottmann, Stefanie (* 1991), Studentin der Religionspädagogik im 3. Semester, Gruppenleiterin, Vorstand der KLJB Wiesau, Mitglied der Vorstandschaft des BDKJ Tirschenreuth.

Urbanek, Ferdinand (* 1926), Dr. phil. habil., Ph.D. (London), Studium der Germanistik, Anglistik und Philosophie an den Universitäten Freiburg im Breisgau, Göttingen, Bonn. Akademische Lehrtätigkeit für deutsche Sprache und Literatur zuerst an den Universitäten London, Bombay und New Orleans, dann 20 Jahre als Professor für germanistische Mediävistik an der Universität Duisburg. Zahlreiche Buch- und Zeitschriftenpublikationen auf dem Gebiet der literarischen Rhetorik des Mittelalters und in jüngster Zeit auch in den Bereichen Theologie und Belletristik.

Valentin, Karl (1882-1948), mit bürgerlichem Namen Valentin Ludwig Fey, bayerischer Komiker, Volkssänger, Stückeschreiber und Filmproduzent. Der Humor seiner Sketche beruhte maßgeblich auf seinem »Sprach-Anarchismus«.

Vogler, Alfred (* 1952), aufgewachsen in Oberstdorf, Mittlere Reife, Lehre als Werkzeugmacher, seit Mai 1982 hauptberuflich Mesner der Stadtpfarrkirche »Zu den Acht Seligkeiten«, Theologie im Fernkurs in den Jahren von 1995 bis 1997.

Walter OSB, Silja (1919-2011), eigentlich Cécile Walter (Ordensname: Maria Hedwig), ist eine Schweizer Benediktinerin und Schriftstellerin. Sie ist die Tochter des Verlegers Otto Walter und die Schwester des Schriftstellers Otto F. Walter. Nach dem Besuch des Seminars in Menzingen und dem Studium der Literatur an der Universität Fribourg veröffentlichte sie 1944 ihre ersten Gedichte und trat 1948 ins Kloster

Fahr ein. Neben zahlreichen lyrischen Werken schrieb sie auch Mysterienspiele und Theaterstücke. Ihr Schaffen wurde mehrfach durch Preise ausgezeichnet, etwa durch den Literaturpreis und Kulturpreis der Stadt Zürich und den Kunstpreis des Kantons Solothurn. Im Paulusverlag ist eine Gesamtausgabe ihrer Schriften erschienen.

Weismantel, Paul (* 1955), Priesterweihe 1981, Spiritual am Priesterseminar in Würzburg, Leiter des Referats »Geistliches Leben« in der Diözese Würzburg, Exerzitienbegleiter – Supervisor – Geistlicher Begleiter, verschiedene Veröffentlichungen zum Thema »Gelebtes geistliches Leben im Alltag«.

Weiss, Peter (1916-1982), deutscher Schriftsteller, Maler, Grafiker und Experimentalfilmer. Er erwarb sich in der deutschen Nachkriegsliteratur als politisch engagierter Dramatiker einen Namen. Sein dem dokumentarischen Theater zugerechnetes Auschwitz-Oratorium »Die Ermittlung« aus dem Jahre 1965 führte zu breiten vergangenheitspolitischen Debatten. Als sein Hauptwerk gilt der dreibändige Roman »Die Ästhetik des Widerstands«, eines der gewichtigsten deutschsprachigen Werke der 70er und 80er Jahre des 20. Jahrhunderts. Weniger bekannt sind seine frühen surrealistisch inspirierten Arbeiten als Maler und experimenteller Filmregisseur.

Welte, Bernhard (1906-1983), war nach dem Studium der Katholischen Theologie in Freiburg i.Br. und München von 1934 bis 1948 Sekretär von Erzbischof Conrad Gröber. Von 1952 bis 1973 war er Inhaber einer Professur für Grenzfragen an der Albert-Ludwigs-Universität Freiburg, die 1954 umgewandelt wurde in eine Professur für Christliche Religionsphilosophie. 1983 wurde die Bernhard-Welte-Gesellschaft gegründet. Eine Gesamtausgabe seiner Werke ist beim Verlag Herder, Freiburg i.Br. in Vorbereitung.

Zink, Jörg (* 1922), Dr. theol., deutscher evangelischer Theologe, Pfarrer, Publizist, studierte Philosophie und Theologie an der Universität Tübingen. Von 1952 bis 1955 war er Repetent am Evangelischen Stift in Tübingen und promovierte schließlich bei Helmut Thielicke in Hamburg. Fast zwanzig Jahre lang war er Fernsehbeauftragter der Württembergischen Landeskirche im Süddeutschen Rundfunk und sprach über hundertmal das »Wort zum Sonntag« in der ARD. Die von ihm verfassten religiösen Sachbücher erzielten Bestseller-Auflagen. Am 7. November 1996 erhielt er für seine Verdienste um die evangelische Publizistik den Wilhelm-Sebastian-Schmerl-Preis. Im Jahr 2004 wurde er für sein Lebenswerk mit dem Predigtpreis des Verlags für die Deutsche Wirtschaft (Bonn) ausgezeichnet.

Quellenverzeichnis

Pr. Abraham's à St. Clara vormahligen K.K. Hofpredigers Judas der Erzschelm dem Geist und der Sprache unsers Zeitalters angepaßt. Von Dr. Joh. Anton Müller, Erster und Zweyter Theil., Luzern 1822, Erster Theil, 229-230.

Adolphsen, Helge: Vater unser im Himmel ..., in: Ders.: Minuten Gebete, Stuttgart 2000, 120-122. © Helge Adolphsen.

Albertus Magnus: Ein Vaterunser um wahre Tugenden, in: Ders.: Gebete zu ihm – Gebete von ihm. Neu herausgegeben von P. Mauritius Keller OP 1965, überarbeitet und ergänzt von: P. Manfred Entrich OP 1979, Die Dominikaner an St. Andreas Köln ²2004, 12.

Alferink, Elisabeth: Das Vaterunser des Pilgers, in: Alferink, Elisabeth (Hrsg.): Gebet- und Liederbuch für Jakobspilger. Ein spiritueller Wegbegleiter, Stuttgart 2010, 59. © Verlag Katholisches Bibelwerk GmbH, Stuttgart.

Alves, Rubem: Vater unser, in: Ders.: Pai nosso. Meditaçôes, São Paulo 1987, dt.: Vater unser. Meditationen. Aus dem Portugiesischen übersetzt von Horst Goldstein, Düsseldorf 1988, 8-9. © Rubem Alves.

Ausländer, Rose: Vater unser, in: Dies.: Gesammelte Werke in sieben Bänden. Herausgegeben von Helmut Braun, Band VI: Wieder ein Tag aus Glut und Wind. Gedichte 1980-1982, Frankfurt am Main 1986, 274. © S. Fischer Verlag GmbH, Frankfurt am Main.

Betz, Felicitas: Unerschöpfliches Vaterunser, in: Christ in der Gegenwart 52 (2000) Nr. 3, 22. © Felicitas Betz.

Betz, Otto: Unser lieber Vater im Himmel ... . © Otto Betz.

Block, Detlev: Vaterunser-Lied, in: Ders.: Erde, atme auf. Geistliche Lieder (Dienst am Wort. Die Reihe für Gottesdienst und Gemeindearbeit; Bd. 92), Göttingen 2001, 112-113. © Detlev Block.

Block, Detlev: Vaterunser 69, in: Ders.: Tapfer bis fröhlich. Gedichte, Göttingen 2009, 40-41. © Detlev Block.

Blyton, Enid: Was das Vaterunser bedeutet, in: Dies.: Before I go to sleep. A book of Bible stories and prayers for children. Colour pictures by Janusz Grabianski. Black and white drawings by Leslie Wood, London – Sydney – Auckland – Toronto 1975, dt.: Bevor ich schlafen gehe. Biblische Geschichten und Gebete für Kinder. Mit Illustrationen von Janusz Grabianski. Aus dem Englischen übersetzt von Barbara Bayer-Faber, Gütersloh 1982, 140. © Hodder & Stoughton, London.

Boff, Leonardo: Vater, du bist nicht an erster Stelle unser Richter und Herr ..., in: Ders.: O pai-nosso. A oração da libertação integral, Petrópolis 1979, dt.: Vater unser. Das Gebet umfassender Befreiung. Aus dem Portugiesischen übersetzt von Horst Goldstein, Düsseldorf 1981, 9. © Leonardo Boff.

Breitenbach, Roland: Abba, Vater, Vater unser. © Roland Breitenbach.

Breitenbach, Roland: Vater unser, Vater aller. © Roland Breitenbach.

Breitenbach, Roland: Vaterunser – Litanei. © Roland Breitenbach.

Bruderhilfe-Pax-Familienfürsorge: Vater unser. © Die Akademie-Bruderhilfe-Pax-Familienfürsorge GmbH, Kölnische Straße 108-112, 34119 Kassel.

Bulkowski, Hansjürgen: Gebet der BILDzeitungsleser, in: PRO, blätter für neue literatur, Heft 9, April 1968. © Hansjürgen Bulkowski.

Cardenal, Ernesto: Dein Wille, der Liebe ist, geschehe auf dieser Erde, in: Reiser, Antonio – Schoenborn, Paul Gerhard (Hrsg.): Sehnsucht nach dem freien Fest der Menschen. Gebete aus Lateinamerika, Wuppertal/Gelnhausen 1982, 76. © Peter Hammer Verlag GmbH.

Casaldáliga, Bischof Pedro: Vater unser der Armen., in: Ferment (1990) Heft 1, 28. © Bischof Pedro Casaldáliga, São Félix do Araguaia (Brasilien).

Chudzinski, Johannes: Von der Kraft der Liebe. Dankgottesdienst zur Silberhochzeit, in: Praxis in der Gemeinde 25 (2003) Heft 1: Beten – Gott und mir eine Chance geben, 17-19. © Johannes Chudzinski.

Copray, Norbert: Vater unser, in: Ders.: Dem Leben zuliebe. Gebete, Düsseldorf 1989, 65-67. © Norbert Copray.

Cornelius, Peter: Der Cid. Lyrisches Drama in 3 Aufzügen, München 1894, 82-84.

Coryllis, Peter: Vater unser, in: Ders.: Signale zwischen gestern und Morgen. Gedichte, Texte, Aphorismen. Eine Sammlung, Berlin 1979, 16-17. [VERLAG FRIEDRICH NOLTE, Berlin]. © Kreis der Freunde um Peter Coryllis, Glück Auf Nr. 1, D-26907 Walchum-Hasselbrock.

Dante Alighieri: Die Göttliche Komödie. Übertragen aus dem Italienischen und eingeleitet von Karl Vossler (Serie Piper; Band 500), München – Zürich ³1989 (Neuausgabe Februar 1986), 243 [Fegfeuer – Elfter Gesang].

Dexelmann, Albert: Vater. © Albert Dexelmann.

Didache – Zwölf-Apostel-Lehre. Übersetzt und eingeleitet von Georg Schöllgen. Tradition Apostolica. Apostolische Überlieferung. Übersetzt und eingeleitet von Wilhelm Geerlings (Fontes Christiani; Band 1), Freiburg im Breisgau 1991, 118–121.

Domke, Karin: Vater unser, in: Heydenreich, Fridolf (Hrsg.): Transformationen und Meditationen zur Bibel. Gebrauchstexte für die Gemeindearbeit, Berlin 1985, 53-54. © Karin Domke.

Drewermann, Eugen: Vater, lieber Vater, in: Ders.: Das Lukas-Evangelium. Bilder erinnerter Zukunft, 2 Bände, Düsseldorf 2009, Band 1: Lukas 1,1-12,1, 841–847. © Patmos-Verlag der Schwabenverlag AG, Ostfildern / Düsseldorf.

Falkenburger, Carina: Our Father. © Carina Falkenburger.

Falkenburger, Carina: Mutter unser … . © Carina Falkenburger.

Falkenburger, Carina: Ohne Dich, mein Vater … . © Carina Falkenburger.

Falkenburger, Carina: Gott als Vater & Mutter. © Carina Falkenburger.

Federbusch OFM, Stefan: Vater unser, in: Federbusch, Stefan (Hrsg.): Friedens-Gebete. Für Gerechtigkeit, Frieden und Bewahrung der Schöpfung, Kevelaer 2003, 108. © Stefan Federbusch OFM.

Federbusch OFM, Stefan: Vater unser, in: Federbusch, Stefan (Hrsg.): Friedens-Gebete. Für Gerechtigkeit, Frieden und Bewahrung der Schöpfung, Kevelaer 2003, 132-133. © Stefan Federbusch OFM.

Federbusch OFM, Stefan: Vater unser. © Stefan Federbusch OFM.

Federbusch OFM, Stefan: Vater unser. © Stefan Federbusch OFM.

Federbusch OFM, Stefan: Vater unser. © Stefan Federbusch OFM.

Federbusch OFM, Stefan: Vater unser. © Stefan Federbusch OFM.

Fick, Ulrich – Knoch, Otto: Vater unser im Himmel … . © Ulrich Fick – Otto Knoch.

Fietkau, Wolfgang: Anruf. © Wolfgang Fietkau.

Foucauld, Charles de: Beten – Lieben – Glauben. Unveröffentlichte Meditationen. Vorwort von Jean Danielou, Luzern/München ³1972, 12-22 passim. © rex verlag luzern.

Franz von Assisi: O Heiligster Vater … . Übersetzung: Anton Rotzetter OFMCap. © Anton Rotzetter OFMCap.

Gibran, Khalil: Vom Beten, in: Ders.: Der Prophet. Übersetzt aus dem Englischen von Karin Graf, Ostfildern 2010, 88-91. © Patmos-Verlag der Schwabenverlag AG, Ostfildern (ursprünglich erschienen im Walter Verlag, Zürich 1973).

Graber, Rudolf: Das Vaterunser – eucharistisch, in: Ders.: Für das Leben der Welt. Eucharistische Lesungen und Gebete, Nürnberg 1960, 109-112. © Bistum Regensburg.

Greubel, Frank: Du Gott, unser Vater. © Frank Greubel.

Grillparzer, Franz: Vater Unser. Zu J. Führichs Umrissen (Fragment), in: Ders.: Sämtliche Werke. Ausgewählte Briefe, Gespräche, Berichte, München 1960, Band 1, München 1960-1965, Band 1, 146-148.

Guatemala: Das Vater unser der Campesinos. © Publik-Forum. Zeitschrift kritischer Christen, Oberursel 9. Jg. – Nr. 25/26 – 19. Dezember 1980 – Seite 32-33.

Haak, Rainer: Das Vaterunser, in: Ders.: Dir neu begegnen, Gebete und Segensworte, Freiburg im Breisgau 2004, 62-64. © Verlag Herder GmbH, Freiburg im Breisgau.

Haller, Hanne: Vater Unser, der du bist … . [CD »Gute Nachricht«]. © meinecke-promotion, Westerweder Straße 6, D-28865 Lilienthal.

Hamann, Johann Georg: Gebet, in: Ders.: Sämtliche Werke. Historisch-kritische Ausgabe von Josef Nadler, Wien 1949-1957 [Reprint 1999], 6 Bände, Band 1: Tagebuch eines Christen, 310-314.

Hammarskjöld, Dag: Geheiligt werde dein Name …, in: Ders.: Vägmärken, 1963, dt.: Zeichen am Weg. Übertragen und eingeleitet von Anton Graf Knyphausen, München 1965, 78. © Droemersche Verlagsanstalt Th. Knaur Nachf. mbH & Co. KG, München (für die deutsche Ausgabe).

Häring, Bernhard: Vater unser. Lobpreis, Bittgebet und Lebensprogramm, Freiburg/Schweiz ²1997, 28; 36; 45-46; 57-58; 69; 86-87. © Münchener Provinz der Redemptoristen. Provinzialat (P. Edmund Hipp CSsR, Provinzial), Kaulbachstraße 47, D-80539 München.

Hemingway, Ernest: Ein sauberes, gut beleuchtetes Café, in: Ders.: Die Stories. Gesammelte Erzählungen. Deutsche Übersetzung von Annemarie Horschitz-Horst, Reinbek bei Hamburg 1977, 325-328, 328. © Rowohlt Verlag GmbH, Reinbek bei Hamburg.

Hemmerle, Klaus: Vater unseres Freundes Jesus ..., in: Ders.: Hirtenbriefe. Herausgegeben von Karlheinz Collas, Aachen 1994, 217-218. © Einhard-Verlag.

Hies, Christian: Vater unser. © Christian Hies.

Herring, Clyde Lee: »Vater unser im Himmel ...«, in: Tasch, Josef: Am Vaterunser das Leben lernen. Zum Wesentlichen des Menschseins, Hamm ²1986, 133-136. Es handelt sich dabei um die ins Deutsche übersetzte Fassung eines Textes aus dem Buch: Herring, Clyde Lee: If God Talked out Loud..., Nashville, Tennessee 1977 (Broadman Press), 13-22. © Clyde Lee Herring.

Hies, Christian: Vater unser. © Christian Hies.

Hövel, Willi: Vatter unser, bliev em Himmel, in: Pawlowski, Harald (Hrsg.): Mein persönliches Vater unser. Auf dem Weg zu einer Glaubenssprache von heute, Oberursel 2003, 24. © Edeltraud Hövel.

Hornstein, Otto P.: Vater unser im Himmel ... . © Otto P. Hornstein.

Huber, Max: Vaterunser-Meditation. © Max Huber.

Karban Völkl, Kathrin: Vater. © Kathrin Karban Völkl.

Kaspar, Peter Paul: Vater unser. © Peter Paul Kaspar.

Klaus von Flüe: Vatter unser, in: Bruder Klaus. Die ältesten Quellen über den seligen Nikolaus von Flüe sein Leben und seinen Einfluss gesammelt und erläutert und im Auftrage der h. Regierung des Kantons Unterwalden ob dem Kernwald auf die fünfhundertste Wiederkehr seiner Geburt herausgegeben von Dr. Robert Durrer, 2 Bände, Sarnen 1917-1921, Zweiter Band, 834-835.

Klopstock, Friedrich Gottlieb: Psalm., in: Klopstocks saemtliche Werke, 10 Bände, Leipzig 1823, Zweyter Band: Oden, 102-104.

Knapp, Andreas: ungebet. © Andreas Knapp.

Koeppen, Wolfhart: Unser Vater im Himmel …, in: Nitschke, Horst (Hrsg.): Das Vaterunser. Predigten – Gottesdienstentwürfe, Gütersloh 1987, 110-111. © Wolfhart Koeppen.

Koeppen, Wolfhart: Vater unser im Himmel, in: Zeitschrift für Gottesdienst und Predigt [ZGP] 2 (1984) Heft 5, 41-43. (leicht überarbeitete Fassung). © Wolfhart Koeppen.

Körner, Reinhard: Das Vaterunser. Spiritualität aus dem Gebet Jesu, Leipzig 2002, 229. © St. Benno-Verlag Leipzig, www.st-benno.de.

Krause, Vera: DU bist der Töpfer, wir sind der Ton in Deiner Hand, in: Krause, Vera – Werbick, Jürgen: Dein Angesicht suche ich. Du. Wege ins Beten, Stuttgart 2005, 210-212. © Vera Krause.

Krotz, Werner: Vater unser, in: die horen 14 (1969) – Ausgabe 75, Seite 30. © Werner Krotz.

Lohfink, Gerhard: Vater im Himmel, wir sind deine Jünger …, in: Ders.: Das Vaterunser neu ausgelegt (Urfelder Reihe; Band 7), Bad Tölz ²2008, 95-96. © Gerhard Lohfink.

Lohfink, Norbert: Fürbitten, in: Ders.: Vaterunser und Pentateuch, in: Bibel und Liturgie 77 (2004) 257-260, 260. © Norbert Lohfink.

Lombriser-Cavegn, Giusepina: (M)ein Gebet. © Giusepina Lombriser-Cavegn.

Luther, Martin: Das Handwerkszeug des Christen. Gebete, München – Zürich – Wien und Stuttgart 1991, 133-134.

Makarowski, Klaus-Dieter: Vater unser im Himmel …, in: Zeitschrift für Gottesdienst und Predigt [ZGP] 2 (1984) Heft 5, 43-44. © Klaus-Dieter Makarowski.

Marti, Kurt: Unser Vater, in: Ders.: Werkauswahl in 5 Bänden. Ausgewählt von Kurt Marti und Elsbeth Pulver, Band 5: Namenszug mit Mond. Gedichte, Zürich/Frauenfeld 1996, 232-234. © Nagel & Kimche im Carl Hanser Verlag, München.

Mayer, Josef: ABBA – unser Papa, unsere Mama ..., in: Mein Weg durch die Fastenzeit 2009. Ohne Gleichen – vom Schatz des Vater unsers. © Landesstelle der Katholischen Landvolkbewegung (KLB) Bayern e. V. – Abteilung Werkmaterial, Kriemhildenstraße 14, 80639 München.

Mies-Suermann, Irmela: Vater unser – neu gesprochen. © Irmela Mies-Suermann.

Misgeld, Hubert: Unser Vater der Verkehrsteilnehmer, in: Pawlowski, Harald (Hrsg.): Mein persönliches Vaterunser. Auf dem Weg zu einer Glaubenssprache von heute, Oberursel 2003, 32. © Hubert Misgeld.

Naegeli, Antje Sabine: Gott, uns Vater und Mutter ... . © Antje Sabine Naegeli.

Natus, Uwe Maria: Unser Vater. © Uwe Maria Natus.

Nicaragua: Dein Wille geschehe, in: Vellguth, Klaus (Hrsg.): Wo die Sehnsucht den Himmel berührt. Gebete aus den jungen Kirchen, Kevelaer 2001, 77.

Nicaragua: Maisfladen, Bohnen und kein Krieg. © Publik-Forum. Zeitschrift kritischer Christen, Oberursel 11. Jg. – Nr. 24 – 3. Dezember 1982 – Seite 26.

Oberröder, Wolfgang: Mit Paulus das Vaterunser beten. © Wolfgang Oberröder.

Osterwalder, Josef: Vater unser im Himmel, in: Ders.: Beten wie mir zumute ist. Klage, Freude, Stille, Trauer, Dank (topos taschenbücher; Bd. 217), Mainz ³1991, 28-29. © Matthias-Grünewald-Verlag, Mainz.

Pabst, Veronika: Vater, ich bitte dich nicht ... . © Veronika Pabst.

Pangels, Heinz – Vogler, Alfred: Vater unser ... . © Heinz Pangels – Alfred Vogler.

Parra, Nicanor: Vater Unser, in: Ders.: Und Chile ist eine Wüste. Poesie und Antipoesie. Aus dem Spanischen von Nicolas Born, Hans Magnus Enzensberger. Gert Loschütz, Dieter Masuhr, Sergio Ramírez, Michael Rössner, Peter Schultze-Kraft und Michi Strausfeld. Mit einem Nachwort von Federico Schopf. Herausgegeben von Peter Schultze-Kraft, Frankfurt am Main 1986, 60. © Peter Schultze-Kraft.

Perestrello, Marialzira: Warum?, in: Gebet- und Gesangbuch der Christkatholischen Kirche der Schweiz. Herausgegeben von Bischof und Synodalrat der Christkatholischen Kirche der Schweiz, 2 Bände, Christkatholischer Schriftenverlag Basel (St. Johannsvorstadt 27, Postfach, 4004 Basel) 2005 (Band I) und 2008 (Band II), Band I, [978] 8.

Pièro, Cosy: Mensch, der ich bin auf Erden … . © Cosy Pièro.

Rahner, Karl: Vater unser, der Du bist im Himmel meines Herzens …, in: Ders.: Beten mit Karl Rahner. Band 1: Von der Not und dem Segen des Gebets. Mit einer Einführung von Rudolf Hubert und Roman A. Siebenrock, Band 2: Gebete des Lebens. Herausgegeben von Albert Raffelt. Mit einer Einführung von Karl Lehmann, Freiburg im Breisgau 2004, Band 1, 63-64. © Verlag Herder GmbH, Freiburg im Breisgau.

Rether, Hagen: Mit zwölf ist man in Asien zu alt zum Teppichknüpfen für IKEA … . © Hagen Rether.

Riebl, Maria: Vater, in: Dies.: Alte Gebete neu erfahren, Innsbruck – Wien 1984, 14-19. © Tyrolia-Verlag, Innsbruck.

Rommel, Kurt: Einladung zum Gespräch mit Gott. Gedanken über das Vaterunser, Stuttgart 1979, 9; 15; 21; 27; 33; 39; 45; 51; 55. © Kurt Rommel.

Rotzetter, Anton: Lichtgestalten, in: Christ in der Gegenwart 44. Jg. – 13. September 1992 – Nr. 37, 297-298. © Anton Rotzetter OFMCap.

Rotzetter, Anton: *Du unser Leben* (nach dem Vaterunser), in: Ders.: Gott, der mich atmen lässt. Gebete, Freiburg im Breisgau 17. Gesamtauflage 2002, 73-74. © Verlag Herder GmbH, Freiburg im Breisgau.

Rotzetter, Anton: *Du, mein Grund* (nach dem Vaterunser), in: Ders.: Gott, der mich atmen lässt. Gebete, Freiburg im Breisgau 17. Gesamtauflage 2002, 75. © Verlag Herder GmbH, Freiburg im Breisgau.

Sailer, Johann Michael: Das Gebet unseres Herrn für Kranke, in: Ders.: Heilendes Wort. Kleine Krankenbibel. Bearbeitet und neu herausgegeben von Alfons Benning,

Kevelaer 1983, 136-141 [Für Kranke und ihre Freunde. Von J. M. Sailer. Mit Genehmigung des hochwürdigsten Ordinariats zu Augsburg. München Bey Joseph Lentner. 1791, 46-58.].

Sailer, Johann Michael: Das Vaterunser des Kranken, in: Ders.: Gebete für Christen. Gebete und Meditationen. Auswahl und Einführung von Willibald Kammermeier. Geleitwort von Bischof Dr. Rudolf Graber, St. Augustin 1981, 112-113.

Schäble, Claudia: pater noster – für alle. © Claudia Schäble.

Schäble, Claudia: Elfchen zum Vater unser. © Claudia Schäble.

Schäble, Claudia: Du Naher und Ferner – Vater! © Claudia Schäble.

Schäble, Claudia: Vater unser durchbuchstabiert. © Claudia Schäble.

Schalück OFM, Hermann: Vater unser 2010. © Hermann Schalück OFM.

Schmalstieg, Dieter Olaf: unser ja ..., in: Hultsch, Eric: Beten für Nicht-Beter. Möglichkeiten und Anregungen, Zürich – Einsiedeln – Köln 1973, 65-66. © Dieter Olaf Schmalstieg.

Schmieder OSB, Lucida: Vater – Unser. © Lucida Schmieder OSB.

Schneider, Robert: Gegengebet, in: Ders.: Gegengebet. Gedichte, herausgegeben von Richard Pils (publication PN °1: Bibliothek der proivnz), A-Weitra 1996, 27. © Robert Schneider.

Schriffl, Helmut: Vater unser, der du bist im Himmel, in: Ders.: Die Gelsen sind ziemlich frech. Neue Psalmen zwei, Perchtoldsdorf 2010, 32-33. © Plattform Johannes Martinek Verlag, Perchtoldsdorf, Niederösterreich.

Schultes-Piccon, Helga: Vater unser, in: Christ in der Gegenwart 28 Jg. – Nr. 39 – 26. September 1976, Seite 310. © Helga Schultes-Piccon.

Schultes-Piccon, Helga: An die andere Seite der Gottheit. © Helga Schultes-Piccon.

Schürmann, Heinz: Du unser lieber Vater ..., in: Ders.: Das Gebet des Herrn. Ein Übertragungsversuch, in: Christ in der Gegenwart 44. Jg. – Nr. 6 – 9. Februar 1992 – Seite 45-46, 45. © Erzbistum Paderborn.

Sertillanges O.P., A. D.: Das Vaterunser Christi., in: Ders.: Katechismus der Ungläubigen, 5 Bände, Graz 1934 – 1935, Band I: Urgründe des Glaubens. Ins Deutsche übertragen von Franz Halka Graf Ledóchowski, Graz 1934, 7-8. © Province dominicaine de France.

Seuffert, Josef: Das Gebet des Herrn, in: Ders.: Herr, bleibe bei uns. Gebete für ältere Menschen, München 1985, 8-11. © Josef Seuffert.

Seuffert, Josef: Andacht über das Gebet des Herrn, in: Gotteslob. Katholisches Gebet- und Gesangbuch. Herausgegeben von den Bischöfen Deutschlands und Österreichs und der Bistümer Bozen-Brixen und Lüttich, Stuttgart 1975, Nr. 782. Siehe auch: Seuffert, Josef: Das Gebet des Herrn, in: Ders.: Gebet im Alltag. Kurzandachten – Meditationen, München 1975, 237-250. © Josef Seuffert.

Sölle, Dorothee – Steffensky, Fulbert: Gebet, in: Politisches Nachtgebet in Köln. Im Auftrag des ökumenischen Arbeitskreises »Politisches Nachtgebet« herausgegeben von Dorothee Sölle und Fulbert Steffensky, Stuttgart und Mainz 1969, 114-116. © Fulbert Steffensky.

Sonnenschein, Carl: Berliner Vaterunser, in: Ders.: Weltstadtbetrachtungen (Notizen; Heft 9), Berlin 1928, 19-21.

Spee S. J., P. Friedrich: Trutznachtigall. Nebst den Liedern aus dem Güldenen Tugendbuch desselben Dichters. Nach der Ausgabe von Klemens Brentano kritisch neu herausgegeben von Alfons Weinrich. Mit den Titelbildern der Originalausgabe und der Ausgabe von Brentano, Freiburg im Breisgau 1908, 101-104.

Stier, Fridolin: Das Vaterunser. Illustrationen von Paul König, Kevelaer 1967. © Butzon & Bercker GmbH, Kevelaer, www.bube.de.

Stier, Fridolin: Säkulares »Vater unser«, in: Ders.: Vielleicht ist irgendwo Tag, Die Aufzeichnungen und Erfahrungen eines großen Denkers, Freiburg im Breisgau ³1997, 70-71. © Verlag Herder GmbH, Freiburg im Breisgau.

Stutz, Pierre: Vater/Mutter im Himmel, in: Ders.: Junge Erwachsene zum aufrechten Gang ermutigen, in: Diakonia 29 (1998) 419-421, 420. © Pierre Stutz www.pierre-stutz.ch – Lausanne.

Süß, Schwester Maripetra: Vater unser, in: Dies.: Gebete zum Vatergott nach Texten von Pater Josef Kentenich. Gott-Vater-Jahr 1999, Schönstatt-Vallendar ²1998, 11-15. © Schönstatt-Verlag.

Teresa von Ávila: Weg der Vollkommenheit (Kodex von El Escorial). Vollständige Neuübertragung. Herausgegeben, übersetzt und eingeleitet von Ulrich Dobhan OCD, Elisabeth Peters, in: Dies.: Gesammelte Werke, 4 Bände, Band 2, Freiburg im Breisgau ³2007, 231-323 passim. © Verlag Herder GmbH, Freiburg im Breisgau.

Thiele, Johannes: Wenn ich von meinem Vertrauen sprechen will, dann sage ich … © Johannes Thiele.

Thurmair, Georg: Das Vaterunser zur Hausweihe. © Elisabeth Thurmair.

Tilmann, Klemens: Vater des Lichtes, des Lebens und aller Wesen … , in: Das heilige Vaterunser. Ein Werkbuch bearbeitet und herausgegeben von Karl Becker und Maria Peter, Freiburg im Breisgau 1951, 312-314. © Patmos e.V. [Vorsitzender: Pfarrer Arnold Wilmsen], Nürnberger Straße 54, 80637 München.

Treibel, Christine: Vater unser im Himmel … . © Christine Treibel.

Trottmann, Stefanie: Mein Vater unser. © Stefanie Trottmann.

Urbanek, Ferdinand: Vater im Himmel …, in: Ders.: Das alte Vaterunser in neuer Textform – für den kritischen Beter heute. Ein hermeneutisch-rhetorischer Versuch (THEOS. Studienreihe Theologische Forschungsergebnisse; Bd. 36), Hamburg 2000, 117. © Verlag Dr. Kovač, Leverkusenstraße 13, 22761 Hamburg.

Valentin, Karl: Sämtliche Werke in 8 Bänden + Ergänzungsband [Dokumente, Nachträge, Register]. Herausgegeben von Helmut Bachmaier und Stefan Henze, Piper Verlag München 1991-1997, Band 2: Couplets, Piper Verlag München 1994, 201-202. © Piper Verlag GmbH, München.

Walter, Silja: Der Vater-unser-Psalm, in: Dies.: Gesamtausgabe, 10 Bände, Band 9: Spiritualität. Redaktion: Ulrike Wolitz, Freiburg Schweiz 2004, 434-437. © Paulusverlag Freiburg Schweiz.

Walter, Silja: Vaterunser-Meditation, in: Dies.: Gesamtausgabe, 10 Bände, Band 9: Spiritualität. Redaktion: Ulrike Wolitz, Freiburg Schweiz 2004, 438-439. © Paulusverlag Freiburg Schweiz.

Weismantel, Paul: Vater unser im Himmel …, in: Ders.: Gott zu ehren, Bittage, Wallfahrten, Wechselgebete. Herausgeber: Referat Geistliches Leben, Ottostraße 1, 97070 Würzburg. Texte: Paul Weismantel. © Paul Weismantel.

Weiss, Peter: Die Verfolgung und Ermordung Jean Paul Marats dargestellt durch die Schauspielgruppe des Hospizes zu Charenton unter Anleitung des Herrn de Sade. Drama in zwei Akten. Mit einem Kommentar von Arnd Beise (Suhrkamp BasisBibliothek 49), Frankfurt am Main 2004, 39-40. © Suhrkamp Verlag.

Weltbewegung Christlicher Arbeitnehmer/innen (WBCA): Zu Gott sprechen, wie zu Vater und Mutter … . © Paul Edwards, Generalsekretär der WBCA, und Albin Krämer, Mitglied im Exekutivrat der WBCA.

Welte, Bernhard: Gedanken zum Vaterunser, in: Ders.: Predigten. Eingeführt und bearbeitet von Peter Hofer (Gesammelte Schriften Bd. V/2), Freiburg i. Br. 2008, 159. © Verlag Herder GmbH, Freiburg im Breisgau.

ZdK. Zentralkomitee der deutschen Katholiken: Das VATER UNSER – ökumenisch – Beten und Handeln auf dem Weg zum 2. Ökumenischen Kirchentag. 30. November 2008. © ZdK Zentralkomitee der deutschen Katholiken, Generalsekretariat, Hochkreuzallee 246, 53175 Bad Godesberg.

Zink, Jörg: Wie der Spießer (in uns) das Vaterunser betet, in: Ders.: Deine Zeit und alle Zeit. Ein Buch für die junge Generation, Stuttgart ⁴1972, 90. © Kreuz Verlag, Stuttgart.

Kleine Bibliographie zum Vaterunser

Bader, Wolfgang (Hrsg.): Vater unser. Stimmen und Variationen zum Gebet des Herrn (Gebete der Christenheit), München – Zürich – Wien 1999.

Biser, Eugen: Glaubensbekenntnis und Vaterunser: eine Neuauslegung, Düsseldorf 1993.

Boff, Leonardo: Vater unser. Das Gebet umfassender Befreiung, Düsseldorf [4]1986.

Dassmann, Ernst: Herr, lehre uns beten! Predigten zum Vaterunser, Bonn 1996.

Ebeling, Gerhard: Vom Gebet. Predigten über das Unser-Vater, Tübingen 1963.

Finze-Michaelsen, Holger: Vater Unser – Unser Vater. Entdeckungen im Gebet Jesu (Biblisch-theologische Schwerpunkte (BThS); Band 24); Göttingen 2004.

Galli, Mario von: Unser Vater unser, Zürich 1977.

Gruber, Elmar: Im Himmel auf Erden. Betrachtungen zum Vaterunser, München 2000.

Grün, Anselm: Vaterunser. Eine Hilfe zum richtigen Leben, Münsterschwarzach 2009.

Guardini, Romano: Das Gebet des Herrn (Topos plus Taschenbücher; Band 366), Mainz [9]2002.

Guardini, Romano: Gebet und Wahrheit. Meditationen über das Vaterunser, Mainz [3]1998.

Häring, Bernhard: Vater unser. Lobpreis, Bittgebet und Lebensprogramm, Freiburg i.Ue. [2]1997.

Heer, Josef (Hrsg.): Vater unser im Himmel. Anregungen für das Bibelgespräch zum Gebet des Herrn, Stuttgart 1990.

Hunstig, Hans-Georg – Sattler, Dorothea (Hrsg.): … so auch auf Erden. Ökumenisch handeln mit dem Vater unser, Würzburg 2010.

Imbach, Josef: Das Gebet Jesu und das Bekenntnis der Kirche. Betrachtungen zu zwei urkirchlichen Zeugnissen, Freiburg i.Ue. 1999.

Imbach, Josef: Das Vaterunser für unsere Zeit. Drei Aktualisierungen, München 1983.

Käßmann, Margot: Das große Du. Das Vaterunser. Mit dem Dritten Hauptstück aus dem Kleinen Katechismus des Doktor Martin Luther (Einfach Evangelisch; Band 3), Hannover 2010.

Körner, Reinhard: Das Vaterunser. Spiritualität aus dem Gebet Jesu, Leipzig 2002.

Lohfink, Gerhard: Das Vaterunser neu ausgelegt (Urfelder Reihe; Band 7), Bad Tölz ²2008.

Lohse, Eduard: Vater unser. Das Gebet der Christen, Darmstadt ²2010.

Lotz, Johannes B.: Der siebenfache Weg. Das Herrengebet von seinem Ende her, Frankfurt am Main 1980.

Lotz, Johannes B.: Wenn ihr heute Vater unser betet. Meditationen (Veröffentlichungen der Stiftung Ratio Dominica), Freiburg im Breisgau 1978.

Müller-Schwefe, Hans-Rudolf: Schrittmacher des Lebens. Das Vaterunser, Hamburg 1969.

Nitschke, Horst (Hrsg.): Das Vaterunser. Predigten & Gottesdienstentwürfe, Gütersloh 1987.

Schifferle, Alois: Himmelwärts geerdet. Betrachtungen zum Vaterunser, Freiburg Schweiz 2006.

Schnackenburg, Rudolf: Alles kann, wer glaubt. Bergpredigt und Vaterunser in der Absicht Jesu (Herderbücherei; Band 1751), (Neuausgabe) Freiburg i.Br. 1984.

Schürmann, Heinz: Das Gebet des Herrn als Schlüssel zum Verstehen Jesu, Leipzig 7. überarbeitete Auflage 1990.

Stimpfle, Alois (Hrsg.): Pater Noster – oder mit sieben Bitten auf in den Himmel? (Thomas-Morus-Impulse. Schriften der Thomas-Morus-Gesellschaft Hannover; Band 1), Berlin 2010.

Strunk, Reiner: Das Gebet Jesu. Betrachtungen und Geschichten zum Vaterunser, Stuttgart 1988.

Tasch, Josef: Am Vaterunser das Leben lernen. Zum Wesentlichen des Menschseins, Hamm 1984.

Thielicke, Helmut: Das Gebet, das die Welt umspannt (Lizenzausgabe), Gießen 2000.

Venetz, Hermann-Josef: Das Vaterunser. Gebet einer bedrängten Schöpfung, Fribourg/Brig 1989.

Werbick, Jürgen: Vater unser. Theologische Meditationen zur Einführung ins Christsein, Freiburg i.Br. 2011.

Wulf, Friedrich: Vater unser im Himmel: Meditationen über das Gebet des Herrn, Würzburg und Zürich 1969.